Normale Krisen?

JÜRGEN LINK, geboren 1940, war bis 2005 Professor für Literaturwissenschaft und Diskurstheorie an der Universität Dortmund und ist Mit-Herausgeber der Zeitschrift *kultuRRevolution*. Nach dem *Versuch über den Normalismus* (1997) erschien der »Lebensroman des Linksintellektuellen im (Ruhr-)Revier«: *Bangemachen gilt nicht auf der Suche nach der Roten Ruhr-Armee. Eine Vorerinnerung* (2008). Der Roman zeichnet die deutsche Geschichte zwischen 1965 und 1995 nach, dargestellt als Kampf der »Ursprünglichen Chaoten« mit dem »V(erantwortungs)-Träger«: ein Langer Marsch durch den Normalismus in poetischen Bildern und satirischen Realismen.

Jürgen Link

Normale Krisen?

Normalismus und die Krise
der Gegenwart
(Mit einem Blick auf Thilo Sarrazin)

Konstanz University Press

Bibliographische Information der Deutschen Nationalbibliothek

Die Deutsche Nationalbibliothek verzeichnet diese Publikation in der Deutschen Nationalbibliografie; detaillierte bibliografische Daten sind im Internet über http://dnb.d-nb.de abrufbar.

Alle Rechte, auch die des auszugsweisen Nachdrucks, der fotomechanischen Wiedergabe und der Übersetzung, vorbehalten. Dies betrifft auch die Vervielfältigung und Übertragung einzelner Textabschnitte, Zeichnungen oder Bilder durch alle Verfahren wie Speicherung und Übertragung auf Papier, Transparente, Filme, Bänder, Platten und andere Medien, soweit es nicht §§ 53 und 54 UrhG ausdrücklich gestatten.

© 2013 Konstanz University Press, Konstanz
(Konstanz University Press ist ein Imprint der
Wilhelm Fink GmbH & Co. Verlags-KG,
Jühenplatz 1, D-33098 Paderborn)

www.fink.de | www.k-up.de

Einbandgestaltung: Eddy Decembrino, Konstanz
Printed in Germany.
Herstellung: Ferdinand Schöningh GmbH & Co. KG, Paderborn

ISBN 978-3-86253-036-6

Inhalt

I. Einleitung

1. Alltäglich, doch rätselhaft: die Normalität............... 9
2. Und jetzt sogar »das Ende der Normalität«
   (Gabor Steingart)?................................... 12

II. Der Begriff des Normalismus:
    Basale Voraussetzungen

1. Notwendige, aber nicht hinreichende Bedingung des
   Normalismus: die verdatete Gesellschaft 21
   Blick auf Sarrazin (1): erster Vorausblick 22
2. Verdatung und Statistik 24
3. Elektronische Verdatungsrevolution? 27
4. Verdatung und Transparenz: die Rolle der Medien 28
5. Die Antwort auf das Problem des »exponentiellen«
   Wachstums in der westlichen Moderne heißt Normalismus ... 31
6. Normalität nicht gleich Normativität und Normalisierung
   nicht gleich Ahndung eines Normverstoßes! 32
7. Die Sonderstellung der Industrienorm (des Standards)
   im Normalismus....................................... 34

III. Was ist Normalismus? Konturen eines Konzepts:
     Basiskurven, Kontinuitätsprinzip, Normalitäts-
     grenzen, Kurvenlandschaft und Rolle der
     Massenmedien

1. »Linie« 39
   Blick auf Sarrazin (2) 41
2. »Stress« 43

3. Normalität nicht gleich biologische Stabilität   46
4. Die beiden normalistischen Basiskurven (Normalverteilung und Normalwachstum) und die normalistische Kurven-Familie   48
5. Normalismus und Spezialismus: Bildung spezieller Normalfelder, Ausklammerungen und normalistische Konkurrenzen   56
6. »Ganz normaler Wahnsinn«, oder das Paradox der Normalitätsgrenzen   58
7. Kontinuität, Diskontinuität und die Denormalisierungsangst   62
8. Normalistische »Atomisierung« und Konkurrenz   65
9. Die normalistische Kurvenlandschaft in den Massenmedien . .   67
10. Die normalistische Kurvenlandschaft erklärt das Rätsel der »psychologischen Wirkung« von Daten.   81
11. Die Entstehung »normaler Persönlichkeiten«, oder die normalistische Subjektivierung   83
12. Normalistische Alltage   84

IV. NORMALISMUS ALS INSTRUMENT DER REGULIERUNG: DENORMALISIERUNG UND NORMALISIERUNG

1. »Amerikanische« kontra »europäische« Normalisierung   89
2. Symptome der Denormalisierung: normale Krise oder Krise mit Denormalisierung?   90
3. Kein Normalismus ohne normalistische Prognostik   92
   Blick auf Sarrazin (3)   94
4. Ein exemplarischer Fall: die mediale mythische Geschichte der Krise von 2007 ff.   96

V. ZWEI IDEALTYPISCHE SPIELARTEN DES NORMALISMUS: PROTONORMALISMUS UND FLEXIBLER NORMALISMUS

1. Das normalistische Kontinuitätsprinzip erlaubt zwei Strategien . . 105
2. Der Protonormalismus und das Problem der Fassaden-Normalität 110

3. Der flexible Normalismus, die Instabilität und Ambivalenz flexibler Normalitätsgrenzen und das Problem einer absoluten Normalitätsgrenze 111
4. Der Sport als reales Modell einer normalistischen Kultur universeller Verpunktung (Ranking) 115
5. Der Konflikt zwischen Protonormalismus und flexiblem Normalismus und seine Spiegelung in der Kollektivsymbolik 117
6. Zwei Typen »normaler Persönlichkeiten« und »normaler Charaktere«.. 119
   Blick auf Sarrazin (4) 120
7. Wiederkehr des Protonormalismus in der Krise?............ 122

VI. Fünf exemplarische Kapitel aus der Geschichte des Normalismus

1. Auguste Comte und das Kontinuitätsprinzip 125
2. Adolphe Quételet und das Postulat sozialer Normalverteilungen 129
3. Francis Galton, die differentielle Geburtenrate und die Eugenik... 131
   Blick auf Sarrazin (5) 141
4. Alfred Binet und der (flexible) Ur-IQ 146
5. Der Neogaltonianismus in der Anglophonie und in Deutschland (einschließlich Sarrazin) 150
6. Kulturwissenschaftliche Anmerkungen zum IQ 157

VII. Fünf exemplarische Kapitel Normalismus von andauernder Aktualität, gerade auch in der Krise

1. Demografie und Sex 163
2. Soziale Profile....................................... 166
3. Politische Profile 169
4. »Leistung« 172
5. Kindliche Entwicklung und »Bildung« 174
   Blick auf Sarrazin (6): Eine »unseriöse Wissenschaft« in der Zwickmühle, oder: Wie light ist die »deutsche Bell Curve light«?.. 176

VIII. Flexibler Normalismus und Postmoderne

1. Die »postmoderne Lage« und der Trend zur integriert-flexiblen Masse: »Pluralisierung« und »Individualisierung« 181
2. Die Rolle der Kultur: Kollektivsymbolik der Flexibilität, Pop-Kultur, Internet 184
3. Lackmustest Einwanderung: Globale Normalitätsklassen und »harte« Normalitätsklassengrenzen 187
4. Mediale Simulation globaler Normalisierung 193
5. Denormalisierungsangst vor der globalen Migration und die Funktion des Neorassismus 195

IX. Die Krise von 2007 ff.
    als Prozess multipler Denormalisierung

1. Keine normale Krise: Andauernde und wachsende Diskontinuitäten 199
2. Denormalisierung als »große Kontraktion« der normalistischen Zeitrhythmen 206
3. Normalismus und Kapitalismus (mit einem Blick auf Marx) . . 210
4. Die Analogie mit der Krise von 1929 ff.: Normalität und Notstand, Normalisierungsdiktaturen, Rückkehr notständischer Tendenzen? 214
5. Wenn die Denormalisierung den Alltag erfasst: »Krisenlabor« Griechenland 218
6. Welches »new normal«? Oder: Ist der flexible Normalismus noch zu retten? 224
   Blick auf Sarrazin (7), oder: Ein Manifest für die Rückkehr zum Protonormalismus 230

X. Perspektiven jenseits des Normalismus?

1. Der Doppelsinn von »Nachhaltigkeit« 233
2. »Wille zum Wachstum«, »Wille zur Normalität« und »black box«: Zur Geschichtstheorie des Normalismus 235
3. Über transnormalistische Alternativen 238

Dank 245

I. Einleitung

1. Alltäglich, doch rätselhaft: die Normalität

Schon der erste Satz eines Buchs über die Normalität muss eine vertrackte Entscheidung fällen: Soll der Begriff in Anführungszeichen gesetzt werden oder nicht? Wenn Anführungszeichen, dann wird offenbar krasse Subjektivität unterstellt und Kritik angemeldet (Freud setzte sie häufig bei »normal«) – wenn keine, dann scheint es um einen objektiven Sachverhalt zu gehen wie bei Luftdruck oder Blutdruck. Ja was ist eigentlich [»]Normalität[«]?

Zweifellos kommt unsere alltägliche Sprache – im Privaten wie in den Medien – ohne häufige Verwendung des Begriffs nicht aus. Dafür einige typische Beispiele von zahllosen möglichen: »Ich ticke ganz normal«, sagte die seinerzeit noch die Schule besuchende Rekordschwimmerin Franziska van Almsick 1993 in einem Interview (*WAZ* 13.2.1993). Die familiäre Metapher des *Tickens* stammt wohl von Uhren und soll störungsfreies Funktionieren signalisieren: keine Abweichung von der »Normalzeit« und – falls es eine Kontrolluhr wäre – keine drohende Explosion. Schon diese alltägliche Formulierung impliziert mehrere Aspekte des Normalen: Bei jeder Berufung auf Normalität ist sozusagen im Schatten immer auch von Nicht-Normalität (Anormalität) die Rede. Im Schwimmen leistete die Sprecherin keineswegs bloß Normales, da war sie »supernormal«, also positiv anormal – als Mensch und als Frau, als Schülerin und als Tochter jedoch sah sie sich als frei von jeder »Abweichung«, ob nach oben oder nach unten. Damit ist gleichzeitig schon ein quantitativer Aspekt impliziert: soweit nicht-normal, ist sie Element einer sehr kleinen, soweit normal, Element einer sehr großen Menge, also einer Masse. Wie eng Quantitäten, also Zahlen und Zählen, mit Normalität verbunden sind, zeigt auch das seit den Kinsey-Reports schon ›klassische‹ Feld der Sexualität. »Jede Nacht Sex haben. Oder nur einmal im Monat – Wie oft ist normal?« titelte das Magazin *Cosmopolitan* im Mai 1998. Die (statistisch begründete) Antwort lag zwischen den Extremen – womit Statistik und symbolische »Mitte« als weitere Aspekte von Normalität ins Spiel gebracht sind.

Um eine andere Dimension von Sexualität ging es in folgender Äußerung des sich zu seinem Schwulsein bekennenden Berliner Regierenden Bürgermeisters Klaus Wowereit: »Wer kennt eigentlich einen prominenten Fußballer, der schwul ist? Erst wenn es normal ist, dass sich ein Fußballer zum Schwulsein bekennen kann, haben wir eine normale Gesellschaft.« (nach *WAZ* 24.6.2002) Hier hätte »schwul« vor gar nicht langer Zeit in Anführungszeichen gesetzt werden müssen: ein erstes Beispiel für historische Änderungen der Normalität – was gestern »anormal« war (z. B. Homosexualität), kann heute »normal« geworden sein, und Wowereit fordert mit seiner Äußerung weitere Änderungen des Normalen. Solche Änderungen heißen auch »Normalisierungen« (im Sinne von Normal-Machungen). Es wird sich zeigen, dass auch dabei quantitative bzw. statistische Aspekte eine wichtige Rolle spielen.

In seinem Essay »Zur Verteidigung der Normalität«, den manche für eine Art Manifest der Abkehr von seiner »achtundsechziger« Phase halten, zählte Hans Magnus Enzensberger u. a. folgende alltägliche Floskeln mit »normal« auf: »Normalerweise hätte ich mich nie auf eine solche Sache eingelassen, aber … Andererseits finde ich es ganz normal, daß er sich das auf die Dauer nicht gefallen läßt … […] Unter normalen Umständen wäre der Leitantrag glatt durchgegangen … Ein normales Kind fängt in diesem Alter zu sprechen an … […] Ich habe dir immer gesagt, daß Gudrun nicht mehr ganz normal ist.«[1] Tatsächlich dürfte die Floskel »normal« im Alltag quantitativ so verbreitet sein (»das find ich echt nicht mehr normal«), dass sie erstens durchs Raster der Aufmerksamkeit fällt und dass ihre Banalität zweitens von einer ernsthaften analytischen und kritischen Untersuchung der Normalität abschreckt. Haben wir es nicht mit einer gänzlich subjektiven und damit widersprüchlichen und konfusen Sprechblase zu tun?

Gegen einen solchen Untersuchungsverzicht spricht aber gerade diese fast allgegenwärtige Verbreitung des Begriffs vom banalsten Alltag über die Medien und die Politik bis hin zu den statistikge-

---

[1] Hans Magnus Enzensberger, »Zur Verteidigung der Normalität«, in: *Politische Brosamen*, Frankfurt/Main 1982, S. 207–224, hier S. 207.

stützten Wissenschaften. Und mehr noch spricht dagegen die durchgängige starke praktische Relevanz fast jeder Verwendung des Begriffs: Überall, wo behauptet wird, eine Situation oder eine Person sei »nicht mehr normal«, da wird der berühmte »Handlungsbedarf« eingeklagt – und dieser Handlungsbedarf ist in unserer Moderne, wie im folgenden zu zeigen sein wird, in aller Regel konkret Normalisierungsbedarf. Zuvor aber gilt es, die hochgradige Aktualität einer systematischen Analyse des Normalitäts-Komplexes im zweiten Jahrzehnt des 21. Jahrhunderts hervorzuheben. Wie in einigen historischen Kapiteln dieses Buches erinnert werden soll, kann der (moderne) Normalitäts-Komplex auf eine Geschichte von zwei Jahrhunderten zurückblicken. In dieser relativ langen Zeit änderten sich nicht nur die Vorstellungen von Normalität, wie es in Wowereits Äußerung exemplarisch deutlich wird, sondern schwankte auch die theoretische Aufmerksamkeit für das Phänomen erheblich. Verkürzt gesagt, sind Zeiten anhaltender und tiefer gesellschaftlicher Krisen in Friedenszeiten günstig für eine solche gesteigerte Aufmerksamkeit. Denn Krise in Friedenszeiten lässt sich auch so formulieren: Verlust von Normalität (im folgenden Denormalisierung genannt). Dieser Zusammenhang bestätigte sich erneut in der Finanz- und Wirtschaftskrise seit dem Jahre 2007, weshalb der Zusammenhang zwischen Normalität und Krise eine Art Leitfaden der folgenden Darstellung bilden wird. Hier zunächst wieder einige exemplarische mediale Äußerungen, die den Zusammenhang belegen sollen:

> Beschwörer der Normalität: Peer Steinbrück parlierte bei »Beckmann« entspannt über die gigantischen Summen, die der Staat in die Wirtschaft zu pumpen erwägt. […]
> Und er hat Glück: Bei seinem demonstrativen Beschwören der Normalität eilt ihm als zweiter Gast bald Commerzbank-Chef Martin Blessing zu Hilfe […]. Doch man muss nur genau genug hinhören, um zu merken, dass die einzige Normalität der beiden Finanzkrisen-Kämpfer die Beständigkeit des Ausnahmezustands ist. (*SPON* 3.3.2009)

> Früher oder später sollte der Markt wieder zur Normalität zurückfinden. Allerdings ist nicht klar, was das Wort Normalität bedeutet. Was sind normale Risikoaufschläge? (EZB-Direktoriumsmitglied Lorenzo Bini Smaghi im *FAZ*-Interview 13.3.2008)

Rund um den Globus herrscht Angst. Aber leben wir in einem Zeitalter des Unglücks? Nein, das Normale erlebt eine Renaissance. [...] Die Menschheit ist also in ihrer exponentiellen Phase. [...] Der gewöhnliche Mensch weiß nun, dass in den vergangenen Jahren nicht er verrückt gewesen ist. Das Normale erlebt eine Renaissance. [...] nein, es ist nicht spießig, ein Sparbuch zu haben; nein, unsere Kinder müssen nicht von Geburt an dressiert werden für den Weltmarkt. (Bernd Ulrich, *Die Zeit* 16.10.2008)

Es zeigt sich hier deutlich sowohl die Unverzichtbarkeit des Normalitätsbegriffs in der Krise wie seine Unklarheit – am klarsten ist paradoxerweise die Formulierung des Spitzenbankers Bini Smaghi: »Allerdings ist nicht klar, was das Wort Normalität bedeutet.« Bernd Ulrich zufolge ist es gerade die Krise, die allererst Normalität beschafft – und das sogar für eine Menschheit »in ihrer exponentiellen Phase«. Es wird sich bestätigen, dass die Exponentialkurve von systematischer Bedeutung für die Normalität ist – allerdings als eine der größten Bedrohungen der Normalität. Bernd Ulrichs paradoxe Behauptung, dass die Krise die Normalität stärke, meint offensichtlich eine »neue Normalität« – als »new normal« eine Sprachschöpfung der Krise aus den USA.

2. Und jetzt sogar »das Ende der Normalität« (Gabor Steingart)?

Die krisengeförderte Aufmerksamkeit für die Normalität äußert sich symptomatisch nicht bloß in erhöhter Medienfrequenz, sondern gerade auch in Ansätzen einer zunächst essayistisch-reflektierten Betrachtungsweise. Aus solchen Ansätzen sind in der aktuellen Krise gleich mehrere Buchpublikationen hervorgegangen. Schon im Vorfeld der Krise (2007) erschien die Essay-Sammlung des *FAZ*-Kulturredakteurs Jürgen Kaube, *Otto Normalabweicher. Der Aufstieg der Minderheiten.*[2] Das Coverbild des Bändchens zeigte eine – wie sich erweisen wird – sehr typische »Population«: etwa 100 Silhouetten von dicht gedrängten Personen, deren Köpfe ohne Sinnesorgane und Münder zu annähernd runden ›Kügelchen‹

---

[2] Jürgen Kaube, *Otto Normalabweicher. Der Aufstieg der Minderheiten*, Springe 2007.

schematisiert waren. Sie waren ebenso schematisch bekleidet, Frauen und Männer auf ersten Blick kaum zu unterscheiden – bloß die Anzüge waren verschiedenfarbig, also ›bunt‹: Modellsymbol einer statistischen, sowohl gleichen wie in einer bestimmten »Dimension« (Farbe) verschiedenartigen »Population«. In rein deskriptivem, nicht wertendem Ton skizziert Kaube die Wowereit-Tendenz, also die Erweiterung des »normalen Spektrums«, auf zahlreichen Feldern zwischen Homosexualität, nichtehelichen Partnerschaften, Piercing, Sonnenbaden, Nordic Walking und Männerohrringen: All das zeige »die Erweiterung dessen an, was als normal erwartet werden muß«. Die Androgynisierung kultureller Geschlechtsmarken wird sich ebenso wie die meisten anderen Beobachtungen als Musterfall von »flexiblem Normalismus« erweisen – wobei diese Spielart gegen eine frühere, rigidere, steht – so wie der »Otto Normalabweicher« gegen den »Otto Normalverbraucher« aus der Kriegs- und Nachkriegszeit. Offenbar erweitern sich die Normalitätsspektren und ihre Spreizung. Die Verteilungskurven werden flacher, so dass die »Mitte« (die Zone der Durchschnitte) niedriger wird (weniger Personen umfasst) und die früheren »Randzonen« höher (mehr Personen umfassen). Es geht um historische Prozesse: Der »Normalabweicher« weicht immer von einer alten Normalität ab und ist bereits, sobald er normal geworden ist, Teil einer neuen, eines »new normal«.

Eine solche, von der Krise provozierte, »neue Normalität« gebe es jedoch gar nicht – vielmehr hätten wir es mit dem Ereignis einer tiefgehenden historischen Zäsur, mit dem *Ende der Normalität*[3] zu tun: So lautet die steile These des Chefredakteurs des *Handelsblatts* und vormaligen *Spiegel*-Redakteurs Gabor Steingart. »Wir könnten von der ›neuen Normalität‹ sprechen, vom ›new normal‹, wie die Amerikaner das tun.« Dagegen spreche aber die neue »Welt des Flüchtigen und Vorläufigen«: »Nur wer dem Begriff Normalität Gewalt antut, kann ihn weiter verwenden.« (S. 16 f.) Die Gesellschaft werde ›gasförmig‹: »Wir erleben in unserer Gegenwart nicht das Ende der einen und den Beginn einer anderen Normalität, sondern das Ende der Normalität. Die Gesellschaft wechselt ihren Aggregatzustand von fest auf flüchtig.« (S. 15) Dabei werden die Beispiele zunächst teilweise von Kaubes »Normalabweichern« geliefert: Na-

---

[3] Gabor Steingart, *Das Ende der Normalität*, München u. Zürich 2011.

senringe, Extremblogging, Scheidungsraten, Jobwechsel, Anwachsen der »Großstadt-Psychopathen« (S. 12), Sex (S. 19, 29) – bevor allerdings Folgen der Wirtschaftskrise dominant werden (»Kapitalismus« [S. 77] als frenetische Spekulation und Crash). In dieser Situation müssten wir – wie es am Schluss mit pathetischem Bezug auf Kafkas bekannte Parabel »Vor dem Gesetz« proklamiert wird – den »Türhüter« einfach beiseite schieben und vom »Gesetz« unseres künftigen postnormalen Glücks Besitz ergreifen.

Dieses postnormale Glück soll allerdings aus dem Abschied vom Sozialstaat und einem uneingeschränkten Ja zum »Tanz« des entfesselten Individualismus entspringen. Sollte dieses Programm, das auf Deregulierung und trickle-down nach »amerikanischer« Art hinausläuft (s. u. Abschnitt IV.1.), tatsächlich durchführbar sein, so käme ein »new normal«, eine neue Normalität heraus, eben eine gegenüber früher erweiterte und »flachere« wie bei Kaube. Damit wäre lediglich eine alte Normalität »am Ende« – nicht zum erstenmal in der Geschichte. Was ein definitives »Ende der Normalität« tatsächlich bedeuten würde, das lässt Steingart ganz unreflektiert (es wird im folgenden reflektiert werden). So ist dieser Titel vor allem als Symptom interessant: Der Beginn des 21. Jahrhunderts könnte tatsächlich in eine tiefgreifende Krise nicht bloß einzelner Normalitäten (Ökonomie, Ökologie, Soziales, Demografie, Politik, »Massenpsychologie«), sondern der Gesamt-Normalität als Querschnittskategorie und Kulturprinzip führen. Für dieses übergreifende Kulturprinzip wurde vor geraumer Zeit in einer umfassenden – sowohl systematischen wie historischen – Studie, deren wichtigste Resultate im folgenden eine Diagnose der aktuellen Krise ermöglichen sollen, der Begriff »Normalismus« vorgeschlagen. (Auch Steingart verwendet diesen Begriff einmal, wenn auch deplatziert und ohne seine Herkunft zu kennen: S. 112).

Vor Steingart hatten bereits die schwedischen Consultants Ridderstråle und Nordström die These vom Ende der Normalität formuliert:

> Früher einmal war die westliche Welt normal. Sie war so normal, dass selbst die Ökonomie normal verteilt war. Es war die Welt einer florierenden Mittelklasse, die Welt der Massenmärkte, der Standardisierung, Sicherheit und Stabilität. Die Normalität war sowohl an den TV-Programmen als auch an der Musik und der Mode zu erkennen – sie war omnipräsent. Für

Firmen bestand der Erfolg darin, den lokalen Durchschnitt für sich zu gewinnen […]. Der Durchschnitt, das war die Welt der Volkswagen, weißen Gartenzäune und regelmäßigen Einkommen – die Welt der monochromen Normalität. [/] Im industrialisierten Westen drehte sich das Projekt der Modernität überwiegend um den Aufbau dieser großartigen Mitte. […] Die politischen Parteien benötigten die Mitte. […] Und sogar die Kapitalisten benötigten die Mitte. Der wachsende öffentliche Sektor blähte selbst die Unter- und Oberschicht in die wohlgeformte Bell-Kurve [Glockenkurve, d. h. Gauß'sche Normalverteilung, J.L.] hinein. [/] Das war einmal. Doch heute können Sie diese Normalität vergessen. Denken Sie abnormal.[4]

Hier werden Leitmotive angeschlagen, auf die ausführlich zurückzukommen sein wird: Normalverteilung, Durchschnitt, Mitte, Standardisierung, Masse. Wenn das Ende der Normalverteilung postuliert wird, dann ist offenbar wiederum das Phänomen der »Normalabweicher« gemeint, die bei Kaube (zurecht, wie ich meine) jedoch nicht als Ende jeder Normalität, sondern als Beginn einer neuen betrachtet werden.

Offenbar ist die Frage nach der Normalität zu Beginn des 21. Jahrhunderts so aktuell und so drängend geworden, dass auch ein bekannter Soziologe wie Gerhard Schulze, der Theoretiker der »Erlebnisgesellschaft«, dieser Kategorie inzwischen eine dominante Funktion zuweist. Bereits in seinem Buch *Die beste aller Welten* prognostizierte er für die »Postmoderne« bzw. »Posthistorie« des 21. Jahrhunderts sehr optimistisch eine Art »weiche Landung« des endlosen »Steigerungsspiels«, wie er die extreme, symbolisch »exponentielle« Progressdynamik des Westens seit dem 18. Jahrhundert bezeichnet, in einer künftigen »Kultur des Normalen« (identisch mit der »besten aller Welten«):

Was heißt Kultur? Gemeint ist das Normale: […] genau in dieser Bedeutung taucht das Wort oft in der Umgangssprache auf, wenn etwa von »Unternehmenskultur«, »Konsumkultur« und »multikultureller Gesellschaft« die Rede ist. […] Meine folgende Verwendung des Kulturbegriffs zielt auf die Hauptsache

---

[4] Jonas Ridderstråle/Kjell Nordström, *Karaoke-Kapitalismus. Fitness und Sexappeal für das Business von morgen*, dt. Heidelberg 2005, S. 69 f.

ab, auf den gemeinsamen Nenner aller Definitionen – auf das Normale.[5]

Hier erscheint der Normalismus (als Querschnittskategorie) geradezu als positive Utopie, als Erlösung aus dem Wachstumschaos der Moderne in einer endlich gewonnenen stabilen Nachhaltigkeit. Als hätte er eine zum Konzept des Normalismus alternative Theorie vorschlagen wollen, integriert Schulze die Normalität in einem speziellen Buch zur Krise[6] in die überhistorische und anthropologische Kategorie eines Immer-schon-»Normalen« des naturgesetzlichen Ablaufs, der »Normativität« und des Alltags mit jeweils zwei Facetten: einer (statischen) »Normalität des Aufenthalts« und einer (historisch-dynamischen) »Normalität der Transformation«. Prototypische Beispiele wie die polynesischen Ureinwohner oder die Kultur der Osterinsel sollen die (auch im vorliegenden Buch vertretene) These von der Einmaligkeit und Spezifizität des modernen Normalismus seit Beginn des »Steigerungsspiels« im 18. Jahrhundert relativieren. Diese Relativierung wird dann auf die aktuelle Krise seit 2007 bezogen und eine Haltung der abgeklärten »Skepsis« gegenüber vorschnellem »Alarmismus« empfohlen. Implizit scheint diese zweifellos sympathische Skepsis die Annahme zu vertreten, dass es sich bei der aktuellen um eine »normale Krise« (statt einer seltenen großen Denormalisierungskrise, s. dazu u. Abschnitt IX.1.) handle. Insofern verteidigt Schulze im Krisenbuch seine Prognose einer glücklichen »Landung« des modernen »Steigerungsspiels« in nachhaltiger »Normalität« gegen alle von der Krise ausgelösten Zweifel.

Sowohl bei Ridderstråle/Nordström wie bei Steingart wird ein enger, möglicherweise aber antagonistischer, Zusammenhang zwischen Normalität und »Kapitalismus« statuiert. Diese Problematik wird in einem eigenen Kapitel zu behandeln sein.

An dieser Stelle interessiert zunächst ein anderer Aspekt: Wenn man Kapitalismus (was bei Steingart offen bleibt) im Sinne eines orthodoxen Marxismus als Grundtyp moderner westlicher Gesellschaften versteht, dann ist ganz allgemein die Frage nach dem Zusammenhang zwischen Normalität (Normalismus) und einer

---

[5] Gerhard Schulze, *Die beste aller Welten. Wohin bewegt sich die Geschichte im 21. Jahrhundert?*, Frankfurt/Main 2004, S. 332 f.
[6] Gerhard Schulze, *Krisen. Das Alarmdilemma*, Frankfurt/Main 2011.

jeweiligen übergreifenden, wesensbestimmenden Gesellschaftsformel aufgeworfen. Bekanntlich beschränkt sich das Angebot solcher Formeln nicht auf Kapitalismus, und die Liste der »X-Gesellschaften« zwischen »Industriegesellschaft« und »Spaßgesellschaft« ist lang: »Massengesellschaft«, »Arbeitsgesellschaft«, »Wohlstandsgesellschaft«, »Konsumgesellschaft«, »Überflussgesellschaft«, »Leistungsgesellschaft«, »Verwöhnungsgesellschaft« (Peter Sloterdijk), »Multioptionsgesellschaft« (Peter Gross), »Erlebnisgesellschaft« (Gerhard Schulze), »Beratungsgesellschaft«, »Risikogesellschaft« (Ulrich Beck), »Wissensgesellschaft«, »Bildungsgesellschaft«, »Mediengesellschaft«, »Google-Gesellschaft«, »Disziplinargesellschaft« (Michel Foucault), »Kontrollgesellschaft« (Gilles Deleuze). Nur ein Teil dieser keineswegs erschöpfenden Liste lässt sich wie Konsum-, Überfluss- und Verwöhnungsgesellschaft als positivierender Ersatz für Kapitalismus interpretieren – andere sehen das Wesen modernokzidentaler Gesellschaften in Wissen und/oder Technik, besonders Medientechnik, bzw. im Hedonismus (Spaßgesellschaft) oder umgekehrt in dessen Disziplinierung und Kontrolle. Bei Michel Foucault begegnet auch der Begriff einer »Normalisierungsgesellschaft« – wobei das französische Original aber womöglich treffender mit »Standardisierungsgesellschaft« zu übersetzen wäre. Hier scheint eine Nähe zum Normalismus gegeben – ebenso wie bei der Risiko- und der Kontrollgesellschaft. Vor allem aber benennt »Massengesellschaft« eine wesentliche Voraussetzung des Normalismus. Ist Normalismus also auch eine Wesensformel wie Kapitalismus, Szientismus und Hedonismus? Die Antwort der folgenden Studie wird lauten: nein.

Indem sie die Funktion des Normalismus als zwar lediglich partiell und speziell, dennoch aber als unabdingbar bestimmt, leistet sie gerade damit einen wichtigen Beitrag zu einer Theorie moderner Gesellschaften, die kein singuläres »Wesen« besitzen, das auf eine Einheitsformel gebracht werden könnte.

*

Aus dem bisher präsentierten exemplarischen Belegmaterial ergibt sich zunächst ein widersprüchliches Bild: Obwohl allgegenwärtig in Alltag, Medien, Wirtschaft und Politik, scheint der Normalitäts-Komplex auf den ersten Blick eine konfuse Sprechblase zu sein, die sich gegen eine präzise Analyse sperrt. Außerdem sieht es so aus, als ob eher das Gegenteil von Normalität, also Anormalität, Verlust von Normalität (Denormalisierung), Krise oder gar Ende der Normalität thematisiert werden könnte als Normalität selber: Die erscheint gleichzeitig wie etwas Selbstverständliches, nicht näher Hinterfragbares, und als *black box*, als schwarzes Loch. Falls es sich um eine Sprechblase handelt, dann allerdings um eine mit größter praktischer Wirksamkeit: Wo Verlust von Normalität beklagt wird, da läuten die Alarmglocken unserer modernen Kulturen am schrillsten – da besteht nämlich »Handlungsbedarf«. Es sieht so aus, als ob »Handlungsbedarf« gleichbedeutend wäre mit »Normalisierungsbedarf«, und je ernster eine Krise, umso größer solcher Normalisierungsbedarf. Die große Krise von 2007 ff. bestätigt diesen Befund: Sie hat nicht bloß eine Explosion von Äußerungen über Normalität, ihren Verlust und die Versuche, die Krise zu »normalisieren«, in Medien, Politik und Wirtschaft hervorgerufen, sondern in der begrifflichen Neuprägung des »new normal« (deutsch zunächst exotisch »neues Normal«, dann normalisiert »neue Normalität«) auch einen höchst widersprüchlichen prognostischen Zugriff auf die Zeit nach Ende der großen Krise. Wenn man den langjährigen Chef der Deutschen Bank (bis 2012) für den wohl wichtigsten Einzelakteur bei der Normalisierung der Krise hierzulande hält, dann gibt es zu denken, dass dieser Akteur in zwei Formulierungen des »new normal«, zwischen denen nur ein halbes Jahr lag, einen Schwenk von einer extrem optimistischen zu einer eher pessimistischen Auffassung vollzieht:

> Die Deutsche Bank will in den nächsten Jahren Rekordgewinne erzielen. Für 2011 plant Vorstandschef Ackermann ein Vorsteuerergebnis von 10 Milliarden Euro. Dies entspreche dem »new normal« in der Bankenbranche. (*SPON* 3.2.2011)

> Das vergangene Jahr mit einer kräftigen Erholung der Märkte war hier leider eine Ausnahme, die das bekannte Muster früherer großer Finanzkrisen bestätigt, bei dem sich kurzfristige Erholungsphasen mit neuen Einbrüchen ablösen. Wir sollten uns daher darauf einstellen, dass die »neue Normalität« von Schwankungen und Unsicherheit geprägt ist – nicht nur im Hinblick auf die Marktentwicklung, sondern auch mit Blick auf die Zukunft der Finanzbranche, ja vermutlich unserer Wirtschaftsordnung. (Rede auf der Handelsblatt Bankenjahrestagung 5.9.2011, Text Deutsche Bank)

Und jetzt sogar »das Ende der Normalität« (Gabor Steingart)?

So sind aus der großen Krise schon jetzt sowohl das »new normal« mit dem großen Fragezeichen wie auch die essayistischen Versuche einer vorläufigen Analyse bei Kaube, Steingart und Schulze hervorgegangen. Kann die analytische Bemühung einen Schritt weitergehen und die enorm wichtige Funktion von Normalität in modernen Kulturen westlichen Typs systematisch und historisch erfassen? Die vorliegende Studie meint: Sie kann es nicht nur, sie muss es angesichts der aktuellen Krise vieler Normalitäten – und sie besitzt bereits den passenden Schlüssel in der Theorie des Normalismus[7], die im folgenden in einer von wissenschaftlicher Terminologie weitgehend entlasteten, umfangmäßig gerafften und vor allem auf die Aktualität und die Diagnose der großen Krise zugespitzten Version präsentiert wird. Diese Theorie ist kulturwissenschaftlich, verwendet aber einen nicht impressionistischen, sondern systematischen Normalitätsbegriff: Normalität wird begriffen als statistisch fundierte und medial effiziente »Kopplungs-Klaviatur« zwischen ausdifferenzierten Spezialbereichen wie Ökonomie, Technik, Politik, Medienkultur usw. Das ermöglicht eine Analyse der Krise, die ihren Gesamtprozess weder einseitig auf die Ökonomie beschränkt noch die Autonomie der kulturellen Spezialbereiche verabsolutiert. So können gerade jene entscheidenden Prozesse erfasst werden, die der mediale Jargon mit Metaphern wie »Ansteckung« oder »Dominoeffekt« benennt (und die bei Niklas Luhmann zur »Entdifferenzierung« zählen würden). Solche Kopplungseffekte lassen sich mit dem im folgenden präzisierten Normalitätsbegriff genauer fassen: Die aktuelle Krise erweist sich dann als eine »nicht normale Krise« und ihr Gesamtbild als Prozess einer mehrdimensionalen »Denormalisierung«.

---

[7] Jürgen Link, *Versuch über den Normalismus. Wie Normalität produziert wird*, Opladen 1996; 3., ergänzte Aufl. Göttingen 2006. Ausführliche Literaturangaben, insbesondere auch zur Geschichte und historischen Theorie des Normalismus, finden sich dort. Siehe auch die Sammelbände der Dortmunder DFG-Forschungsgruppe: Ute Gerhard, Jürgen Link, Ernst Schulte-Holtey (Hg.), *Infografiken, Medien, Normalisierung*, Heidelberg 2001; Jürgen Link, Thomas Loer, Hartmut Neuendorff (Hg.), *»Normalität« im Diskursnetz soziologischer Begriffe*, Heidelberg 2003; Walter Grünzweig, Jürgen Link, Rolf Parr (Hg.), *(Nicht) normale Fahrten. Faszinationen eines modernen Narrationstyps*, Heidelberg 2003.

II. Der Begriff des Normalismus: Basale Voraussetzungen

1. Notwendige, aber nicht hinreichende Bedingung des Normalismus: die verdatete Gesellschaft

In der oben angeführten Liste von Grundsatzformeln für moderne westliche Gesellschaften (»X-Gesellschaft«) werden verschiedene, jeweils als durchschlagend wichtig betrachtete Dimensionen betont: Technik und Industriegesellschaft, Kapitalismus und Konsumgesellschaft, Bildung und Wissensgesellschaft. In der Liste fehlt eine ebenfalls basale Eigenart: Moderne westliche Gesellschaften sind (im Unterschied zu früheren) verdatete Gesellschaften.

Was sind verdatete Gesellschaften? Verdatete Gesellschaften sind solche, in denen ein »Wille« zur möglichst totalen statistischen Selbsttransparenz herrscht. Historisch gesehen, werden sporadisch seit der frühen Neuzeit, stärker seit dem 18. und systematisch seit dem frühen 19. Jahrhundert in zunehmend vielen gesellschaftlichen Bereichen flächendeckend und routinemäßig kontinuierlich Massendaten erhoben, um die jeweiligen Massenverteilungen konstruieren zu können. Diese Verdatung beginnt historisch mit direkt physisch messbaren Feldern, etwa demografischen (Geburten und Sterbefälle, was eine wichtige Datenbasis für den Aufstieg des normalistischen Versicherungswesens lieferte), ökonomischen (besteuerbarer Besitz, Waren- und Kapitalströme), meteorologischen (Temperaturen und Niederschläge), körperbezogenen (Körpergröße, Körpergewicht usw.), medizinischen (Körpertemperatur, Blutdruck usw.) und soziologischen (Einkommensverteilung usw.). Später werden indirekte Methoden der Messung entwickelt, um auch kognitive und psychische Phänomene verdaten zu können. Die Methode der anonymisierten repräsentativen Umfragen beruht auf der Annahme, dass absichtliche Täuschungen selten sind und sich in der Masse ausgleichen. Tatsächlich entsteht bei den Subjekten verdateter Gesellschaften eine Art »Wille zum Bekenntnis der eigenen Daten«, wofür nach dem 2. Weltkrieg die Datenrevolution der Kinsey-Reports auf dem Gebiet der Sexualität einen weltweit aufsehenerregenden Musterfall darstellte. Die Methode der Tests beruht dagegen auf der Annahme, dass für unzugängliche Objekte messbare Symptome gefunden werden können (Intelligenzquotient, Geschäftsklima, Stresstest usw.). Schließlich werden sowohl bei Befragungen wie bei indirekten Leistungsmessungen imaginäre Punkte-Skalen entwickelt, und diese tendenziell totale »Verpunktung« ist vielleicht die am meisten charakteristische Tendenz der Verdatung. Angenommen, ökonomische und politische Eliten möchten wissen, ob der »Optimismus« einer Bevölkerung im Verlauf der Krise von 2007 ff. bereits wieder zugenommen habe, dann können sie den Befragten eine Skala von 10 Graden zwischen schwärzestem »Pessimismus« und rosigstem »Optimismus« vorlegen und sie bitten, ihren persönlichen Grad anzukreuzen. Im allgemeinen werden allerdings komplexere Verpunktungs-»Batterien« wie der Ifo-Geschäftsklimaindex oder die PISA-Studien entwickelt, bei denen jeweils viele Fragen (oder Testaufgaben) gestellt und dann zunächst einzeln und dann summierend (»aggregiert«) verpunktet werden. Solche Batterien sind erstens standardisiert und werden zweitens im Zeitverlauf in regelmäßigen Abständen wiederholt, so dass sich Entwicklungskurven der Daten und möglicherweise »Tendenzen« ergeben.

Entscheidend ist, dass sich die gesamte Verdatung auf Eigenschaften von Massen bezieht, die zwar, soweit sie sich auf Menschenmassen erstreckt, auf Eigenschaften von Personen aufbaut, aber bloß auf standardisierten Masseneigenschaften wie »Körpergewicht«, »Blutdruck« oder »Einkommen«. Bereits hier erweist sich, dass personenbezogene, standardisierte Masseneigenschaften wie »Optimismus«, »sexuelle Befriedigung« (in den Kinsey-Reports) oder »Intelligenz« (als Ergebnis von IQ-Tests), seit geraumer Zeit auch »Lebensqualität«, »soziale Gesundheit«, »menschliche Entwicklung« (Stiglitz-Sen-Fitoussi-Bericht für die UNO 2009) oder gar »Glück«, möglicherweise grundsätzlich prekär sind, da sie nur sehr indirekt gemessen werden können.

Blick auf Sarrazin (1): erster Vorausblick

Die folgende Darstellung der Theorie des Normalismus wird wiederholt einen »Blick auf Sarrazin« werfen: warum? Aus drei Gründen: Erstens handelt es sich bei Sarrazins Erfolgsbüchern um Musterfälle einer normalistischen Argumentation, wie schon ein oberflächliches »Durchblättern« erweist: Seine wesentlichen Argumente sind »Datenlandschaften«, es sind Verdatungs- und Statistikbücher. Dabei steht das zweite Buch (*Europa braucht den Euro nicht*[8]), obwohl es scheinbar direkter auf die Krise bezogen ist, ganz im Schatten des ersten (*Deutschland schafft sich ab*[9]), das nicht bloß erheblich erfolgreicher war, sondern auch grundsätzlicher argumentierte. Die folgenden »Blicke auf Sarrazin« beziehen sich demnach – von wenigen Ausnahmen abgesehen – auf das erste Buch. Zweitens haben wir es – gerade auch schon beim »Deutschlandbuch« – mit einer Intervention in die aktuelle Krise von 2007 ff. zu tun – der Erfolg erklärt sich großenteils daraus, dass dieses Buch in eine Datenlandschaft von Denormalisierung (Verlust von Normalität) interveniert, indem es selbst einen großen Denormalisierungsalarm schlägt und zwar unter der Prämisse, dass das Wesen der Krise in einer demografischen Denormalisierung (also einem Verlust der deutschen demografischen Normalität) bestehe. Drittens ist der ganz und gar einmalige, enorme und wahrhaftig exorbitante Bestsellererfolg ein höchst bedeutsames Symptom einer Verschiebung im »normalen politischen Spektrum«, die dann auch durch das Scheitern von zwei SPD-Ausschlussverfahren, aus denen Sarrazin ungeschoren hervorging, lediglich abgesegnet wurde. Das Erkenntnisinteresse der folgenden Studie an Sarrazin ist also sowohl thematisch-theoretisch wie auch praktisch-politisch: Die bisherige Kritik am Erfolgsbuch, das die Rolle einer »deutschen *Bell Curve*« spielt, hat wesentliche Aspekte versäumt. Während in den USA Herrnsteins und Murrays Bestseller von 1994 auch wissenschaftlich widerlegt wurde, blieben die deutschen Distanzierungen von »Biologismus« und »Genetik« hilflos, weil deren theoretischer Zusammenhang mit einer weitgehend akzeptierten normalistischen Auffassung von »Intelligenz« als messbarer Basis von »Leistung« im

---

[8] Thilo Sarrazin, *Europa braucht den Euro nicht. Wie uns politisches Wunschdenken in die Krise geführt hat*, München 2012 (im folgenden: Sarrazin, *Euro*).

[9] Thilo Sarrazin, *Deutschland schafft sich ab. Wie wir unser Land aufs Spiel setzen*, 12. Aufl. München 2010 (im folgenden: Sarrazin, *Deutschland*).

toten Winkel der Aufmerksamkeit blieb.[10] Aus diesem undurchschauten Zusammenhang folgen dann wieder »logisch«, wie Sarrazin nicht müde wird zu formulieren, die neorassistischen Konsequenzen über eine differentielle Geburtenrate nach Francis Galton und seinen Nachfahren Herrnstein, Murray und anderen. Dieses Defizit an Kritik wird im folgenden also (sozusagen am Rande des Textes) ausgefüllt, indem eine wissenschaftlich antiquierte Spielart von Normalismus als der entscheidende theoretische Rahmen dieser »deutschen *Bell Curve*« rekonstruiert wird. Dabei wird gleichzeitig deutlich werden, warum diese wissenschaftlich widerlegte Denkungsart auch politisch (sozusagen krisen-therapeutisch und »normalisierend«) äußerst verhängnisvoll ist.

2. Verdatung und Statistik

Die lange Liste der oben aufgezählten »X-Gesellschaften« zwischen »Industriegesellschaft«, (»kapitalistischer«) »Wohlstandsgesellschaft« und »Massengesellschaft« stimmt überwiegend in ihrem zeitlich-historischen und kulturellen Profil überein: Fast alle diese Begriffe meinen »moderne« und okzidentale (»westliche«) Kulturen bzw. Gesellschaften seit einem angenommenen »großen Take-off« (Walt Rostow), einer »Sattelzeit« (Reinhart Koselleck), einer neuen »Ordnung der Dinge« (Michel Foucault) in der zweiten Hälfte des 18. Jahrhunderts oder »um 1800«. Die Metapher des »Take-off«, entlehnt vom Kollektivsymbol (im Sinne eines kollektiv verbreiteten Sinnbilds) des startenden Flugzeugs, betont als Wesen der damals begonnenen Weltepoche das symbolisch »exponentielle Wachstum« von Wissen, Kapital, Waren und Menschen. Käme ein semiotisch kompetenter E.T. auf die Erde, so würde ihm unter den meistgebrauchten Zeichen tatsächlich nach kurzer Zeit das »Wachstum« auffallen. Das »exponentielle Wachstum« vergrö-

---

[10] Inzwischen wurde die rassistische Dimension der anglophonen Galton-Renaissance, auf der Sarrazins wissenschaftlicher Anspruch fußt, auch in folgendem Sammelband aufgewiesen: Michael Haller/Martin Niggeschmidt (Hg.), *Der Mythos vom Niedergang der Intelligenz. Von Galton zu Sarrazin: Die Denkmuster und Denkfehler der Eugenik*, Wiesbaden 2012 (Dabei bleibt der Normalismus unbeachtet. Eine Kritik von Seiten deutscher Intelligenzpsychologen fehlt weiter).

ßert ständig die Massen und scheint daher der »Massengesellschaft« unserer modern-westlichen Epoche fundamentale Probleme zu schaffen, mit deren Lösung sich ein Teil der »X-Gesellschaften« in besonderer Weise beschäftigt: die »Risikogesellschaft«, die »Kontrollgesellschaft« und die »Normalisierungsgesellschaft« nach Foucault, die ihr Autor später in das umfassendere Konzept einer Epoche der »Biomacht« bzw. – die konkreten Techniken betonend – der »Biopolitik« einfügte. Im Kern dieses gesamten Komplexes liegen, wie das folgende Buch ausführt, die verdatete Gesellschaft und der Normalismus, der sich als die entscheidende »kontrollierende Bremse« des exponentiellen Wachstums herausstellen wird. Im Schnittpunkt des normalistischen Komplexes mit der »Wissensgesellschaft« wiederum liegt das Kombinat von Massen, Verdatung und Statistik.

Seit ihren Anfängen im 17. Jahrhundert haben sich Verdatung und wissenschaftliche Statistik in enger Symbiose entwickelt. Während sich auf der einen Seite der Blick für ökonomische (z. B. Handelsbilanzen), demografische (Auswertung von Geburts- und Sterberegistern) und medizinische Massendaten schärfte – während in der Folge dann auch aktiv stets wachsende »Datenlawinen« (Ian Hacking) produziert wurden –, entstand auf der anderen Seite gleichzeitig die moderne mathematische Statistik. Die Grundfrage war, wie sich innerhalb von Massen Zufall und Gesetzmäßigkeit (bzw. möglicherweise Kausalität) zueinander verhalten. Die Antworten gaben die mathematische Wahrscheinlichkeitstheorie und die mathematische Statistik. Ein frühes anschauliches Modell zur Simulation von Massenverteilungen war (neben dem Münz- oder Würfelwurf) die Verteilung verschiedenfarbiger Kügelchen in einer Urne, in der sie nach Zufallsprinzip gut gemischt und aus der sie dann wiederum nach Zufallsprinzip (blind) gezogen wurden. Gab es nur 2 Farben und waren sie hälftig verteilt, so »konvergierten« die zufälligen »Stichproben« (bei Rücklegung und jeweils neuer Mischung) natürlich mit der Zeit gegen 0,5. (Hätte man in einer Population 2 Hautfarben und würden zufällige Stichproben gegen 0,5 konvergieren, so könnte man umgekehrt auf hälftige Verteilung schließen.) Nahm man mehrere Farben und wechselnde Verhältnisse, so erhielt man komplexere Resultate. Dieses Modell der »Kügelchen« bildet in kultureller Hinsicht ein basales Kollektivsymbol (kollektiv, also allgemein bekanntes sinnbildliches Modell) des Normalismus: Stellt man sich unter den Kügelchen menschliche Individuen vor, so hat man das Bild einer typischen »atomisierten Masse«, deren genauere Verteilungsstrukturen die normalistische Statistik untersucht.

Zu den Elementen der Statistik, die zum allgemeinen kulturellen Rahmen des Normalismus gehören, zählen vor allem das »Gesetz der großen Zahl«, das Grenztheorem (zentraler Grenzwertsatz), die Kurven typischer Massenverteilungen mit ihren typischen »Streuungen«, »Spreizungen« und »Streubreiten« (insbesondere die Normalverteilung) und die Korrelationsanalyse. Das »Gesetz der großen Zahl« formuliert die wachsende Konvergenz von wachsenden Zufallsstichproben in einer Masse (z. B. bei Datenerhebungen und Befragungen) gegen eine Konstante. Es wurde seit dem 19. Jahrhundert zu einem allgemeinen kulturellen Schlagwort: Man erblickte in ihm so etwas wie eine Versicherung gegen die Angst, in den ständig wachsenden modernen Massen jede Normalität zu verlieren (Denormalisierungsangst). Denn dieses Gesetz schien paradoxerweise mit wachsender Masse mehr Normalität zu garantieren und damit die Möglichkeit einer »sozialen Physik« (Quételet, s. u. Abschnitt VI.2.) nach dem Muster der exakten Physik zu versprechen. Diese Hoffnung konkretisierte sich exemplarisch im Grenztheorem, nach dem sich die Verteilung von Zufallsvariablen mit zunehmender Zahl von Stichproben der »Normalverteilung« (s. u. III.4.) mit ihrer Symmetrie um eine zentrale Tendenz (symbolische »Mitte«) annähert. Einer solchen Normalverteilung nähern sich alle Massenverteilungen an, deren Streuungsstruktur sich aus vielen kleinen unabhängigen zufälligen Ursachen erklären lässt. Abweichungen von der Normalverteilung können also als mögliche Symptome für nicht-zufällige Kausalitäten aufgefasst werden. Das gleiche gilt für hohe Korrelationen (also annähernde Kurvenparallelen) zwischen verschiedenen »Dimensionen« von Massenverteilungen, z. B. zwischen Alter und Sterbewahrscheinlichkeit (Versicherungsstatistik). Die konkrete Anwendung der Statistik besteht zum großen Teil aus Korrelationsanalysen (bei Sarrazin etwa zwischen islamischem Migrationshintergrund und angeblich geringerer »Intelligenz«).

3. Elektronische Verdatungsrevolution?

Bereits an dieser Stelle muss nach der Bedeutung des Computers bzw. der ICT (Information and Communication Technologies) für Verdatung und Normalismus gefragt werden. Evident sind enorme quantitative Steigerungen bei der Speicherung, Produktion, Analyse (»data mining«) und beim Zugang (»access«) von bzw. zu Daten. Hinzu kommt eine enorme Steigerung des Tempos der Datenverarbeitung und des Datentransfers. Alle datenproduzierenden und -verwaltenden Institutionen wie Statistische Ämter, ökonomische, politische und kulturelle Bürokratien haben ihre Datenbanken und Archive digitalisiert und der Öffentlichkeit ganz oder teilweise im Internet zugänglich gemacht. Dabei ändert diese enorme technische Revolution zunächst nicht auch basale Verfahren der Verdatung: Obwohl man sich rein technisch vorstellen könnte, nun bei statistischen Recherchen auf Grundgesamtheiten zuzugreifen, stehen dem vielfältige Hindernisse entgegen, so dass es bei bewährten Verfahren wie repräsentativen Erhebungen, etwa von der Art des deutschen Mikrozensus, oder allgemein der ökonomischen und politischen Prognostik und Analyse (Wahlverhalten), bleibt – lediglich mit digitalen Speichermethoden und digitalen statistischen Berechnungen. Im folgenden Abschnitt über das Problem der Transparenz von Daten wird zudem dargestellt, dass das kapitalistische System wegen des fundamentalen Konkurrenzprinzips (Wettbewerb) auf Vertraulichkeit enormer Datenmengen angewiesen bleibt. Auch auf diesen Feldern bleibt es also bis auf weiteres bei den schon zuvor eingespielten Datenkategorien, Datenpaketen und Indexzahlen (wie BIP).

Die eigentliche Revolution spielt sich auf dem Feld der Produktion individueller Daten ab: Mittels digitaler Internet-Plattformen verdaten nun gigantische Massen von Individuen tendentiell selbst ihren »life stream« mit dem Ergebnis der feinaufgelösten Verdatung von annähernden Grundgesamtheiten bestimmter Nischenkulturen (Konsum- und Lifestylepräferenzen, kulturelle Präferenzen). Diese Datenexplosion machen sich kommerzielle Firmen zunutze, indem sie automatisches *data mining* betreiben, Kundentrends analysieren und automatische Zusatzempfehlungen aufgrund statistischer Kopplungen verschicken (Beispiel Amazon). Unter normalismusrelevanten Aspekten ist festzuhalten, dass solche automatisch selbstgenerierten hochaufgelösten Datensätze sich stets auf Nischen (auf viele und teils große Nischen) beziehen. Es wird nach dem Verhältnis zwischen solcher Verdatung von Nischen und dem breiten Normalspektrum (dem Mainstream) zu fragen sein.

Wenn die automatische, massenhafte Selbstverdatung also nischenintern die Auflösung enorm steigert, so gilt das noch mehr und noch folgenreicher für die zeitliche Dimension. Mittels der automatischen elektronischen Selbstverdatung werden erstmals präzise, realtimegenerierte Datenströme von Emergenz- und Proliferationsprozessen möglich: Wenn ein neuer Star in YouTube auftaucht, so hinterlässt sein »Verstarungs«-Prozess nun eine mikroskopisch aufgelöste Datenspur. Proliferationsprozesse stehen aber, womit sich Abschnitt X.3. ausführlicher beschäftigen wird, in einem grundsätzlichen Spannungsverhältnis zu Normalität und Normalisierung.

Im Kontext der großen Krise seit 2007 ist ferner daran zu erinnern, dass die digitale Datenrevolution selbstverständlich auch in allen Dimensionen von Wirtschaft und Finanzen neue Situationen produziert hat und ständig weiter produziert. Exemplarisch ist der automatisierte Computerhandel an den Börsen, der im Jahre 2012 bereits auf etwa zwei Drittel des Gesamtumfangs geschätzt wurde. Umstritten ist, ob und ggf. wie stark »anormale« Fluktuationen direkt durch die gigantische Massenhaftigkeit bei extremer Zeitkontraktion von elektronischen ökonomischen Datenströmen ausgelöst werden.

4. Verdatung und Transparenz: Die Rolle der Medien

Der Begriff der Statistik hat in seiner Frühzeit einen radikalen Bedeutungswandel erfahren, der höchst symptomatisch für das Wesen des Normalismus ist. »Statistik« war zunächst (im 17. und 18. Jahrhundert) etwas völlig anderes als das, was wir heute darunter verstehen. Es war ein allgemeiner Begriff für das »Wissen vom Staat« bzw. für das »Wissen des Staates« (wie es die Etymologie erweist). Verdatung war zunächst nur ein Teil davon, der sich aber mit der Zeit jedes Wissen von individuellen Besonderheiten (Einzelfällen) im Staat unterwarf, bis am Ende nur noch Massenverteilungen und deren Trends im Zeitverlauf übrig blieben. Die Frage war: Wer sollte dieses »Wissen vom Staat« wissen: nur der Staat?

Sollten die Massendaten ein geheimes »Wissen des Staats von sich selbst« bleiben? Oder sollte dieses Wissen für die »Öffentlichkeit« der Zivilgesellschaft zugänglich und transparent werden? Sollte der Datenschatz allen gehören? Schon die Tatsache, dass heute mehr von »Datenschutz« als von »Datenschatz« die Rede ist, zeigt die fundamentale Relevanz des Problems der Daten-Transparenz.

Im 18. Jahrhundert, im Vorfeld der Französischen Revolution, in ihrem Verlauf sowie in der folgenden Ausbreitung ihrer Prinzipien wurde die Frage zugunsten der Transparenz entschieden. Wie in Abschnitt VI.2. am Beispiel des belgischen Statistikers Adolphe Quételet exemplarisch dargestellt wird, entstanden im Laufe des 19. Jahrhunderts nationale statistische Büros bzw. Ämter, die Volkszählungen und andere Massenbefragungen organisierten bzw. initiierten und vor allem auswerteten und publizierten. Nur Staaten mit statistischer Transparenz waren noch »modern«. Dabei war es die statistische Methode selbst, die eine grundsätzliche Transparenz ermöglichte: Da es um Massendaten und Massenverteilungen ging, konnten die heiklen Einzeldaten bereits methodisch anonymisiert und damit geschützt bleiben. Dennoch stieß das Transparenzprinzip der Daten permanent auf starke Widerstände – nicht nur wegen der Gefährdung legitimer privater Intimität, sondern vor allem wegen der aus dem kapitalistischen Konkurrenzprinzip notwendig folgenden Tendenz zur Geheimhaltung und »Vertraulichkeit« profitrelevanter Daten. Dieser Konflikt zwischen normalistischer Transparenz und kapitalistischer Vertraulichkeit sollte in der Krise von 2007 ff. unübersehbar eskalieren.

Das entscheidende Instrument zur Herstellung größtmöglicher Transparenz von Daten sind Massenmedien, die solche Daten publizieren. Da die wegen der beschränkten Kapazität der medialen »Kanäle« rein technisch überhaupt publizierbaren Daten eine kleine Auswahl aus sämtlichen Daten darstellen müssen, gewinnen sie schon dadurch eine große Relevanz, die zusätzlich noch zu symbolischer Verstärkung tendiert. Durch diese transparent gemachten Daten wird in ganz entscheidender Weise ein Wissen über normale und anormale Entwicklungen, Tendenzen, Ereignisse und Mentalitäten in der Gesellschaft verbreitet. Dazu haben die Massenmedien seit dem Aufkommen des Normalismus vor gut zwei Jahrhunderten ein komplexes System symbolischer Darstellung von Datenlagen entwickelt, das im folgenden genauer als die normalistische »Kurvenlandschaft« beschrieben wird (s. u. Abschnitt III.9.).

Dass es sich beim Problem der Daten-Transparenz um ein fundamentales Problem des Normalismus handelt, erwies sich, wie erwähnt, äußerst dramatisch im Verlauf der Krise von 2007 ff.: Während der ersten Zuspitzung der Krise im Herbst und Winter 2008 errang das Thema der »Transparenz« (der Daten) einen Spitzenplatz in den mediopolitischen Bemühungen um eine Normalisierung der Krise. Man gab einer mangelnden Datentransparenz (bezogen vor allem auf die sogenannten »strukturierten Finanzprodukte«) einen wesentlichen Anteil der Schuld an der Krise. Die mangelnde Transparenz habe wesentlich zur Bildung sogenannter »Blasen« beigetragen. Es wird sich erweisen, dass solche »Blasen« – als Datenprofil – »exponentiellen« Wachstumskurven an den Börsen entsprechen.

Insbesondere die staatlichen Normalisierer forderten Transparenz ein. Der Erfolg war freilich nicht nur gleich Null, sondern negativ: Die Transparenz wurde durch mehrere Schnellschussreformen verringert statt vergrößert. Es begann damit, dass im Herbst 2008 die Standards des IASB (International Accounting Standards Board) über Nacht »flexibilisiert« wurden: »Den Banken wurde daraufhin gestattet, rückwirkend zum Juli 2008 mehr Positionen aus ihrem Handelsbuch und der Marktbewertung herauszunehmen, als sonst möglich gewesen wäre« (*FAZ* 16.4.2009). Das war der Beginn einer Eskalation sinkender Transparenz, die mit der »Vertraulichkeits«-Regelung für alle Details von Bankenrettungen begann und im Herbst 2011 in Deutschland bis zur Gründung eines »Neuner-Geheimgremiums« für alle Transaktionen des »großen Euroschirms« in Berlin führte, das von Karlsruhe (wenn auch nur teilweise) gestoppt werden musste – die Vertraulichkeit bei von »den Märkten« ausgeübtem Zeitdruck wurde als verfassungskonform akzeptiert. Damit blieben die Daten der sogenannten »Zombie-Banken« (die eigentlich bankrott sind, aber aufgrund von verschiedenen Techniken der »Auslagerung toxischer Papiere«, kombiniert mit staatlichen Subventionen, weiter existieren) in einer *black box* von Intransparenz verborgen. Dieses Paradox war symptomatisch für einen Antagonismus (einen unlösbaren Widerspruch) zwischen Normalismus und Kapitalismus, auf den zurückzukommen sein wird. Das Konkurrenzprinzip (»Wettbewerbsfähigkeit«) als Basis des Kapitalismus würde durch volle Datentransparenz ja ausgehebelt.

Auch in weiteren dramatischen Zuspitzungen der Krise wie vor allem in den drohenden Staatsbankrotten mediterraner Länder

(»Griechenlandkrise« seit 2010, »Spanienkrise« 2012 aufgrund von »Zombie-Banken«, die angeblich bereits mehrfach »gerettet« worden waren) spielte die (mangelnde) Datentransparenz wieder eine zentrale Rolle – ebenso in der Polemik um die Ratingagenturen (seit 2011). Als sich nach dem Sommer 2011 herausstellte, dass die (typisch normalistischen) »Stresstests« der Banken im Jahre 2010 deren andauernde Gefährdung nicht widergespiegelt und sogar »Zombie-Banken« als solide erklärt hatten, erwiesen sich diese »Stresstests« nicht als Instrumente der Transparenz, sondern umgekehrt als Instrumente der Intransparenz. Man hatte zuweilen den Eindruck, dass die Staaten sich nach der ursprünglichen Bedeutung von »Statistik« als »geheimem Wissen des Staats von sich selbst« zurücksehnten. (Je mehr das Problem der Daten von »Zombie-Banken« in der Öffentlichkeit verdrängt wurde, umso stärker wurde das Thema Transparenz dann am Beispiel der Geheimkonten deutscher und anderer Steuerflüchtlinge in der Schweiz skandalisiert.)

Zum Prozess der Krise gehört, wie es gerade eine Betrachtung unter dem Aspekt des Normalismus zeigen kann, die »Ansteckung« zwischen verschiedenen gesellschaftlichen Bereichen und besonders zwischen Wirtschaft, Politik und Kultur. Das ließ sich auch am Problem der Transparenz verfolgen: Durch die Intransparenz des Finanzwesens rückten auch andere Intransparenzen, darunter vor allem politische, in den Fokus der öffentlichen Aufmerksamkeit. Die Emergenz der Piratenpartei in Deutschland, die auf den ersten Blick nicht der Krise geschuldet zu sein scheint, war nicht zuletzt der Forderung nach möglichst weitgehender Datentransparenz zu verdanken – die ihrerseits wiederum durch die Krise gestützt wurde.

5. Die Antwort auf das Problem des »exponentiellen« Wachstums in der westlichen Moderne heißt Normalismus

Was sind nun die Charakteristika des spezifisch normalistischen Blicks auf die Daten? Verdatung ist noch nicht Normalismus – sie ist dessen notwendige, aber nicht hinreichende Bedingung. Der normalistische Blick auf die Daten ist allgemein an Verteilungskurven (von Massen) und insbesondere am Vergleich mit den normalistischen Basiskurven interessiert, also der Normalverteilung im räumlichen Nebeneinander und der »wachsenden Schlange« des normalen Wachstums im zeitlichen Nacheinander. Unter der wachsenden Schlange verstehe ich eine ununterbrochene Serie logistischer Kurven, wie sie demnach den Idealtyp des »Normalwachstums«, etwa als ideale Kurve der Konjunktur, darstellt: starker Aufschwung, Abflachung bis zum Nullwachstum, neuer Aufschwung und so weiter. Da beide Kurven perfekt symmetrisch sind, scheinen sie zu signalisieren, dass eine konkrete Massenverteilung bzw. dass ein konkretes massenhaftes Wachstum sich in einem Zustand von »Gleichgewicht« bzw. »Stabilität« befinden. Hier zeigt sich also die Funktion der Normalität als dynamischer Spielart von Stabilität. Ein fortgesetztes exponentielles Wachstum würde, wie intuitiv deutlich ist, in eine katastrophische Situation führen. (Die Sorge um »Blasenbildungen« ist eine Konsequenz dieser Einsicht.) Ein solches Wachstum muss also zyklisch jeweils wieder »gebremst«, d. h. »normalisiert« werden – kommt es dagegen zu »Stagnationen« des Wachstums, so fordert der Normalismus »Stimulationen«. Man kann daher den Normalismus auch bildlich als die notwendige Bremse (bzw. umgekehrt als den notwendigen Choke) für den Motor der modernen Wachstumsdynamik begreifen.

Aus den Idealtypen der Normalverteilung und des Normalwachstums als basalem Orientierungs-Rahmen des Normalismus erklärt sich die entscheidende Rolle von »Kennziffern« (Indexzahlen), die als Symptome für den jeweiligen Grad an Normalität einer Entwicklung gelesen werden können. Zahlen pflastern die vielen Wege des Normalismus: normale (mittlere), supernormale und subnormale Kennziffern der diversen Kurven des Wachstums; als eine Art basales »Thermometer« des Gesamtprozesses dienen die Indexzahlen der Börsenkurven. So lässt sich die »Geschichte« der Krise von 2007 ff. zunächst als vieldimensionale Folge von Daten »erzählen«: Börsenindizes, Zinshöhen, Schuldenindizes, Arbeitslosenprozente, Geburtendefizite, Migrationszahlen, Wahlergebnisse u. v. a.

6. Normalität nicht gleich Normativität und Normalisierung nicht gleich Ahndung eines Normverstoßes!

Ein Großteil der Begriffsverwirrung im Feld des Normalen stammt aus einem etymologischen Wirrwarr: Das lateinische Wort »norma« ist die Mutter sehr verschiedener Sprösslinge. »Norma« war das rechtwinklige Ausrichtungsinstrument der römischen Baumeister und bedeutete dann allgemein »Regel«, mittellateinisch zum Beispiel auch Ordensregel. Von »norma« und seinen neulateinischen Ableitungen »normalis« und »normativus« stammen sowohl alle modernen volkssprachlichen Begriffe der juristischen und quasi-juristischen (z. B. ethischen) »Norm« wie auch alle Begriffe des massenhaft akzeptablen »Normalen« ab. Beides ist unbedingt zu unterscheiden, wird aber – eben wegen der gemeinsamen etymologischen Herkunft von »norma« – häufig vermengt, so z. B. stellenweise noch in den eingangs erwähnten Essays von Kaube, Steingart und Schulze. Die Felder des Normativen (sanktionsbewehrte Norm, Normverstoß, Normbruch, Normenkonflikt usw.) und des Normalen (Normalität, Anormalität, Anomalie, Abnormität, abnorm, Normalisierung) haben sich seit dem 18. Jahrhundert zu zwei deutlich verschiedenen kulturellen Komplexen auseinanderentwickelt. Auf der einen Seite geht es um Einzelfälle und binäre Erfüllungsnormen (ja/nein; z. B. wurde in einem konkreten Fall die Ehe gebrochen, abgetrieben, mit der Pille verhütet: ja oder nein?) – auf der anderen Seite um massenhafte, nur mit statistischer Verdatung zu beschreibende Phänomene bzw. Verhaltensweisen und die Frage von Durchschnitten, Spreizungen, normalen Spektren, aus denen sich »Akzeptanz«, »Sicherheit« oder »Stabilität« ableiten lassen (z. B. wie hoch ist die Scheidungsrate oder die Quote unehelicher Geburten, wie hoch die Abtreibungsrate und die der Verwendung der Pille?). Ich wähle diese konkreten Beispiele, weil sie das demografische Feld beeinflussen, das im folgenden als einer der exemplarischen Fälle dienen wird. Normativ sind also bei diesem Beispiel Kategorien wie »Sünde« (vornormalistisch), Strafe, Strafgesetz, § 218 und »Kriminalität«, Strafrechtsreform und Entkriminalisierung – normalistisch sind demgegenüber Kategorien wie »Akzeptanz«, Prozentanteil, massenhafte Praxis und eben »Normalität«. Normativ ist die Sexualethik der katholischen Kirche oder einer anderen Instanz bzw. die juristische Regelung durch den Staat oder eine andere Instanz – normalistisch die Verdatung der Geburten und Todesfälle, die Errechnung der Geburtenrate pro Frau und die sich daraus und aus der Sterberate ergebende (positive oder negative) Wachstumsrate und Wachstumskurve einer bestimmten Bevölkerung.

Die Kategorie der »Sünde« wurde soeben als »vornormalistisch« bezeichnet, womit ein äußerst wichtiger historischer Unterschied zwischen Normativität und Normalität benannt ist: Normativität, also ethische bzw. juristische oder rechtsanaloge Regeln, gab es in allen uns bekannten menschlichen Gesellschaften: Ohne solche Regeln und ihre gesellschaftliche Sanktionierung (ggf. Bestrafung des Normverstoßes) kommt auch heute keine Gesellschaft aus (grundsätzlich alternative Modelle fallen in den Bereich der »Utopie«). »Normalitäten« in der hier definierten Bedeutung von auf Verdatung und Statistik gestütztem, empirisch beobachtetem massenhaftem und aufgrund seiner empirischen Massenhaftigkeit »akzeptiertem« Verhalten hat es vor dem europäischen 18. Jahrhundert nirgendwo gegeben und gibt es auch heute nicht in allen Ländern der südlichen Hemisphäre. Wir haben es also im Bereich der Normalität mit einem historischen Novum, mit einer »Emergenz« zu tun, die in der westlichen Moderne zur Normativität hinzugekommen ist. Das bedeutet natürlich keineswegs, dass dieses Novum die Normativität hätte ersetzen können – vielmehr existieren die beiden Regelungsweisen seither nebeneinander. Soweit sie sich widersprechen wie im Fall von Sexualethik und Demografie, entstehen entweder neuartige Kopplungen oder aber Friktionen und Konflikte. Im Fall des Konflikts hat sich in vielen Fällen die Normalität als stärker erwiesen, was zu einer Änderung der Normativität (Reform) geführt hat wie bei der Entkriminalisierung der Abtreibung oder der Homosexualität.

Der Kopplungszwang zwischen Normativität und Normalität kann aber auch zugunsten der Normativität ausgehen, indem versucht wird, das massenhafte Verhalten normativen Vorgaben anzupassen. Dazu zählen auf dem Gebiet der Demografie die staatlichen Versuche, als »normal« eine hohe bzw. höhere Geburtenrate zu stimulieren.

7. Die Sonderstellung der Industrienorm (des Standards) im Normalismus

Gehören die Industrienormen vom Typ DIN oder ISO zum Bereich der Normativität oder der Normalität? In der Tat liegt hier ein besonderer Grenzfall vor, den es gesondert zu klären gilt. Man kann die Frage auch anders stellen: Ist Normung gleich Normierung gleich Normalisierung? Intuitiv wird der heutige Sprecher mit nein antworten – warum diese Intuition zutrifft, soll nun gezeigt werden.

Symptomatisch ist ein Bedeutungswandel des Begriffs der »Normalisierung« im Deutschen: Unter »Normalisierung« wird seit einem Jahrhundert zunächst überwiegend und seit geraumer Zeit ausschließlich »Normal-Machung« verstanden, also die Beseitigung einer Anormalität, die Rückkehr zu einem Normalzustand oder die Schaffung eines solchen. Grundlegend ist also ein zeitlicher Vektor, eine Zustandsänderung in der Zeit. Heute gehört der Begriff eindeutig zum normalistischen Komplex. Das war nicht immer so: Noch um die Jahrhundertwende von 1900 konnte »Normalisierung« auch gleichbedeutend mit Standardisierung (engl. *standardization*) verwendet werden, also mit dem heutigen Begriff der »Normung«, mithin in der Bedeutung von Setzung und Implementierung einer Industrienorm. Der französische Begriff der »normalisation« besitzt noch heute diesen Doppelsinn, was zu irreführenden Übersetzungen und begrifflichen Verwirrungen beigetragen hat (auch bezüglich wichtiger Theorien wie jener von Canguilhem und Foucault). Heute haben wir im Deutschen also eine klare terminologische Dreiteilung: Normung gleich Setzung einer Industrienorm – Normierung gleich dressurartige Durchsetzung eines sozialen Verhaltens – Normalisierung gleich (Wieder-)Herstellung eines Normalzustands.

Damit aber ist die Ausgangsfrage noch nicht geklärt, wie die Normung (womit die Normierung weitgehend analog ist) zwischen Normativität und Normalität einzuordnen ist. Auf den ersten Blick scheint die Industrienorm zum Bereich der Normativität zu gehören: Sie scheint analog zu einem Gesetz zu funktionieren. Dagegen spricht nicht eine zivilgesellschaftliche Institution als Normsetzerin (die großen Firmen und die nationalen oder internationalen Normenausschüsse) und auch nicht der stets im Prinzip bloß empfehlende Charakter der Industrienorm. Wichtiger ist bereits der Umstand, dass wir es im Unterschied zu einem Gesetz in der Regel mit einer Seriennorm zu tun haben: alle Papierformatgrößen, alle Schrauben/Mutterngrößen usw. Jede dieser Serien von Massenprodukten bildet eine normalistische Verteilungskurve mit einem oder mehreren »Buckeln«, und manche im Alltag besonders bekannten Normen wie etwa die Konfektionsgrößen nähern sich darüber hinaus einer symbolisch mit der Normalverteilung entfernt verwandten Verteilung mit zentraler Tendenz an, die in diesem Buch als »Quasi-Normalverteilung« bezeichnet wird, worauf zurückzukommen sein wird.

Zuvor ist aber eine für den Normalismus grundlegende Funktion bestimmter Industrienormen, und zwar die der Normen für die

Einheitsmaße, zu betonen: Ohne national und international genormte Maße, wie sie zuerst von der Französischen Revolution geschaffen wurden (Urmeter, Urkilo usw., symbolisch im gleichen Jahr 1795 wie die Entdeckung der Normalverteilung durch Karl Friedrich Gauß) – ohne solche genormten Maße könnte die normalistische Verdatung von Massengegenständen gar nicht in Gang gekommen sein. Die genormten Maße bilden also für die normalistische Verdatung sowohl eine Produktionsbedingung der Daten wie ein Koordinatensystem zu ihrer Systematisierung. Ebenso fundamental wie die Normen des Raums sind die Normen der Zeit, also die Normung der Stunde und ihrer Bruchteile – lange Zeit in Gestalt der »Normaluhr« und »Normalzeit« wie Leuchttürme der Orientierung im Alltag präsent.

Eine spezifische Standardisierung wird in mehreren Kapiteln dieses Buches eine Rolle spielen: Es ist die Standardisierung von sogenannten »Test-Batterien« zur Messung des IQ. Dabei wird ein Standardwert »100« gesetzt, der aus dem Median einer Alters-Population gewonnen wird. Es wird sich zeigen, dass die Restandardisierung solcher Batterien bis in die 1980er Jahre eine wichtige Tatsache verdeckt hat – nämlich die erhebliche Steigerung der gesamten Normalverteilung des IQ im Laufe des 20. Jahrhunderts (sogenannter »Flynn-Effekt«).

Die von den Normenausschüssen scheinbar normativ gesetzten Industrienormen kommen in Wirklichkeit durch ein normalistisches »Einpendeln« der jeweils vorher schon (von den großen Firmen) verwendeten Größen zustande – sie liegen zudem auf einem Kontinuum und können prinzipiell verschoben werden. Beide Tendenzen bestimmen die Geschichte der Normung: Aus dem Kontinuum ergibt sich die Möglichkeit differenzierterer Normenserien (nicht bloß drei Autogrößen, sondern dreißig) – aus der Möglichkeit der Verschiebung erklärt sich der technische Fortschritt, also der Anschluss der Industrienormen an das Normalwachstum. Beide Tendenzen kommen in der computerunterstützten Produktion (CAP) zusammen. Musterfälle wie das Projekt E-Tailor erlauben eine individuelle Streuung der Konfektionsgrößen und damit die vollständige Integration der Normung in den Normalismus, ihre definitive »Normalisierung«.

Lange Zeit aber waren die Industrienormen jeweils diskontinuierlich gestreut, wobei dennoch bereits eine normalistische grobe Dreiteilung vorherrschte: kleines bzw. billiges, mittleres »erschwingliches« und großes bzw. teures Luxusprodukt (Autos, Fernseher, Textilien, Immobilien). Die enge Kopplung dieser Dreiteilung an die Sozialstruktur ist evident.

III. Was ist Normalismus? Konturen eines Konzepts: Basiskurven, Kontinuitätsprinzip, Normalitätsgrenzen, Kurvenlandschaften und Rolle der Massenmedien

Soeben war vom »normalistischen Blick auf die Daten« die Rede: Dieser besondere Blick orientiere sich am Vergleich einer statistischen Massenverteilung mit Basiskurven wie der Normalverteilung (Glockenkurve, Gaußkurve) oder der logistischen Kurve (gelängte S-Kurve) des »normalen Wachstums«. Diese Art Orientierung, in der, wie sich zeigen wird, häufig darüber hinaus ein »Wille zur Normalisierung« steckt, soll nun induktiv veranschaulicht werden. Zur ersten Illustration dienen zwei konkrete Fälle: der Komplex »Linie« (Körpermaße, vor allem relatives Körpergewicht) und der Komplex »Stress« (medizinisch und allgemein analog).

1. »Linie« — *ein Merkmal*

Zu den im Alltag bekanntesten, sich um Normalität drehenden Datenlandschaften gehören die der »Linie«. Unsere Kultur zwingt mehr oder weniger alle Individuen, insbesondere aber die weiblichen, sich am »Normalgewicht« zu orientieren. Folgende Definition von »Körpergewicht« aus Wikipedia (ähnlich in traditionellen Enzyklopädien) ist typisch für normalistische Mentalität:

> Das Körpergewicht ist ein biometrisches Merkmal und bezeichnet die physikalische Masse eines Menschen (oder Tieres), üblicherweise angegeben in kg. Es ist kurz nach der Geburt am geringsten und nimmt dann bis zum Erwachsenenalter bei normaler Entwicklung zusammen mit der Körpergröße ständig zu. Während manche Menschen, vor allem in Entwicklungsländern, unter Untergewicht leiden, weil sie zu wenig zu essen haben, ist andererseits Übergewicht (bzw. dessen schwere Form Fettleibigkeit) ein verbreitetes Problem, das sowohl in Entwicklungs- wie auch Industrieländern stark zunimmt. Aber auch Ess-

störungen können Untergewicht verursachen, wie Anorexie und Bulimie, oder zu Übergewicht führen, wie Binge Eating.

INHALTSVERZEICHNIS
1. Berechnungsformeln, Indices
1.1. Broca-Index
1.2. Body-Mass-Index
1.3. Ponderal-Index
1.4. Taille-Hüft-Verhältnis
1.5. Bauchumfang
2. Normalgewicht, Idealgewicht
3. Untergewicht
4. Übergewicht

Dieser normalistische Körpergewichts-Komplex ist, wie leicht ersichtlich, um die beiden Basiskurven herum angeordnet: um die Kurve der »normalen Entwicklung« (also des Normalwachstums) in der Zeit und um die Normalverteilung im Raum. Diese Normalverteilung erstreckt sich zwischen zwei Extremen (größtes Übergewicht und extremstes Untergewicht), zwischen denen sich in der Mittelzone das Normalspektrum (normal range) befindet. Wiederum in der Mittelzone des Normalspektrums liegen die verschiedenen Durchschnitte (arithmetisches Mittel, Median, Modalwert), und in diesem Falle das »Normal-« und das »Idealgewicht«.

Über- und Untergewicht sind Fälle der für den Normalismus entscheidend wichtigen Überschreitung von Normalitätsgrenzen. So wird in Wikipedia die von der WHO zugrunde gelegte Normalitätsgrenze nach unten mit 18,5 BMI (Body Mass Index) und die nach oben mit 30 BMI referiert, wobei es bei der oberen Normalitätsgrenze mehrere Stufen (»Grade«) gibt. Warum gerade diese Werte, deren globale Gültigkeit sicher statistisch wenig überzeugend sein dürfte? Wir stoßen hier zum erstenmal auf das große Paradox der Normalitätsgrenze: Alle Massenverteilungskurven, die sich der Normalverteilung im weitesten Sinne grob annähern lassen, sind mathematisch gesehen stetig, kennen also gerade keine internen Grenzen. Dennoch ist es für die normalistische Mentalität evident, dass »extreme« Werte außerhalb des Normalspektrums liegen und dass es also Grenzen dieses Spektrums geben muss. ==Statistisch gesehen geht es um die Bestimmung der Grenze des »extrem==

Seltenen«, z. B. bei zwei Standardabweichungen oder irgendwo zwischen einer und zwei. Prinzipiell bleibt aber jede solche Grenze verschiebbar und muss letztlich dezisionistisch (durch eine Entscheidung, wie die der WHO) im wahrsten Sinne »festgeklopft« werden. Üblicherweise geschieht eine solche Festlegung durch Kopplung mit einer anderen »Dimension«: im Fall der WHO mit einer medizinischen – Über- und Untergewicht sollen dort beginnen, wo typische Krankheitsrisiken (z. B. für Herzinfarkt oder Diabetes) eine Schwelle überschreiten. Dabei handelt es sich also um die Kopplung mit einer anderen Massenverteilungskurve. Offensichtlich kommen dabei auch normative Kriterien ins Spiel. Es wird sich herausstellen, dass die stärkere oder geringere Kopplung mit Normativität für verschiedene Spielarten bzw. Typen des Normalismus charakteristisch ist. Während aber die normative Grenze eindeutig (binär ja/nein) und nicht verschiebbar ist, lässt sich die Normalitätsgrenze auch als »Risikoschwelle« begreifen, die in Abhängigkeit von der Risikoeinschätzung immer verschiebbar ist wie typischerweise bei medizinischen, ökologischen und ökonomischen Normalitätsgrenzen (man denke an die Kontroversen um die Fixität der Maastricht-Kriterien in der Krise).

Blick auf Sarrazin (2)

Die in diese Einführung in Theorie und Geschichte des Normalismus eingestreuten »Blicke auf Sarrazin« werden in ihrer Gesamtheit zeigen, dass der Bestseller *Deutschland schafft sich ab* seinen ungeheuren (bzw. ungeheuerlichen) Erfolg dem Umstand verdankt, dass es sich dabei um ein »protonormalistisches« Manifest handelt. Der Begriff eines »Protonormalismus« ist keine Selbstbeschreibung von Sarrazin, sondern eine historisch-kritische Einordnung, die in Kapitel V systematisch definiert und ansonsten schrittweise entwickelt wird. Grob gesagt, handelt es sich um eine in jeder Beziehung »enge« Auffassung von Normalität: um ein schmales Normalspektrum, um »aggressive« Produktion von »Anormalitäten« auf verschiedenen Gebieten, so dass das Anormalspektrum schließlich breiter ist als das Normalspektrum – ferner um massive und abschreckend dramatisierte Normalitätsgrenzen, so dass die ausgegrenzten »Anormalen« innerhalb der Gesellschaft als skandalisiert und »stigmatisiert« erscheinen.

Historisch waren es vor allem Normalfelder wie Demografie/ Sexualität, Armut, Behinderung und »Leistungs«-Defizite, insbesondere »Dummheit« (»Intelligenz«-Defizite), an denen der rigide Protonormalismus seine aggressive Exklusionsstrategie entwickelte. Wie sich zeigen wird, schreibt Sarrazin bezüglich der meisten dieser Normalfelder die protonormalistischen Strategien fort. So kann es nicht überraschen, dass er auch Abweichungen der »Linie« skandalisiert und mit anderen Anormalitäten kombiniert:

>»Wer nicht lernt, bleibt unwissend. Wer zuviel isst, wird dick.« Solche Wahrheiten auszusprechen, gilt als politisch inkorrekt, ja als lieblos und eigentlich unmoralisch – zumindest aber ist es unklug, wenn man in politische Ämter gewählt werden möchte. Die Tendenz des politisch korrekten Diskurses geht dahin, die Menschen von der Verantwortung für ihr Verhalten weitgehend zu entlasten, indem man auf die Umstände verweist, durch die sie zu Benachteiligten oder gar zu Versagern werden:
> – Kann ein Schüler dem Unterricht nicht folgen, so liegt das an der Bildungsferne des Elternhauses.
> – Leiden Kinder aus einfachen Verhältnissen häufig an Übergewicht infolge Bewegungsmangel, so liegt das nicht an der Vernachlässigung durch die Eltern, sondern an der sozialen Notlage der Familie. […]
> Welch einen Sturm der Empörung löste ich als Berliner Finanzsenator aus mit dem detaillierten Nachweis, dass man sich mit dem Betrag für Essen und Getränke in der staatlichen Grundsicherung sehr wohl gesund und abwechslungsreich ernähren kann. Übergewicht infolge falscher Ernährung ist dann aber nicht auf eine objektive Lebenslage zurückzuführen, für die der Einzelne nichts kann, sondern das Ergebnis individueller Verhaltensweisen, für die jeder selbst die Verantwortung trägt. (*Deutschland*, S. 9 f.)

Hier ist zunächst festzuhalten, dass in *Deutschland schafft sich ab* mehrere Abweichungen von der Normalität, also mehrere Anormalitäten, als eng zusammenhängend betrachtet werden: Anormalität der »Linie« (»Übergewicht«, Fettleibigkeit), Abweichung des Lebensstandards (Armut) und Anormalität der »Intelligenz« (»Dummheit«). Es handelt sich also um die Korrelation dreier Normalfelder. Gleichzeitig wird vehement bestritten, dass in diesem empirisch gegebenen Kombinat ein Mangel an sozialer Normalität (Armut) das Entscheidende sein könne – vielmehr trage jedes Individuum einzeln und allein die »Verantwortung« für seine Anormalität. Hier taucht ein viertes Normalfeld auf: das einer hohen, mittleren (normalen) oder defizitären »Verantwortung«. Wie erklärt sich diese massenhafte statistische Streuung von »Verantwortung«? Sie wird an einer späteren Stelle des Buches (auf der Datenbasis des Berliner Sozialstrukturatlas) anscheinend doch mit der Sozialstruktur begründet:

> Besonders aufschlussreich ist in diesem Zusammenhang die Grundauswertung der Einschulungsdaten etwa für das Jahr 2007. Diese zeigen einen klaren und stringenten Zusammenhang zwischen Indikatoren für das Sozialverhalten – wie Übergewicht, Zahnpflege, Fernsehverhalten, Sprachentwicklung, motorische Mängel einerseits und der sozialen Schichtzugehörigkeit andererseits. (*Deutschland*, S. 77)

Dabei unterscheidet der Atlas typisch normalistisch drei Schichten (oben, Mitte, unten). Durch mehr Sport und weniger Fernsehen könne man gleichzeitig das Übergewicht wie die mangelnde Schulleistung erfolgreich bekämpfen (S. 217, 231).

Hier scheint eine Erklärungslücke zu klaffen: Ist die soziale Schicht nicht doch durchschlagend, wenn das Defizit an »Verantwortung« statistisch von ihr abhängig zu sein scheint? Diese Lücke wird der Autor jedoch füllen, und zwar mit seinen genetischen Annahmen (s. u. die Hinweise ab Kapitel VI).

2. »Stress« — mehrere Merkmale → komplex

Zu den mediopolitisch spektakulär inszenierten Maßnahmen zur Normalisierung der Krise von 2007 ff. gehörten sogenannte »Stresstests« – etwa von Banken, Staatshaushalten und AKWs. Darin erwies sich die Schlüsselrolle der Kategorie Stress im Normalismus. Je nach Einsatzfeld waren die konkreten Prüfungsfragen (»Testbatterien«) verschieden, aber alle drehten sich um Verdatung. Zum Beispiel wurde bei den Banken geprüft, ob das Verhältnis zwischen der Summe der ausgeliehenen Kredite und dem Eigenkapital unter einem als riskant betrachteten Schwellenwert läge. Lag es darunter, wurde das Risiko als »normal« klassifiziert. Bei Stresstests von AKWs ging es um sehr andere Daten, aber ebenfalls um Schwellenwerte eines »normalen« Risikos. Von der »Linie« unterscheidet sich also der »Stress« dadurch, dass er wie die Normalität selbst eine Querschnittskategorie bildet, die auf verschiedenen Feldern eingesetzt werden kann und damit an der Strukturierung von »Kultur« insgesamt mitwirkt.

Diese Eigenschaft teilt die metaphorische Verwendung des Stress-Komplexes mit dem Ursprungsfeld dieses Modellsymbols in der Medizin. Während es bei der »Linie« um die Normalität nur eines einzigen Feldes (Gewicht und Größe) ging, bezieht sich der Stress auf die Bündelung einer Vielzahl körperlicher und seelischer Felder. Hans Selye, der das Konzept seit den 1930er Jahren und besonders nach dem Zweiten Weltkrieg entwickelte und popularisierte, versuchte es mit dem Bild eines Autos zu verdeutlichen:

> Je mehr wir vom Mechanismus einer unbeseelten Maschine – sagen wir, eines Autos […] – verstehen, um so besser können wir sie handhaben und ihre Defekte reparieren, wenn sie versagt. Dies gilt für lebendige Maschinen, wie unseren eigenen Körper, gleicherweise. Um eine Maschine als Ganzes zu verstehen, muß man sie auseinandernehmen.[11]

Die einzelnen hier gemeinten Felder kennen wir von den Spezialisierungen der Medizin: das kardiologische, gastroenterologische, neurologische, endokrinologische usw. Feld. Selyes normalistisches Konzept unterschied die Normalität jedes einzelnen Feldes von der Gesamt-Normalität ihrer Bündelung. Er bezeichnete diese Gesamt-Normalität auch als »Gleichgewicht«, »Homöostase« bzw. »Stabilität«. Ein einzelnes, allgemein bekanntes, solches Feld mit seinem normalen Spektrum stellt der Blutdruck (kardiologisches Feld) dar. Ein bekannter und typischer Stresstest ist die Stressechokardiografie auf diesem Feld. Dabei zeigt sich, dass Stress stets mit der oberen Normalitätsgrenze (Hochdruck) zu tun hat. Stress bedeutet eine längere Phase des Funktionierens unter erhöhter »Belastung«, also an der oberen Normalitätsgrenze (Stressschwelle) oder darüber. Dadurch kann aber das Gleichgewicht der Teilsysteme, also die

---

[11] Hans Selye, *Stress beherrscht unser Leben*, dt. Düsseldorf 1957, S. 63.

Gesamt-Normalität, gestört oder zerstört werden (Kollaps). Der Prozess einer konkreten Stressreaktion lässt sich nach Selye als Kurve darstellen, die mit einem alarmierenden Absinken des Gleichgewichts unter die »Ebene des normalen Widerstandes« beginnt und diesen Nullwert dann durch die endokrin-nervöse Reaktion (»Adrenalinstoß«) wieder nach oben überschreitet. Gelingt keine Wiederherstellung des Gleichgewichts, so sinkt die Kurve in der dritten Phase wiederum, und diesmal negativ exponentiell unter Null und es kommt zum Kollaps (S. 108).

Wenn man sich nun noch einmal an die vielen »Stresstests« der Banken usw. in der Krise von 2007 ff. erinnert, wird klar, dass es sich dabei um eine sehr grob analoge Übertragung vom Gebiet der Medizin auf das im weitesten Sinne soziologische Gebiet handelt. Diese Übertragung und diese Analogie sind nicht neu. Sie fanden im wesentlichen genauso schon in der ersten Hälfte des 19. Jahrhunderts bei dem Vater der Soziologie, Auguste Comte, statt, der sich von dem Mediziner Broussais, in gewisser Hinsicht einem Vorläufer von Selye, inspirieren ließ (dazu ausführlich Abschnitt VI.1.).

Selbstverständlich ist eine solche Übertragung per Analogie auf ein völlig anderes Feld stets problematisch. Wenn sie überhaupt eine operative Basis besitzen sollte, dann kann sie nur im Normalismus liegen – in der Annahme, dass sowohl der menschliche Einzelkörper wie auch ein gesellschaftliches Kollektiv Normalspektren und Normalitätsgrenzen besitzen, die der Verdatung und der normalistischen Regulierung zugänglich sind. Eigentlich haben wir es bloß mit einem einleuchtenden Modell zu tun (einem »Kollektivsymbol«, wie es in Abschnitt III.9. erklärt wird):

medizinischer Stress	finanzwirtschaftlicher Stress
körperliche bzw. psychosomatische Belastung	Belastung durch Kursverfall und Verluste
Gleichgewicht sinkt unter normal	Kreditsituation sinkt unter normal
Adrenalinstoß erhöht Gleichgewicht	staatliche Stimuli erhöhen Kreditsituation durch Kursrally und Gewinne

zweiter, negativ exponentieller Absturz des Gleichgewichts	zweiter Kursverfall mit großen Verlusten
Kollaps	Kollaps
(»Stresstest« wurde dann zum »Wort des Jahres« 2011 erklärt – womit auch die normalistische Regulierung der Krise »geehrt« wurde.)	

3. Normalität nicht gleich biologische Stabilität

Sowohl das Beispiel der »Linie« wie das des »Stress« stammten aus dem physischen und medizinischen, also auf den ersten Blick im weitesten Sinne biologischen Bereich. Sind Normalitäten also biologische (und damit naturgesetzliche) Kategorien und beginnt die Problematik erst bei der Übertragung in den gesellschaftlichen und kulturellen Bereich? Diese Frage wird in der »Intelligenz«-Forschung als sogenanntes »Nature-Nurture-Problem« polemisch diskutiert: Wenn »Intelligenz« normalverteilt sein sollte (wie es Sarrazin mit älteren Theorien vehement vertritt) – stammt dieses Normalspektrum dann aus dem Erbgut (»Nature«) oder aus der Kultur (»Nurture«), oder – falls aus beiden gemischt – dominiert dann »Nature« oder »Nurture«? Die These einer klaren Dominanz von »Nature« (Erbgut), die Sarrazin ebenfalls vehement vertritt, ist also symptomatisch für eine biologistische Spielart des Normalismus, die weiter unten als radikaler »Protonormalismus« beschrieben wird – wobei Biologismus eben die Auffassung kennzeichnet, dass Normalitäten und Normalspektren direkt oder indirekt biologisch (»natürlich«) fundiert seien. Träfe das zu, so wäre Normalismus eine ahistorische, nicht nur für alles menschliche Leben, sondern für alles Leben überhaupt gültige Kategorie. Wie hier bereits mehrfach gesagt wurde, stellt sich die vorliegende Studie die Aufgabe, die gegenteilige Auffassung zu begründen: Ihr zufolge ist Normalismus etwas spezifisch Modernes, und daher selbstverständlich etwas vorwiegend Kulturelles, ja – um es provokant zuzuspitzen – etwas höchst ›Un-Natürliches‹.

Aber hat der Homo sapiens nicht seit Jahrzehntausenden ein Normalspektrum des Blutdrucks zwischen 130:85 und 100:60

mm Hg (Millimeter Quecksilbersäule) besessen, so dass es schon immer bei chronischer Überschreitung der oberen Normalitätsgrenze hypertone und bei Unterschreitung der unteren hypotone Menschen gab? Hat er nicht bereits als Mammutjäger Stress bewältigen müssen, wobei sein Adrenalinspiegel und sein Blutdruck gestiegen sind? Das sind keine dummen Fragen – nur die Annahme, die Antwort sei »selbstverständlich« ja, wäre dumm. Warum? Nicht etwa einfach deshalb, weil der Begriff des Blutdrucks und besonders die technische und ökonomische Möglichkeit, ihn routinemäßig repräsentativ (also auch bei armen Massenindividuen) zu messen, ausschließlich moderne Errungenschaften sind, sondern weil ohne diese wissenschaftlichen, technischen und ökonomischen Möglichkeiten ein »normaler«, »über-« bzw. »unternormaler Blutdruck« weder als Wort noch aber auch als Ding überhaupt existieren könnte. Denn ohne diese Möglichkeiten ließe sich der Blutdruck nicht massenbezogen verdaten, ließen sich keine Durchschnitte errechnen, ließen sich keine oberen und unteren Normalitätsgrenzen (durch Vergleich mit anderen Massendaten, etwa von Herzinfarkten) bestimmen. Ohne die mediale Seite des Normalismus könnte dieses Wissen nicht an die Individuen vermittelt werden und bei ihnen eine ganz neue Mentalität erzeugen: die Aufmerksamkeit auf den Blutdruck und eine ganze »Batterie« von Lebenssorgeritualen: cholesterinbewusste Nahrung, Jogging, Nordic Walking und andere »Rituale« von »Otto Normalabweicher« (Jürgen Kaube). ==Wie man sieht, bilden also gerade die normalistischen Lebenssorgerituale einen absolut untrennbaren Bestandteil moderner und nur moderner Kulturen.== Es zeigt sich hier eine – sagen wir: Begriffsstutzigkeit aller Biologisten, die die physischen und medizinischen Daten aus ihrem kulturellen Geflecht, auf das sie – die Biologisten – fundamental angewiesen sind, glauben herauslösen zu können, um sie – als »rein biologisch, rein natürlich« – bis in die Vorgeschichte zurückzuprojizieren. In Wirklichkeit hatte der Frühmensch auf der Jagd eben keinen »Stress« – auch wenn sein Blutdruck (hypothetisch) auf 220:125 mm Hg gestiegen sein sollte. Eine solche Steigerung ist hoch wahrscheinlich – sie wurde aber nicht als Stress erlebt (sondern vielleicht als eine magisch-religiöse Intensität).

Die physischen und allgemein die biologischen Normalspektren samt ihrer großen Stabilität sind daher sicher Resultate der Evolution – aber als Normalspektren sind sie vorwiegend kulturell –

selbst ihre körperliche (biologische) Basis ist vorwiegend von Kultur überformt, ja von ihr sozusagen imprägniert.

4. Die beiden normalistischen Basiskurven (Normalverteilung und Normalwachstum) und die normalistische Kurven-Familie

Es war kein Zufall, dass bereits in den bisherigen, an das Thema Normalismus von verschiedenen Seiten heranführenden Ausführungen mehrfach von der Normalverteilung und vom Normalwachstum die Rede war. Diese beiden Kurven stehen im Zentrum einer »normalistischen Kurvenlandschaft«, die ihrerseits wiederum das Zentrum des Normalismus als kultureller Klaviatur ausmacht. Beide Kurven (und eine Reihe weiterer, die mit ihnen zusammen eine »normalistische Kurven-Familie« bilden) funktionieren wie eine Art Transformator, über den die professionelle Verdatung und Statistik mit ihrer massenkulturellen Wirkung verbunden ist und umgekehrt. ==Denn diese Kurven sind gleichermaßen mathematisch wie symbolisch-suggestiv und populär.==

Die Normalverteilung, die auf den seit dem Euro verschwundenen 10-D-Mark-Scheinen zusammen mit dem Porträt ihres Entdeckers oder Erfinders Gauß (deshalb auch Gaußkurve genannt, neben Glockenkurve, engl. *Bell Curve*) zu den Fundamenten der modernen deutschen Kultur gezählt wurde, dient als Basismodell normalistischer Orientierung für statische Massen. Obwohl es streng genommen keine solche Statik gibt und jede Masse sich ununterbrochen in zeitlicher Veränderung befindet, ist die Analyse ihrer Verteilung zu einem bestimmten Zeitpunkt dennoch sinnvoll. Da die Normalverteilung perfekt symmetrisch ist und in ihr die drei Durchschnitte (arithmetisches Mittel, Median und Modalwert) ineins fallen, suggeriert sie die Vorstellungen von »Gleichgewicht«, »Stabilität«, »Mitte«, »Maß« und »Sicherheit« – also genau die Vorstellungen, die in der westlichen Moderne mit ihrer entfesselten Dynamik fundamental bedroht erscheinen. Normalistisch wichtig sind, wie einige der folgenden Kapitel ausführen werden, Unterschiede der Position und des Profils der Kurve. Zunächst sind die horizontale und die vertikale Position zu unterscheiden, was keine mathematische, aber erhebliche symbolische Relevanz hat (Abb. 1).

Wie die angegebenen Beispiele zeigen, symbolisiert die vertikale Position durchgehende hierarchische Wertungen in Richtung »Spit-

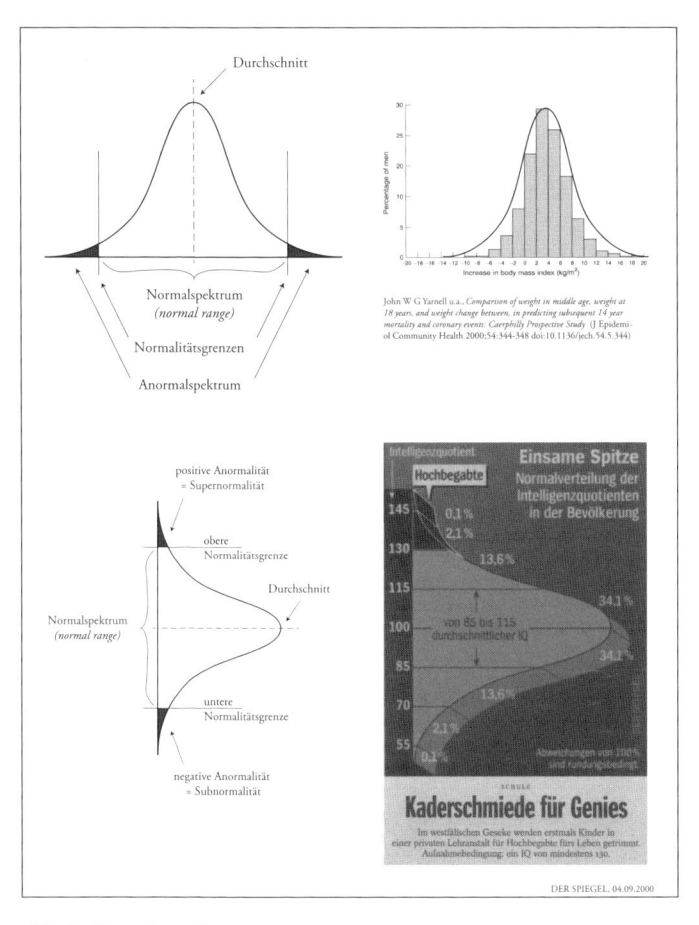

Abb. 1: Normalverteilung

ze« (wie bei den IQ-»Wunderkindern« im *Spiegel*), während bei der horizontalen Position das Maximum der Wertung in der Mitte liegt und sich die Minima symmetrisch an beiden Extremen (Zwerge – Riesen, Hypertonie – Hypotonie, »Links- und Rechtsextremisten«) finden.

Unterschiede des Profils ergeben sich aus den Streuungsmaßen und vor allem der Varianz und der Standardabweichung (als Durchschnitt der von der Mitte beidseitig abweichenden Werte). Grob formuliert, sind Varianz und Standardabweichung also Maße

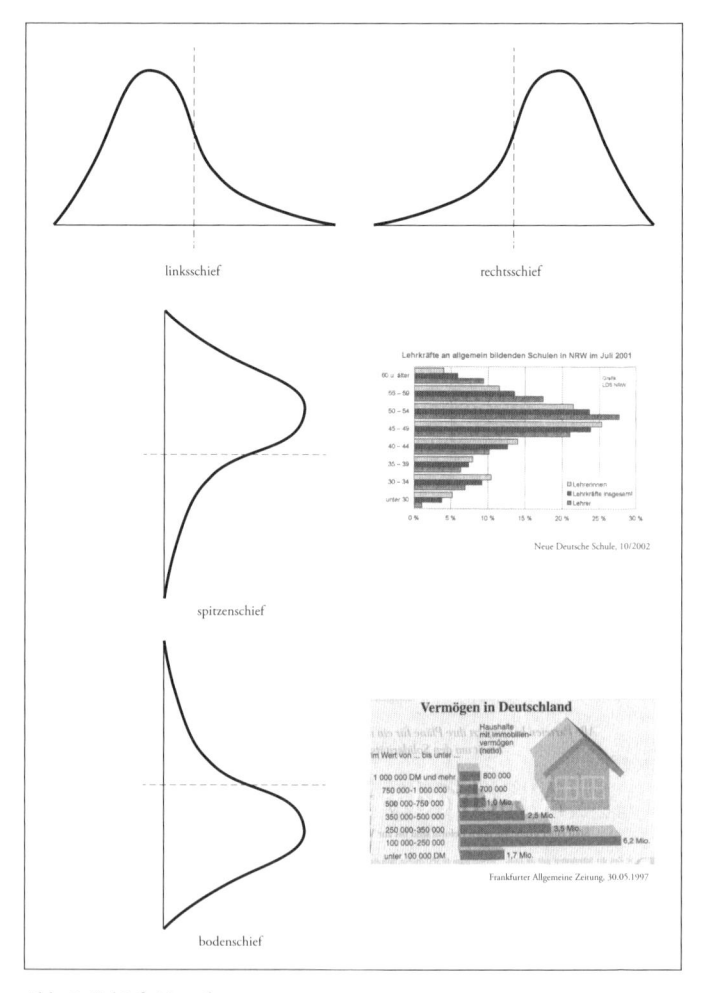

50   Was ist Normalismus? Konturen eines Konzepts

Abb. 2: Schiefe Verteilungen

für ein mehr »enges« oder ein mehr »breites« Profil der Normalverteilung, was für die Unterscheidung zwischen »Protonormalismus« und »flexiblem Normalismus« (s. u.) relevant ist. Je kleiner die Standardabweichung, umso näher liegen alle Fälle bei der mittleren Senkrechten (lauter nahezu gleiche »Otto Normalverbraucher«) – je größer die Standardabweichung, umso breiter wird das Normalspektrum (Platz für »Otto Normalabweicher«).

Exakte Normalverteilungen sind empirisch höchst selten, und noch seltener bei kulturellen Massenobjekten als bei biologischen. Meistens dient die Normalverteilung daher als Vergleichsmaß für empirische Verteilungen, die davon mehr oder weniger stark abweichen. Besonders im frühen Normalismus entwickelte sich ein »Wille zur Normalverteilung« – sowohl theoretisch, indem empirisch abweichende Verteilungen mittels Taktiken der »Ausklammerung« (z. B. offensive Tilgung von »Ausreißern«) und der »Korrektur« dem Idealtyp angeglichen wurden, als auch praktisch, indem zum Beispiel in Versicherung und Sozialpolitik Instrumente der Um-Verteilung entwickelt wurden. Die umgekehrte Taktik ist die eigentlich naturwissenschaftliche: Sie betrachtet die Abweichungen von der Normalverteilung als Symptome latenter Kausalität, die es aufzudecken gilt.

Begreift man die Normalverteilung als Vergleichsmaßstab, dann lassen sich mit ihrer Hilfe empirisch abweichende Verteilungen nach Graden von Normalität unterscheiden. So werden sich verschiedene soziale Verteilungen als mehr oder weniger normal herausstellen. Abb. 2 zeigt »schiefe« Verteilungen. Normalistisch gesehen, können solche schiefen Massenverteilungen, zum Beispiel im Sozialen (etwa eine stark bodenschiefe Einkommensverteilung) von einem bestimmten Grad an als Symptome von Denormalisierung (Verlust der Normalität) gelesen werden. Sie wirken in diesem Fall als Alarmsignal für »Handlungsbedarf« und würden zum Beispiel sozial umverteilende Maßnahmen auslösen.

Ein grundsätzliches Symptom von Anormalität ist die Pareto-Verteilung (Abb. 3) nach Vilfredo Pareto (1848–1923), die – auf Eigentum und Einkommen bezogen – die Gestalt einer konkaven »Pyramide« besitzt: je reicher, umso weniger; je ärmer, umso mehr, und ohne »Bauch« in der Mitte. Eine solche Verteilung des Reichtums hatte Marx als Tendenz des Kapitalismus prognostiziert – normalistisch gesehen, stellt sie also den Gegentyp zur Normalität dar.

Wenn man eine der Pareto-Verteilung ähnliche soziale Verteilung als Fall gänzlicher Anormalität lesen würde, bezöge sich diese Anormalität also auf die Gesamtgestalt (den Gesamtverlauf) der Kurve. Davon zu unterscheiden ist der andere und bekanntere Fall von Anormalität, der bereits am Beispiel der Musterfälle »Linie« und »Stress« erläutert wurde (Abb. 4): Hier wird die Anormalität mit den zwei extremen Segmenten (Abschnitten) der Normalver-

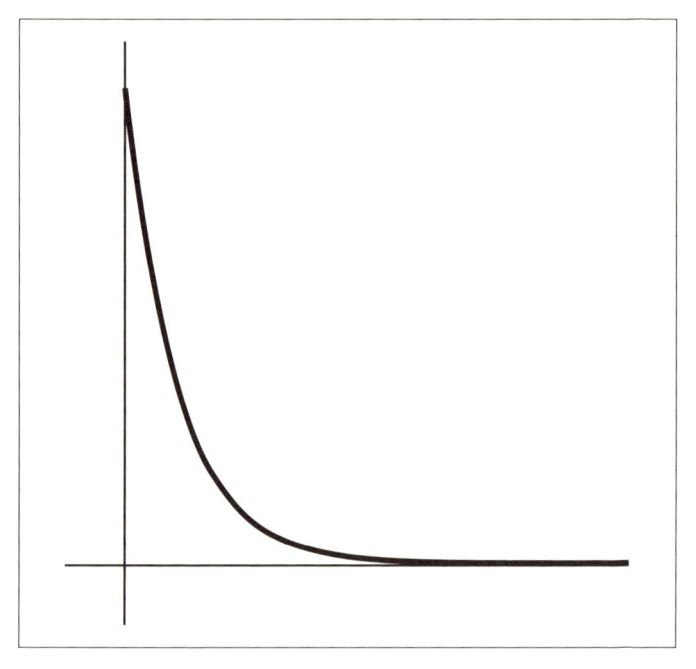

Abb. 3: Pareto-Verteilung

teilung verbunden. Es leuchtet ja ein, dass die Positionen auf der Kurve der Normalverteilung als Grade von mehr oder weniger Normalität aufzufassen sind: Höchstgrad an Normalität in der Mitte (die meisten Fälle), abnehmende Grade in Richtung der Extreme (immer weniger Fälle). Irgendwo – das erscheint intuitiv evident – muss die Normalität ganz aufhören. An dieser Stelle liegen dann die Normalitätsgrenzen. Sie haben aber keine mathematische Basis, weshalb sie kulturell gezogen werden und entsprechend prekär sind (s. u. in diesem Abschnitt).

Der Grundtyp im zeitlichen Nacheinander ist das Normalwachstum in Gestalt der logistischen Kurve. Dabei gilt es zwei Fälle zu unterscheiden: Erstens kann eine einzige zeitlich langandauernde (»große«) logistische Kurve die gesamte Entwicklung eines wachsenden Gegenstands in einem Normalfeld beschreiben. Dieser Fall scheint nach verbreiteter Auffassung für das Wachstum sowohl eines Individuums wie einer modernen demografischen Mas-

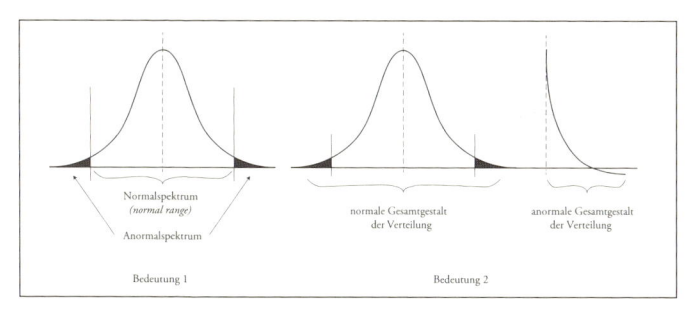

Abb. 4: Die doppelte Bedeutung von (A)Normalität

se zu gelten: »Anlauf«, »exponentielle« Steilung, Abflachung, Einmündung in Nullwachstum. Wiederum dient dieser Idealtyp als Vergleichsmaßstab für abweichende Kurven (Abb. 5), unter denen die Exponentialkurve die bekannteste ist. Sie folgt zunächst dem Normalwachstum, verweigert aber sozusagen die Abflachung und schert statt dessen in zunehmend steileres Wachstum aus. Grob gesehen, sind die »Blasenbildungen« an den Börsen ein Beispiel für diese Art radikaler Abweichung von der Normalität (Denormalisierung). Ein anderes Beispiel wäre die »Bevölkerungsexplosion«, wenn sie tatsächlich einer Exponentialkurve folgen sollte statt abzuflachen. Sarrazins alarmierende »Modellrechnungen« gehen von einem (grob und symbolisch) tendentiell exponentiellen Wachstum der türkischen und anderer, insbesondere islamischer Einwanderer in Deutschland aus, weil sie annehmen, dass die hohe Fruchtbarkeit (»Fertilität«) dieses Teils der Bevölkerung anhalten werde (was bereits jetzt widerlegt ist, s. u.).

Mehrere strukturell gekoppelte Wachstumskurven (wie etwa die Produktionskurven mehrerer auf dem gleichen Feld konkurrierender Firmen) können mehr oder weniger parallel verlaufen. Vergrößert sich ihr Steigungswinkel kontinuierlich, so spricht man von einer »sich öffnenden Schere«. Das erste berühmte Beispiel war 1798 die These von Thomas Robert Malthus über die »Schere« zwischen dem Wachstum der Bevölkerung und der Nahrungsmittel (s. u. VII.1.). Eine »Schere« ist also ein Signal starker Denormalisierung – in der Krise von 2007 ff. tauchten viele solche »Scheren« auf, zunächst zwischen den Wachstumsraten der Konjunkturkurven verschiedener Länder nach dem Einbruch von 2008/2009

54 Was ist Normalismus? Konturen eines Konzepts

logistische Kurve

FAZ, 27.10.2011

Exponentialkurve

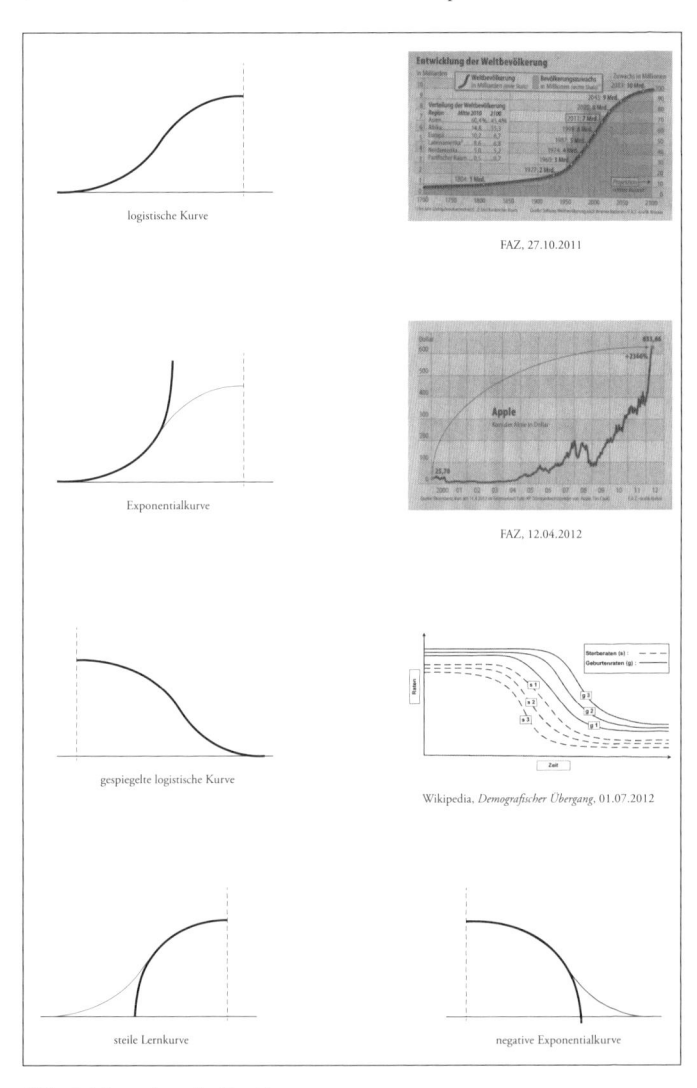

FAZ, 12.04.2012

gespiegelte logistische Kurve

Wikipedia, *Demografischer Übergang*, 01.07.2012

steile Lernkurve

negative Exponentialkurve

Abb. 5: Normalistische Basiskurven

(Deutschland stark, USA, England und Frankreich schwach), später insbesondere die zwischen den Renditen verschiedener Staatsanleihen in der »Schuldenkrise« von 2010 ff.

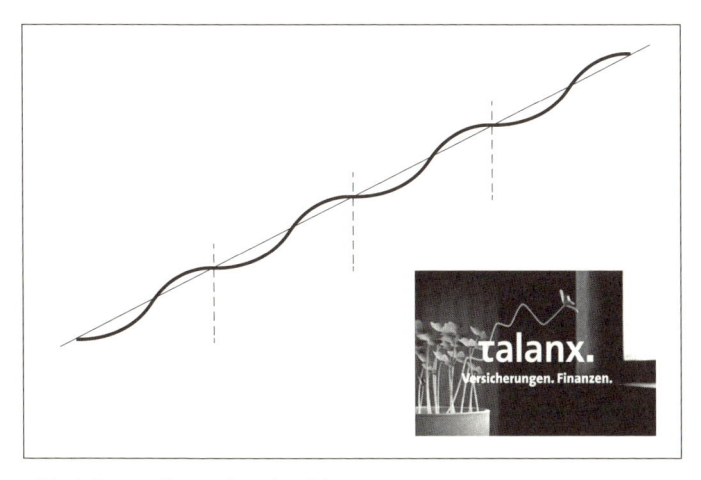

Abb. 6: Die »endlos wachsende Schlange«

Nur wenige Normalfelder zeigen das »große« Normalwachstum – viel typischer ist die Form der »endlos wachsenden Schlange«, also einer stückweise zusammengesetzten Folge »kleiner« logistischer Kurven (Abb. 6). Beispiele sind die idealtypisierte Kurve der Konjunktur (womit die Kurve der Gewinne weitgehend parallel läuft) oder eine ähnlich zyklisch steigende Kurve »lebenslangen Lernens«. Dabei sind gerade die »wachsenden Schlangen« lediglich Quasi-Logistikkurven (s. dazu den nächsten Absatz). Die Börsenkurven erweisen sich als gar nicht normalisierbar, weil sie in jedem Zyklus »exponentiell« nach oben ausscheren (»Blasenbildungen«) und dann womöglich negativ exponentiell »crashen«. Noch nie haben »Analysten« solche »schwarzen Schwäne« präzise prognostizieren können. Das kapitalistische Prinzip des Maximalprofits macht eine rechtzeitige Bremsung der Kurve unmöglich – was nichts mit individueller »Gier« (»greed«) zu tun hat, sondern systemimmanent programmiert ist. Auch die Dramatik der Krise von 2007 ff. lässt sich an der Denormalisierung der Kurven des Normalwachstums ablesen, wie in Kapitel IX.1. näher betrachtet wird.

Zu Beginn dieses Abschnitts wurde die normalistische »Kurven-Familie« als eine Art Transformator gekennzeichnet, der das Hin und Her zwischen der professionellen Verdatung und Statistik auf der einen und der kulturellen Klaviatur des Normalismus auf der anderen Seite regle. Für diese wechselseitige Transformation ist eine Vergröberung typisch, die manchen mathematischen Statistikern ein Greuel ist und die sie daher schlicht als »falsch« abweisen – das ist der praktische Umgang mit bloß sehr grob an Normalverteilung bzw. Normalwachstum erinnernden Kurven, als ob sie bereits genügend »normal« bzw. »normalisiert« wären. Solche Spielarten der Basiskurven werden im folgenden als »Quasi-Normalverteilung« oder »Quasi-Normalwachstum« bezeichnet. Erst bei Einbeziehung dieser Verzweigungen lässt sich der Normalismus als kulturell basale Klaviatur analysieren und beschreiben. Überall wo in den in der Einleitung angeführten typischen medialen Äußerungen zur »Normalität« von »normalverteilt« oder »Bellkurve« (bei Ridderstråle/Nordström) und »exponentiell« (bei Bernd Ulrich) die Rede war, ging es um Quasi-Normalverteilungen und Quasi-Exponentialkurven. Es wäre ziemlich kontraproduktiv, sich auf die Feststellung zu beschränken, dass diese Äußerungen »falsch« seien. Vielmehr sind sie effektiv in der normalistischen Praxis: Sie helfen bei der Orientierung, lösen Alarm aus oder beruhigen, signalisieren auch den Praktikern der Normalisierung in Wirtschaft, Politik und Gesellschaft »Handlungsbedarf« und die grobe Richtung ihres »Umsteuerns«, also ihrer Umverteilungen. Sie fordern daher eine kulturwissenschaftliche Theorie des Normalen.

5. Normalismus und Spezialismus: Bildung spezieller Normalfelder, Ausklammerungen, normalistische Konkurrenzen

Soziologien verschiedenster Orientierung stimmen darin überein, dass moderne Gesellschaften westlichen Typs wesentlich dadurch gekennzeichnet sind, dass in ihnen das Prinzip der Arbeitsteilung und Spezialisierung auf eine historisch einmalige Spitze getrieben wird. Auf der Basis einer geradezu explodierenden Spezialisierung des Wissens würden – so die Systemtheorien – immer mehr »Teilsysteme« zu weitgehend autonomen Bereichen ausdifferenziert (Wissenschaft, Wirtschaft, Recht, Politik, Religion, Kunst usw., mit weiteren Unterteilungen). Eine bekannte Folge dieser Spezialisierung ist die enorm mächtige Stellung der Experten bzw. »Technokraten« mit ihren speziellen Wissensmonopolen. Auch dabei spielt der Normalismus eine wichtige, häufig übersehene Rolle.

Normalistische Verdatung setzt spezielle Datenfelder, technisch »Dimensionen« genannt, voraus: Um eine Massenverteilung und deren Struktur (also Spreizungen, Durchschnitte, Nähe zur Normalverteilung – schließlich Normalspektren und Normalitätsgrenzen) bestimmen zu können, müssen die Daten systematisch in einem speziellen Feld, das deshalb »Normalfeld« heißen soll, erhoben werden. »Linie« ist etwas anderes als »Stress«, Fertilität (Geburtenhäufigkeit) etwas anderes als Einkommen. Die populäre Warnung davor, »Äpfel mit Birnen zu vergleichen«, illustriert sehr schön die Bedingung von Spezialismus für Normalismus. Tatsächlich hätte Galton (s. u. VI.3.) die Herstellung einer Quasi-Normalverteilung auch an diesen Beispielen erklären können: Legen wir die Äpfel eines massenhaft tragenden Baums nach ihrem Durchmesser einzeln in eine Reihe von klein nach groß, so wird der mittlere Wert (»Median«) so liegen, dass rechts und links von ihm exakt gleich viele Exemplare zu liegen kommen, wobei die jeweilige Anzahl einer bestimmten Größe grob gesehen in Richtung beider Extreme abnimmt (bis zuletzt eventuell nur noch eins übrig ist). Es ist evident, dass eine Mischung mit Birnen unsinnig wäre, dass die Früchte eines Birnbaums vielmehr eine eigene separate Verteilung erfordern würden.

==Jedes Normalfeld setzt also die Homogenität seiner Massenelemente als notwendige Bedingung zwingend voraus; nur durch die Homogenität einer Spezialität ist die Vergleichbarkeit garantiert – andernfalls würden eben »Äpfel mit Birnen« verglichen.== Diese Bedingung ist bei vielen gesellschaftlich enorm »machtvollen« Normalfeldern keineswegs so unproblematisch wie bei Äpfeln und Birnen. Besonders prekär ist die Homogenität von Normalfeldern wie »Leistung«, »Lebensstandard«, »politische Normalität« und »Intelligenz« (alles wichtige Normalfelder in *Deutschland*; dazu Kapitel VII). Deutlich ist hier bereits, dass Normalfelder mit komplexen und nur indirekt messbaren Massenobjekten (wie typischerweise »Intelligenz«) erst das Resultat einer »sofistizierten« (sophisticated) normalistischen Produktion sein können. Diese Produktion beruht auf statistischen Verfahren, die sich teilweise einem methodischen Zirkelschluss verdanken. Man setzt voraus, dass es ein Massenobjekt gibt, das homogen und zufallsverteilt ist – dann muss es konsequenterweise annähernd normalverteilt sein. Daraufhin ändert man sowohl die Definition des Objekts wie die »Messbatterien« so lange, bis man eine annähernde Normalverteilung zu sehen glaubt. Bei diesem Verfahren muss man sehr viel »ausklammern«: sowohl mutmaßliche »Eigenschaften« des Objekts wie sogenannte »Ausreißer« in den Daten. Bezüglich der Krise zeigt sich, dass z. B. die Existenz eines Normalfeldes der Aktienpreise und ihrer Bewegungen mit keineswegs »ideologischen«, sondern sehr gut wissenschaftlich begründeten Einwänden grundsätzlich bestritten werden kann (Problem der »schwarzen Schwäne«).

Wie im vorigen Abschnitt erläutert, symbolisiert die vertikale Position der Normalverteilung immer auch eine gewertete Rangfolge (ein Ranking): Die »Spitze« hat einen höheren »Wert« (Galton sprach von »worth«) als die »Mitte«, und diese wiederum als der »Schwanz«. Noch genauer hat auch jede differenzierte Rangposition (etwa das 67. »Zentil« von 100) einen höheren Wert als die nächste (die 66.). Damit ist jedes gewertete (gerankte) Normalfeld automatisch auch ein Konkurrenzfeld: Es »motiviert« automatisch einen »Willen zum Aufstieg«, zur »Wettbewerbsfähigkeit«, zum »Einholen und Überholen«. Es lässt sich insgesamt mit einem Wettlauf vergleichen, etwa einem Marathonlauf: kleine Spitze, breites Mittelfeld, kleiner Schwanz – und immer alle »motiviert« zur besseren Leistung. Diese Eigenschaft der vertikalen Normalverteilung stellt eine »starke« Kopplung zwischen Normalismus und Kapitalismus her und ist für die wichtige Kategorie der »Motivation« grundlegend.

6. »Ganz normaler Wahnsinn«, oder das Paradox der Normalitätsgrenzen [gesellschaftliche Produktion]

In den Abschnitten über die exemplarischen Fälle »Linie« und »Stress« wurde bereits festgestellt, dass es sich bei den Normalitätsgrenzen um eine eigentlich sehr rätselhafte Spielart von Grenzen handelt: Diese Grenzen werden typischerweise mit einem bestimmten gemessenen Zahlenwert auf einer kontinuierlichen Skala verbunden, der als solcher ganz leicht verschiebbar erscheint. Gleichzeitig können solche Grenzen aber von wahrhaft »einschneidender« gesellschaftlicher Durchschlagskraft für die Betroffenen sein. Durch die Platzierung diesseits oder jenseits einer Normalitätsgrenze werden zwei »Teilpopulationen« (statistische Gruppen) produziert, die existentiell und kulturell tiefgehend differenziert werden: »Normale« und »Anormale«. Relativ harmlose Beispiele sind »Linie« und Stress – sehr viel weniger harmlose etwa Behinderungsgrade, weil sie die

Höhe eventuell kompensierender Zahlungen (wie Renten) bestimmen. Für ein Kind, dessen »Minderbegabung« (mentale bzw. kognitive Anormalität) durch verpunktende Tests festgestellt worden ist, ist die Konsequenz heute – trotz Favorisierung der Integration in vielen Fällen – noch immer und wie früher generell – die schulische Separierung; im Deutschland des Dritten Reichs konnte die vorgängige Separierung in einer Anstalt für ein solches Kind den Tod durch Vergasung bedeuten. Gleichzeitig gilt aber immer, dass ==erstens Individuen, die »innen« oder »außen« nah bei der Normalitätsgrenze liegen, kaum Unterschiede aufweisen== – dass ==zweitens im historischen Verlauf Normalitätsgrenzen ständig verschoben werden== – und dass ==drittens die Art der gesellschaftlichen Behandlung der einmal produzierten »Anormalen« in ihrem Härtegrad äußerst stark variieren kann== (bis hin zur »Sonderbehandlung« im Dritten Reich).

Normalitätsgrenzen sind also immer prekär – und wo das vergessen wird und sie ähnlich verdinglicht erscheinen wie etwa ein Ozean zwischen zwei Kontinenten, da drohen Entgleisungen des Normalismus. Im alltäglichen Bewusstsein spiegelt sich diese Tatsache in der verbreiteten paradoxen Redeweise vom »ganz normalen Wahnsinn«:

– »Balko im Revier: Der ganz normale Wahnsinn des Alltags. – In Dortmund dreht RTL eine 16teilige Krimiserie.« (*WAZ* 20.12.1994)
– »Familie heute: Das ganz normale Chaos…« (*EuW* 7–8/1994; Titel des Schwerpunkts und Cover)
– »Der ganz normale Wahnsinn. – Zu Schnäppchenpreisen in die Sonne. Last Minute nach Mallorca – ein Erfahrungsbericht.« (*Z* 9.6.1995)

Auch Filmtitel übernehmen die Formel:
– »Eine ganz normal verrückte Familie« (USA/Italien 1992)
Die gleiche Formel spielt nun auch in der Literatur eine Rolle, darunter besonders in der sogenannten »postmodernen« Literatur:
– »Normal verrückt. Jens Johlers vergnügliches *Essen bei Victoria*.« (*Z* 20.8.1993) Es handelt sich um den Titel der Rezension eines Romans. Im Text dieser Rezension heißt es ausführlicher:

Das bedeutet natürlich, daß im Banalen allerlei los sein muß. In der Tat, wir wissen aus den Künsten, daß der vertraute Alltag die

Illusion ist, hinter welcher ein Pandämonium menschlicher Teufeleien und Aberwitzigkeiten wütet. Je näher – in der Literatur – dieser Aberwitz der illusionären Normalität verwandt bleibt, desto wirksamer die komische Enthüllungskunst. Johlers Personenkreis ist geradezu betäubend normal […].

Eine Art Priorität auf die Formel genießt schließlich Hans Magnus Enzensberger, der sie mehrfach an pointierten Stellen einsetzte. Schon in seiner Büchnerpreisrede von 1963 hatte er über die Bundesrepublik formuliert: »Dies alles ist zwar irrsinnig, aber normal« – bevor er den unter normalismustheoretischen Gesichtspunkten wichtigen Essay »Mittelmaß und Wahn« mit unserer Formel »wahnsinnig normal« abschloß, die sich auf das konkrete Beispiel der im ADAC organisierten Selbstmordkommandos bezog:

> Realitätsverlust und moral insanity werden nicht nur von außen in die Normalität eingeschleppt (…); sie treten durchaus spontan hervor und blühen dort, wo die Mehrheit am bewußtlosesten funktioniert, in ihrer glücklichen Alltäglichkeit, unauffällig und fein verteilt, als molekularer Wahn. Das banalste Beispiel dafür ist das beste: Organisiert in einem an Bravheit nicht zu übertreffenden Club, dem größten Verein der Republik, tritt die mittlere Mehrheit als Selbstmord- und Mordkommando auf den Plan. Im eigenen Auto wird jeder, ohne Rücksicht auf Verluste (…), zum selbsternannten Killer. Auf der Straße werden jahraus, jahrein mehr Menschenopfer dargebracht, als alle terroristischen Akte, alle Machenschaften der Atomlobby, alle Überfälle, Polizeiaktionen und Drogensyndikate zusammen je gefordert haben.[12]

Stets erscheint die Formel vom »ganz normalen Wahnsinn« harmlos humoristisch oder satirisch überspitzt – dennoch signalisiert sie das Problem der Prekarität jeder Normalitätsgrenze und damit das der gesellschaftlichen Produktion von Normalität/Anormalität überhaupt. Enzensbergers Satire vertauscht sogar die beiden Spektren: Das (»mittlere«) Normalspektrum erscheint dann als das eigentliche Anormalspektrum (das des eigentlichen »Wahnsinns«) –

---

[12] Hans Magnus Enzensberger, *Mittelmaß und Wahn*, Frankfurt/Main 1988, S. 275 f.

und die (»anormalen«) Nicht-Autofahrer als die eigentlichen »Normalen« (im Sinne von Vernünftigen).

Ein weiterer Aspekt dieses vexierbildartigen Verhältnisses von Normal- und Anormalspektrum ist das der »Individualität«: In der gesellschaftlich vorherrschenden, also normalistischen, Sicht auf das Vexierbild scheint der Grad an »Individualität« in Richtung Anormalität abzunehmen: Es beginnen dort die »Dummen«, die »Psychopathen« und schließlich die Psychotiker mit totalem »Persönlichkeitsverlust«. Rein statistisch gesehen ist es aber umgekehrt: Die meisten Exemplare finden sich im Scheitel der Normalverteilung (dort, wo die Normalität am größten ist) – und die jeweils wenigsten Exemplare liegen an den Rändern, also im Anormalspektrum. Nun scheint es aber so, als ob der Grad an Individualität eine umgekehrte Funktion der Quantität sein müsste. Für die Supernormalität (die »obere« Anormalität der »Genies«) ist das auch unbestritten – aber müsste es dann nicht auch für die Subnormalität (die »untere« Anormalität) gelten? Sind die »Wahnsinnigen« etwa (negative) »Genies«?

Schließlich wird sich in mehreren Zusammenhängen erweisen, dass das Paradox sich nicht zuletzt auf einen Unterschied zwischen der oberen (Supernormalität) und der unteren Anormalität (Subnormalität) bezieht. Die obere Anormalität (Superreichtum, Superleistungen, »Genialität«) erscheint im Unterschied zur unteren zunächst einmal positiv und attraktiv. Wie sich zeigen wird, ist sie mit einer normalistischen Dimension des »Fortschritts« verbunden: Supernormalitäten und Supernormale können als Pioniere gelten, die das Normalspektrum in positivem Sinne dynamisieren und so zum Normalwachstum beitragen. ==Dem entspricht der Kult der Genies und Stars in normalistischen Kulturen.== Gleichzeitig schwingt in der humoristischen Formel vom »normalen Wahnsinn« aber auch die Sorge um eine Ambivalenz jeder Überschreitung der oberen Normalitätsgrenze mit. Symptomatisch ist das »Thema« von »Genie und Wahnsinn«, das den Normalismus seit Anbeginn beunruhigt hat. Insgeheim scheint auch die Supernormalität vom Umschlag in Subnormalität bedroht: Typisch für diese Sorge ist seit geraumer Zeit – und offenbar gesteigert in der Krise – das mediale »Thema« des »Burnouts« von Stars und supernormalen »Leistungsträgern«. Das positive Anormalspektrum gilt als Zone eines tendenziell supernormalen »Stress«, der seinen Trägern einen »Knacks« versetzen kann und sie mit »Absturz« ins negative

7. Kontinuität, Diskontinuität und die Denormalisierungsangst

Sämtliche normalistischen Kurven, und insbesondere Normalverteilung und Normalwachstum, sind mathematisch stetig, kennen also keine mathematischen Einschnitte oder Unterbrechungen. Demnach gibt es für jeden Punkt der Kurven, also für jeden Normalitätsgrad, einen kontinuierlichen Übergang zum benachbarten Grad. Nun lassen sich aber empirisch durchaus Diskontinuitäten beobachten, sobald ein Segment der Kurven »nicht besetzt« ist. Ein Beispiel in der sozialen Normalverteilung ist eine »Kluft« (»gap«, »chasm«) in der kontinuierlichen Verteilung des Einkommens oder des Lebensstandards, etwa im Fall einer »abgehängten Unterschicht«, d. h. einer Besetzungslücke zwischen (modellartig angenommen) zum Beispiel 800 und 1200 Euro monatlich (Preise von 2010). Im Fall des Normalwachstums ist der klassische Fall der »Crash«, modellartig ein senkrechter Abwärtshaken in der Kurve. Mathematisch ist zwar auch eine solche »gestückelte Kurve« noch kontinuierlich, praktisch bedeutet sie eine Unterbrechung und den »versetzten« Neubeginn einer anderen Kurve (Abb. 7). Alle Diskontinuitäten signalisieren demnach Verlust von Normalität (Denormalisierung) – was nach einer alten Tradition für die physikalische Natur gelten sollte: »horror vacui« (Angst vor leeren Räumen) und »Natura non facit saltus« (Die Natur macht keine Sprünge) – das gilt tatsächlich für den Normalismus. Die Sicherheitsfunktion (Versicherung im mehrfachen Sinne) beruht ganz wesentlich auf dem normalistischen Kontinuitätspostulat. Dass ich als soziales Atom kontinuierlich gereiht bin zwischen vielen anderen Atomen, die nahezu gleiches Einkommen haben wie ich, und dass diese Kontinuität aufwärts und abwärts anhält, gibt mir das Gefühl meiner Normalität und der darauf gegründeten Sicherheit. Umgekehrt verlöre ich dieses Gefühl, wenn über oder unter mir ein »Abgrund« klaffte, d. h. eine Diskontinuität. Ich wäre dann, wie es präzise heißt, ver-un-sichert. Das Gefühl dieser Art von Verunsicherung zeitigt eine für den Normalismus spezifische Angst: die Denormalisierungsangst oder Angst, aus der Normalität zu fallen. Normalis-

Kontinuität, Diskontinuität und die Denormalisierungsangst 63

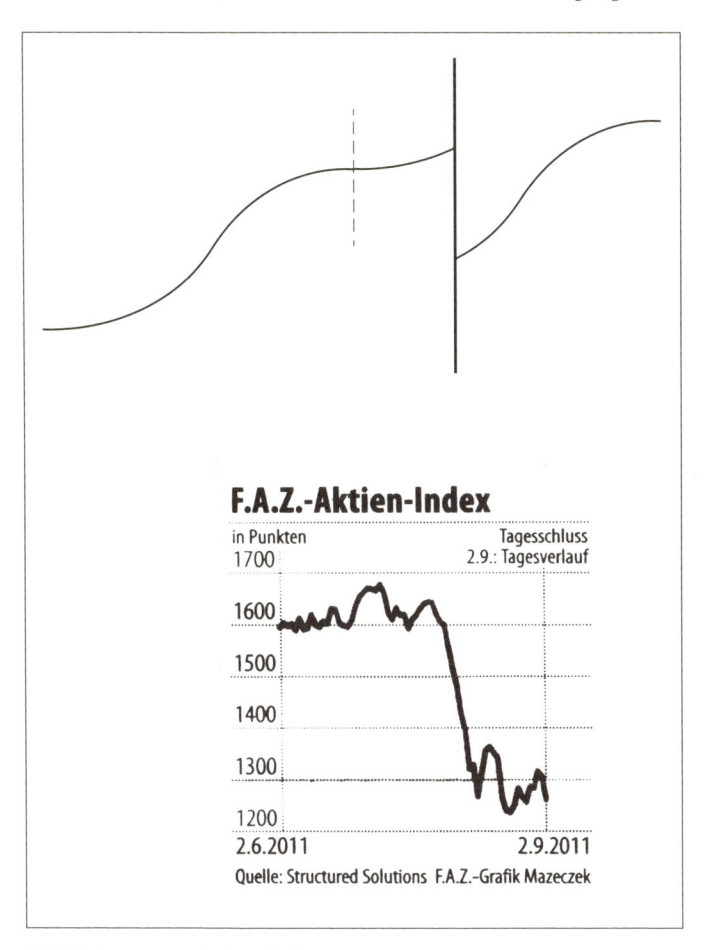

F.A.Z.-Aktien-Index
in Punkten — Tagesschluss
1700 — 2.9.: Tagesverlauf
1600
1500
1400
1300
1200
2.6.2011 — 2.9.2011
Quelle: Structured Solutions F.A.Z.-Grafik Mazeczek

Abb. 7: Der prototypische »Crash«

tische Regulierungen zielen daher zunächst immer auf Wahrung oder Herstellung von Kontinuität. Das wird am Beispiel der Krise von 2007 ff. noch genauer zu beobachten sein: Der erste Imperativ war und bleibt das »Ausbügeln« des Crash, d. h. die Kontinuierung der Börsen- und Konjunkturkurven. Ebenso galt und gilt es, das »Abgehängtwerden« einer Unterschicht wieder in das Kontinuum der sozialen Normalverteilung zurückzuführen. Ein hoch kontroverses Beispiel sind in der »Schuldenkrise« seit 2010 die Versuche, die wachsenden Diskontinuitäten zwischen »reichen« nördlichen und »armen« südlichen Euroländern zu normalisieren.

Das Problem von Kontinuität und Diskontinuität im Normalismus kompliziert sich zusätzlich durch die Normalitätsgrenzen. Auch diese Grenzen liegen, wie sich zeigte, auf dem Kontinuum, wo sie lediglich symbolisch markiert werden. Die Eigenschaft der Kontinuität gilt also auch für Grade direkt unterhalb und oberhalb (bzw. rechts und links) der Normalitätsgrenzen. Hier besteht also eine extreme Spannung zwischen der Kontinuität der Kurve und der symbolischen Diskontinuität zwischen normal und anormal. Aus der Kontinuität der Kurve folgt der Umstand, dass der Schritt über die Normalitätsgrenze minimal ist – aus der symbolischen Diskontinuität folgt, dass er jedoch dramatische Folgen impliziert – aus der Spannung zwischen beiden folgt eine besonders intensive Denormalisierungsangst. Wenn der Schritt in die Anormalität bloß ein kleiner weiterer Schritt auf dem Kontinuum der Kurve ist, dann besteht womöglich ein Risiko des Hinübergleitens auf einer abschüssigen Bahn – in die Armut, ins Übergewicht, in die Kontaktarmut und vor allem in die Sucht. Daraus erklärt sich ein unlöslicher Widerspruch (eine Aporie) des Normalismus: Gegen das Risiko des »Hinübergleitens« werden die Normalitätsgrenzen symbolisch dramatisiert und wird bereits vor »ersten Schritten auf der abschüssigen Bahn« gewarnt. Daraus folgt der Imperativ, sich möglichst nah bei der Mitte des Normalspektrums zu halten. Umgekehrt wächst dann aber das Risiko, dass an der Normalitätsgrenze ein Bruch, eine Diskontinuität zwischen Normalspektrum und Anormalspektrum, ein Abgehängtwerden des zweiten, entsteht. Das ist ebenfalls sehr riskant, weil Normalitäten sich ändern können und Normalitätsgrenzen dann verschoben werden müssen, wozu wiederum das Kontinuum die Voraussetzung ist. Aus dieser Aporie sind historisch verschiedene normalistische Spielarten entstanden, die in Kapitel V genauer erörtert werden. Beide Typen von Denormalisierungsangst – die vor der Überschreitung der Grenze und die vor dem Bruch des Kontinuums – können sich in besonderen Fällen sogar miteinander verknoten und dadurch ins Panikartige steigern. Es wird sich zeigen, dass die Krise von 2007 ff. solche Verknotungen provoziert.

Eine letzte Bemerkung betrifft einen grundsätzlich anderen Aspekt der Problematik von Kontinuität und Diskontinuität im Normalismus: Das bisher Gesagte bezieht sich stets auf die Verhältnisse innerhalb eines bestimmten, immanent homogenen Normalfelds

(Kontinuität in der je gleichen »Dimension« von »Lebensstandard«, »Leistung«, »Intelligenz« usw.). Davon zu unterscheiden ist die Grenzproblematik zwischen verschiedenen Normalfeldern, also etwa zwischen »Intelligenz« und »Lebensstandard«. Hier muss der Normalismus sogar eine scharfe Diskontinuität postulieren, um zwei verschiedene homogene Felder mit internen Kontinuitäten herstellen zu können. Tatsächlich sind die postulierten Diskontinuitäten zwischen »Dimensionen« jedoch häufig prekär, was sich in der Krise von 2007 ff. in Gestalt einer besonderen Spielart von Denormalisierungsangst erwies: der Angst vor »Ansteckung« etwa des politischen Teilsystems durch das sozioökonomische Teilsystem. Hier ist es also paradoxerweise eine Kontinuität, die Denormalisierung auslösen kann.

8. Normalistische »Atomisierung« und Konkurrenz

Seit der Französischen Revolution beklagen Kritiker moderner westlicher Gesellschaften deren »Atomisierung«: In solchen Gesellschaften würden die einzelnen Individuen aus ihren traditionellen Gemeinschaften (aus Großfamilien, Zünften und Ständen) herausgerissen und als je einzelne »Atome« isoliert. Diese Tendenz, die sich im Laufe der Zeit ständig beschleunige und radikalisiere, bis sie sogar die Kleinfamilie erfasse und den Single zum »Normalfall« mache, wird auf einen oder mehrere der einleitend erwähnten Gesellschaftstypen (»X-Gesellschaften«) zurückgeführt: auf die protestantische Einzelseele, auf die kapitalistische Konkurrenz, auf die Massendemokratie des allgemeinen Wahlrechts. Dabei wird wiederum häufig die wichtige normalistische Komponente übersehen: Die Verdatung einer Masse zu statistischen Zwecken setzt die radikale Gleichbehandlung jedes einzelnen Individuums voraus: Um die Normalverteilung der Körpergröße einer bestimmten Population zu bestimmen, müssen Adlige und arme Proletarier aus ihren Ständen herausgerissen und als gleiche »Atome« der Gesamtmasse behandelt werden. Hier liegt übrigens ein selten beachteter Anteil des Normalismus an der Massendemokratie des »one man one vote«. Eines der für die Statistik grundlegenden Modelle der Wahrscheinlichkeitsrechnung ist, wie bereits erwähnt wurde, das Modell der gleich großen, aber verschieden gefärbten »Kügelchen«, die in Krügen gemischt und durcheinandergeschüttelt werden. Werden menschliche Individuen als solche Kügelchen vorgestellt, dann wird der Krug zum Modellsymbol einer »atomisierten Masse«. Der Idealtyp einer gänzlich »atomisierten« Gesellschaft bestände in einer diesem Modell analogen »freien Durchschüttelbarkeit« aller ihrer Individuen. Dieses Ideal der »Durchschüttelbarkeit« erscheint in der Soziologie im Problem der »vertikalen Mobilität«.

Wie in Kapitel VIII (Flexibler Normalismus und Postmoderne) genauer gezeigt werden soll, nähern sich westliche Gesellschaften sogenannten »postmodernen« Typs dem Modell der »freien Durchschüttelbarkeit«, obwohl auch sie weit davon entfernt bleiben, immerhin so weit an wie keine Gesellschaft vor ihnen (außer einigen protosozialistischen Gesellschaften in begrenzten Phasen). Für die geschichtliche Entwicklung des Normalismus stellt der Grad an »Atomisierung« (im Sinne von »Durchschüttelbarkeit«) ein Kriterium zur Unterscheidung von Phasen dar. Dabei wird dieser Grad, soweit er nicht von anderen als normalistischen Faktoren abhängt, von der Normalitätsgrenze bestimmt. Eine »harte« Normalitätsgrenze hebt die Mobilität (»Durchschüttelbarkeit«) zwischen Normalen und Anormalen vollständig auf und schafft also zu beiden Seiten der Grenze zwei separate Populationen, die bildlich gesprochen ganz verschiedene »Farben« haben. Je härter eine solche Normalitätsgrenze, umso mehr führt die Mentalität der Separation dazu, auch innerhalb des Normalspektrums relativ geschlossene Teil-Blöcke der Bevölkerung mit deutlichen Untergrenzen zu bilden. So wurden zwar die Stände schon von der Französischen Revolution abgeschafft (mit Ausstrahlung auf ganz Europa) – es bildeten sich aber Klassenblöcke, die zwar an den Rändern fasrig waren und Mischungen zuließen, statistisch im großen aber doch zu separaten Blöcken tendierten. Solche Blockbildung bremste also den langfristigen Prozess der Atomisierung, weil sie die Mobilität zwischen Klassen stark einschränkte. In mehreren historischen Schüben verstärkte sich die Atomisierung, bis sie insbesondere in der Friedenszeit nach dem Zweiten Weltkrieg relativ so stark wurde, dass soziologische Theorien entstanden, die das Ende der Klassen und die »nivellierte Mittelstandsgesellschaft« postulierten. Eine solche Gesellschaft wäre auch als »immanent normalisierte Gesellschaft« zu kennzeichnen, weil sie aus lauter »frei durchschüttelbaren« Normal-Monaden (»Atomen«, »Kügelchen«) bestände.

Die Gegner der »atomisierten« modernen Gesellschaft erblicken in der freien Durchschüttelbarkeit ein »Chaos«, das sie durch die zwischen den »Atomen« herrschende allgemeine Konkurrenz noch gesteigert sehen. Dagegen betonen überzeugte normalistische Theoretiker wie Francis Galton (s. u. VI.3.), dass die Tendenz zur Normalverteilung eine spontane Ordnung eigener Art herstelle. Gerade die allgemeine Konkurrenz betrachten sie als Generator dieser Ordnung: Wie bei einem Marathonlauf bewirke die allgemeine Konkurrenz zwischen allen »Atomen« ihre normalverteilte Anordnung in eine kleine Spitzengruppe, ein breites Mittelfeld, eine kleine Schlusslichtgruppe und entsprechende Übergangssegmente. Allerdings wird sich am Beispiel Galton zeigen, dass sich die Normalverteilung keineswegs immer spontan einstellt – z. B. wenn die Schlusslichtgruppe nicht klein, sondern sehr groß ist. Galton und seine Anhänger (zu denen Sarrazin zählt) überlegen dann, durch welche normalisierenden Interventionen eine solche »Schieflage« beseitigt werden könnte.

Grundsätzlicher noch wird zu fragen sein, ob die Kriterien der einzelnen normalistischen Konkurrenzen überhaupt normalistisch akzeptabel sind (ob sie also »Chancengleichheit« implizieren). Je nach Normalfeld werden die Konkurrenzen nach verschiedenen Kriterien ausgespielt: nach verschiedenen Verpunktungen für spezifische »Leistungen« wie Schulnoten, prüfungsabhängige Bildungsabschlüsse oder den IQ. Am einfachsten lassen sich »Leistungen« monetär messen, etwa als Arbeitsresultate bei Prämiensystemen. Auch die monetäre Leistungsmessung bildet eine wichtige Kopplungsmöglichkeit zwischen Normalismus und Kapitalismus. In der Krise von 2007 ff. wurden solche monetär begründeten »Leistungen« dann anhand der Boni von Bankern einer starken öffentlichen Kritik ausgesetzt.

9. Die normalistische Kurvenlandschaft in den Massenmedien

In diesem Abschnitt soll die Rede davon sein, wie wichtige Daten und vor allem statistische Trends an ein breites Publikum zu dessen Orientierung vermittelt werden – wie dieses Publikum jeweils möglichst rechtzeitig erfährt, welche Entwicklungen normal und, wichtiger noch: welche Entwicklungen anormal verlaufen. Die Antwort wird – auf einen Gesamtnenner gebracht und grob formuliert – lauten: Das leistet die normalistische »Kurvenlandschaft« in den Massenmedien. Diese These gilt es nun zu präzisieren.

Den Ausgangspunkt sollen wiederum einige alltägliche Erfahrungen bilden. Das einfachste Beispiel liefert die große Wirtschaftskrise seit 2007, die auch die sogenannten »Kleinanleger«, also Normalindividuen, gezwungen hat, sich kontinuierlich über eine Reihe von Datentrends zu informieren: Wie entwickelt sich der Zins von Sparkonten, Anleihen oder Hypotheken? Wie der Goldpreis? Für wie »stabil« kann ein günstiger Aktientrend gelten? Wie sieht die mittlere Inflationserwartung aus? Wie die auf Leistungen der Renten- und der gesetzlichen Krankenversicherung? Für wann ist mit der vollständigen Normalisierung der Krise zu rechnen? Der Kleinanleger wird sich bei seiner Bank beraten lassen. Eine solche Beratung ist (wie die durch Ärzte, Lehrer, Psychotherapeuten) ein Fall von Experten-Laien-Kontakt. Dabei handelt es sich heute fast in allen Fällen von großer Häufigkeit solcher Kontakte um normalistische Experten, die ihre Empfehlungen auf der Basis statistischer Massendaten sowie auf der Basis von Trendkurven formulieren. Das ist nicht selbstverständlich – noch vor wenigen hundert Jahren gab es für den kleinen Mann solche Experten überhaupt nicht, sondern statt dessen hauptsächlich Beichtväter. Schon im Büro des Beraters wird dem Kleinanleger die – natürlich steigende – Trendkurve der jeweils von der Bank vor allem »gepushten« Fonds, schön farbig und auf Schaukarton aufgezogen, ins Auge fallen. Auch die Hochglanzbroschüren, die der Experte ihm erläutert und mitgibt, sind voller Trendkurven. Wenn der Kleinanleger dann nach Korrektiven sucht, wird er in Wirtschaftsinformationen von Magazinen oder Zeitungen die gleichen oder auch abweichende Kurven finden – ebenso wie in einschlägigen Fernsehsendungen oder mit wachsender Tendenz im Internet. Die Gesamtheit solcher Trendkurven, in denen ausgewählte Datenreihen von unterstelltermaßen besonders hoher Relevanz für breite Publiken kondensiert werden, wird im vorliegenden Buch als die normalistische »Kurvenlandschaft« bezeichnet. Der verwendete Kurven-Begriff ist dabei populär, nicht mathematisch-technisch, er schließt also die Graphen ein.

Bleibt eine Zinskurve über Jahre hartnäckig »im Keller«, oder zeigt die Kurve eines Fonds einen »Crash-Haken« (»Absturz«), so wird der Kleinanleger die Finger davon lassen – zeigt sie dagegen einen (quasi-)exponentiellen Aufwärtsbogen, so steigt sein Beratungsbedarf: Kann diese Krümmung stabil bleiben oder ist sie das Signal einer »Blase«? Am liebsten wäre dem normalen Laien sicher eine Kurve mit stetigem, bloß gering pendelndem, Normalwachstum (die »endlos wachsende Schlange«) – die es aber selbst in angenäherter Form in der Wirtschaft selten gibt.

Im wesentlichen ähnlich wären die Besuche der Eltern von Babys und Kleinkindern bei der Kinderärztin – entlang der Untersuchungen U1, U2 usw., wo sie bereits im Wartezimmer die Musterkurven des »Normalgewichts« und des »Normalwachstums« einschließlich normaler Korridore und ihrer Grenzen (Normalitätsgrenzen) betrachten und ihr Kind einordnen können. Diese Selbsteinordnung des Individuums in die Kurvenlandschaft ist geradezu einer der Basisakte einer normalistischen Kultur. ==In diesem Akt verwandeln sich die »trockenen Daten« auf wunderbare Weise in die Subjektivität einer Person, womöglich in ein Stück ihres »Charakters«.== Keine Versicherung macht so sicher wie die Platzierung des eigenen Ich oder die des eigenen Kindes in der Mitte einer Normalverteilung – kaum ein anderer Schreck kann so heftig sein wie die entsprechende Platzierung jenseits einer Normalitätsgrenze, etwa bei der Schwangerenberatung. Das »Risiko« eines behinderten Kindes im Schoß der Mutter ist ein Musterfall von Denormalisierungsangst, d. h. der Angst, Normalität zu verlieren und über die Normalitätsgrenze in den bedrohlichen Bereich der Anormalität zu geraten. Behinderungen sind nichts anderes als (körperliche, seelische oder geistige) »Anormalitäten« – »Risiken« nichts anderes als Drohungen mit Denormalisierung auf datengestützter, statistischer, also normalistischer Basis. Wie ein historischer Blick zeigt, ist die Denormalisierungsangst die vielleicht am meisten typische Angst des 19. und 20. Jahrhunderts, was sich eben aus der kulturellen Rolle des Normalismus erklärt. Die angelsächsische Polemik gegen eine angebliche »German Angst« meint den Umstand, dass die besonders dramatischen Erfahrungen mit Denormalisierung in Deutschland möglicherweise tatsächlich die Schwelle der Denormalisierungsangst hierzulande stärker gesenkt haben als anderswo.

==Die wichtige »Berater«-Funktion im Normalismus besteht also darin, die Brücke zwischen normalistischen Experten und normalistischen Laien zu schlagen.== Konkret bedeutet das vor allem, das mathematisch-statistische (»technische«) Wissen über die Daten in ein den Laien verständliches (»nicht-technisches«) Wissen zu verwandeln. Das geschieht mittels der nun näher darzustellenden »Kurvenlandschaft«.

SCHAUBILD DES TAGES

Andrang der Asylanten
In Deutschland eingetroffene Asylbewerber (jeweils 1. Halbjahr)

187 455 — 90 769 — 79 141 — 57 822 — 39 880

1988 — 89 — 90 — 91 — 92

Die Kritik am neuen Gesetz zur Beschleunigung der Asylverfahren wächst – weil die Zahl der Asylbewerber immer schneller steigt, die erwünschte Verkürzung der Verfahren aber fraglich scheint. (Quelle: Indexfunk) W. 6.7. '92 S.2 und S. 6

Abb. 8: Die Welt vom 6. Juli 1992

Im Kern dieser Kurvenlandschaft liegt – so die zusätzliche These – das Instrument der massenmedialen Infografik. Jede durch Massenmedien verbreitete Infografik (ihre Zahl wächst exponentiell) besteht in ihrer Grundstruktur aus zwei Elementen: einer statistischen Datenlage und einer kollektivsymbolischen (allgemein verständlichen, s. u.) bildhaften Illustration. Nehmen wir als erstes Beispiel eine typische »Asylantenkurve« aus den frühen 1990er Jahren (Abb. 8).

Es handelt sich im Original um ein Schaubild in Schwarzweiß, so dass die Silhouetten der »Asylanten«, deren »Schlange« sich im Endlosen verliert, markiert schwarz hervorstechen. Die Struktur der Infografik ist typisch zweigeteilt: Unten sieht man die mit präzisen Zahlen ausgeflaggte Kurve der »Asylanten«, die von 1991 nach 1992 in die charakteristische, symbolisch exponentielle Steilung übergeht. Dieses symbolische Abheben der Kurve findet zudem zwischen den Werten 90.769 und 187.455 statt, was bei genauerer Rezeption die Überschreitung einer symbolisch akzentuierten Marke im Dezimalsystem (100.000 = 10 hoch 5) impliziert, die üblicherweise als »psychologisch wichtig« bezeichnet wird. Aber auch bei eher oberflächlicher Rezeption wird die Kurve von Leser und Leserin auf dem »inneren Bildschirm« noch steiler verlängert, so dass sie »durch die Decke« geht – »falls nicht endlich etwas passiert«. Der obere Teil wird von den schwarzen Gestalten gebildet, die mit vagen symbolischen Konnotaten aufgeladen sind. Sprachlich präzisiert wird »Andrang«, was möglicherweise eine bedrohliche Dimension ausstrahlt. Sicher ist in jedem Falle, dass die schwarzen Gestalten zu einer *Them*-Gruppe gehören, dass »wir« uns mit ihnen nicht identifizieren können. Eine Manipulationskritik könnte nun erklären, dass sich seinerzeit ein mindestens ebenso starker »Andrang« von sogenannten »deutschstämmigen Spätaussiedlern« aus Polen und der Ex-Sowjetunion ereignete, der in der Grafik nicht berücksichtigt ist – dass der größte Anteil der »Asylanten« aus ex-jugoslawischen Kriegsflüchtlingen bestand, denen man den »Kontingent«-Status verweigert hatte – dass die Datenlage also regelrecht zurechtgeschneidert war, um eine Stimmung für die dann 1993 erfolgte Revision des GG-Artikels 16 (Asylrecht) zu orchestrieren. In unserem Zusammenhang interessiert jedoch in erster Linie etwas anderes, und zwar die Verwandlung von Expertenzahlen in normalistisches, und das heißt: in »subjektiviertes« Laienwissen. Der springende Punkt dieses Laienwissens heißt: Überschreitung einer Normalitätsgrenze, Denormalisierung (der dramatische Knick in der Kurve, die exponentielle Steilung, die Endlosigkeit schwarzer Gestalten). Während also das Expertenwissen mehr »objektiv« ist (jedenfalls wird es kulturell so ausgeflaggt), ist das Laienwissen offensichtlich stark »subjektiv«: Es umfasst auch Affekte wie Sympathien und Antipathien (Gegen-Identifizierung mit »zu vielen sehr Fremden« und entsprechende Denormalisierungsangst).

Ein zweites Beispiel bezieht sich auf das ökologische »Thema«, das der Gefahr des sogenannten »Waldsterbens« (Abb. 9).

Die Konkurrenz der Länder (in Blockform) ist in eine schematische Tanne eingetragen, die wiederum – als Symbol eines »kranken Körpers« – auf einem Krankenbett am Tropf hängt. Am Kopfende des Betts ist eine (rein symbolische) negative Wachstumskurve (Regressionskurve) befestigt. Ihre Bedeutung ist einfach: ›Es geht

Abb. 9: Agentur Globus Kartendienst 2. Januar 1989

bergab‹. Obwohl eine Normalitätsgrenze nicht ausdrücklich markiert ist, kann als solche der deutliche Sprung zwischen DDR (die Statistik bezieht sich auf 1987) und Belgien gelten. Dann läge sie bei etwas mehr als einem Drittel. Jedenfalls überschreitet die Bundesrepublik mit 52 Prozent klar die Normalitätsgrenze, so dass für »uns« dringender Handlungsbedarf besteht: Unser Wald muss dringend normalisiert werden.

Das dritte Beispiel ist der Frauenzeitschrift *Laura* entnommen (Abb. 10).

»Scheidung per Knopfdruck – Utopie oder bald schon Wirklichkeit? Experten meinen: Ehe ›light‹ ist der Trend von morgen […].« (22.9.1999) Zur Illustration dient der Kontrast zwischen dem Foto einer traditionellen Ehe in Weiß und einer Infografik mit steigender Scheidungskurve plus Silhouette eines streitenden Paars und verlassenen Kindes. Obwohl der Steigungswinkel der Kurve keineswegs quasi-exponentiell ist (Daten seit 1988; im Text wird jedoch die Verdreifachung der Scheidungswahrscheinlichkeit seit 1950 hinzugefügt), wird der letzte Stand als »Scheidungsrekord« bezeichnet. Die sportliche Symbolik des Rekords ist doppeldeutig

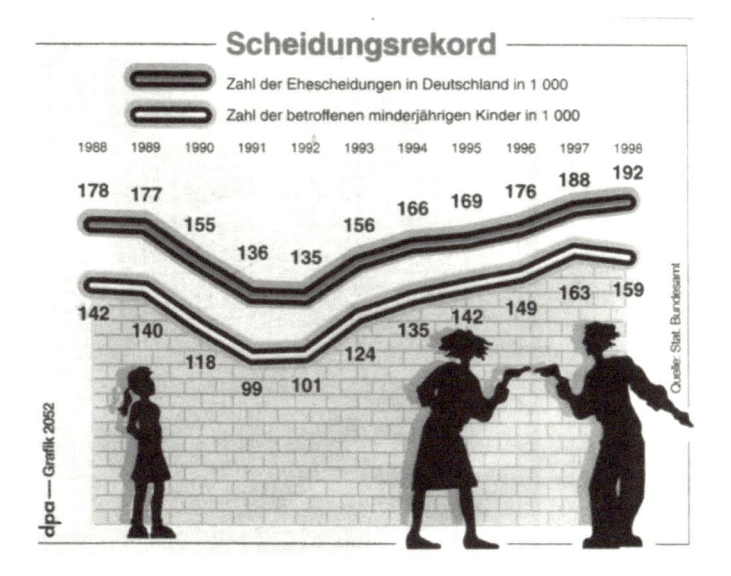

Abb. 10: Laura vom 22. September 1999

und kann von verschiedenen Teilpubliken verschieden gelesen werden: Wer die dauerhafte monogame Ehe für eine unverzichtbare Institution hält, wird Rekord als Überschreitung einer Normalitätsgrenze auffassen und also die Alarmglocken läuten hören – wer dagegen die vielen neuen Möglichkeiten von (auch kurzfristig wechselnden) Partnerschaften akzeptiert, wird Rekord als eine positive Markierung auf dem Weg zu einer »neuen Normalität« verstehen. In Kapitel V wird dargestellt werden, dass diese beiden möglichen Lesarten typisch sind für zwei Spielarten des Normalismus: für den fixistischen »Protonormalismus«, der möglichst fixe und möglichst enge Normalitätsgrenzen favorisiert – und für den »flexiblen Normalismus«. Die Zeitschrift *Laura* steht deutlich auf der Seite des flexiblen Normalismus, wenn sie sich folgendermaßen auf (normalistische) »Experten« beruft: »Experten meinen: Ehe ›light‹ ist der Trend von morgen, lebenslange Partnerschaften gehören der Vergangenheit an.«

Es ging in diesen drei Einzelbeispielen darum, die zweigeteilte Struktur der Infografiken (»objektive« Daten und »subjektive« Symbolisierung dieser Daten) auch im Detail zu beschreiben. Unter Gesichtspunkten des Normalismus zählen aber weniger solche Einzelbeispiele als vielmehr deren massenhafte Wiederholung. Diese Wiederholungsstruktur der Kurvenlandschaft beruht sowohl auf der Wiederholbarkeit der typischen normalistischen Kategorien (Kurven, Normalitätsgrenzen, Risiken für die Normalität) wie auf der Wiederholbarkeit der suggestiven Bilder, also der Kollektivsymbole.

Unter einem Kollektivsymbol sei ein kollektiv bekanntes, allen Mediennutzern sofort einleuchtendes Symbol im Sinne von Bild oder Sinnbild verstanden. Dabei bezeichnet der Begriff Sinn-Bild optimal die Grundstruktur der Einheit zwischen einem prägnanten »Bild« und dem mittels dieses Bildes suggestiv zu illustrierenden »Sinn«. Das soll hier am Kollektivsymbol des Autos bzw. des Auto-Körpers kurz erläutert werden. Als sehr »normal« dürfte die folgende Pressemeldung gelesen werden:

> FRÜHLING FÜR AUTOS – BRANCHE AM ENDE IHRER TALFAHRT?
> Nach frostigen Monaten ist auf dem deutschen Automarkt überraschend der Frühling eingekehrt. Bereits im März rollten erstmals wieder mehr Neuwagen auf die Straßen der Bundesrepublik als im gleichen Zeitraum 1980. Und jetzt geben die Autoproduzenten wieder richtig Gas [...]. Das Umschalten vom Rückwärts- in den Vorwärtsgang geschieht zwar ziemlich ruckartig. Daher werden Zweifel bleiben, ob nun die Talfahrt wirklich zu Ende ist. Wenn aber die Automobilindustrie jetzt tatsächlich schon die entscheidende Kurve nimmt, dann verdankt sie das nicht zuletzt ihrer eigenen Reaktionsschnelligkeit. [...] (*NRZ* 21.5.1981)

Diese Meldung über den Aufschwung nach der Krise von 1980 hätte wörtlich so auch im Frühjahr 2010 in Deutschland (in der 4. Phase der Krise von 2007 ff.) erscheinen können – darin zeigt sich die Zyklik normalistischer Kurven mit ihren typischen Segmenten: »Talfahrt«, »Talsohle«, »Aufschwung«, »Bergfahrt«, »Wende«, »Talfahrt« usw. Gleichzeitig erweist sich in der stereotypen Wiederholung der Kollektivsymbole der wichtige Beitrag der Kurvenlandschaft zur Normalisierung, also zur Stabilisierung des kollektiven Gefühls von Normalität.

Bild	Sinn
Vorwärtsgang	Kurvensegment positives Wachstum
Bergfahrt	Kurvensegment positives Wachstum
Rückwärtsgang	Kurvensegment negatives Wachstum
Talfahrt	Kurvensegment negatives Wachstum
Gasgeben	Kurvensegment »exponentielles« Wachstum
schwerer Unfall (Crash)	Denormalisierung

Konkret handelt es sich bei diesem Bild um eine sogenannte ausgedehnte Metapher oder metaphorische Analogie. Die Bedeutung von »Auto« könnte aber auch ein Beispiel für die Konjunktur insgesamt sein. Dann wäre es keine Metapher, sondern eine Beziehung »Teil fürs Ganze«. Der Begriff »Kollektivsymbol« bezeichnet daher ganz allgemein verschiedene mögliche symbolische Beziehungen zwischen Bild und Sinn.

Eine genauere Analyse des Textbeispiels könnte an der Kombination zwischen Autosymbol und Jahreszeitensymbol zeigen, wie die Normalität durch die Kurvenlandschaft häufig als »natürlich« symbolisiert wird. Sie könnte ebenfalls zeigen, welcher zusätzliche Normalisierungseffekt durch die Übereinstimmung von Bild und Sinn entsteht: Die Autokonjunktur ist wie eine Autofahrt, die ich alltäglich normal praktiziere. Diese Übereinstimmung ist aber ein Sonderfall – die Stärke eines Kollektivsymbols liegt gerade darin, »alles Mögliche« symbolisieren zu können. Dazu ein Beispiel mit historischer Resonanz (Abb. 11).

Innerhalb der medialen Kurvenlandschaft nimmt das Autosymbol eine führende Position ein, und in der Kombination mit dem basalen Körpersymbol sogar die eines normalistischen Leitsymbols. Das beruht (neben der führenden praktischen Position des realen Autos in modernen Kulturen westlichen Typs) vor allem auf der »Individualität« des Autos: Da in jedem Auto ein normaler Single,

Abb. 11: Der Spiegel, Titelbild vom 21. Mai 1990

ein normales Paar oder eine normale Kleinfamilie sitzt, symbolisiert das Auto immer auch das normalistische Basissymbol des statistischen »Kügelchens«, was sich symptomatisch in »Auto-Körpern« zeigt (Abb. 12).

Dieser Zusammenhang wird zuweilen in den Medien unmissverständlich ausgesprochen:

VON RUNDLICHER GLEICHFÖRMIGKEIT
Mazda? Oder Toyota? Oder doch Opel? Was da vorbeihuscht auf der Straße, rund und offenbar gesichtslos, bleibt selbst für den Auto-Bewanderten oft unerkannt. Daß sich die Formen der Personenwagen immer ähnlicher werden, ist ein vielgehörter Seufzer mit tadelndem Unterton. […]
Daß die Grundform der meisten Wagen heute einem Stück Seife nach zehnmaligem Gebrauch ähnelt, ist nun freilich keine kartellartige Verschwörung der Auto-Designer gegen die Verbraucher in aller Welt. Es ist in erster Linie die Folge der Fortschritte in der aerodynamischen Gestaltung der Fahrzeuge. […]
So haben sich die gegenwärtig dominierenden runden Formen, die der Natur abgeschaut erscheinen und sich einer ökologisch

Und läuft und läuft

Abb. 12: Die ZEIT vom 25. Oktober 1996

gereiften Kundschaft als Bio-Design verkaufen lassen, von Japan aus über die Welt verbreitet. […] (Gerold Lignau, *FAZ* 20.5.1995)

Die Analyse des Normalismus erlaubt es, die Faszination des Autosymbols auch von seiner Ähnlichkeit mit dem statistischen »Kügelchen« her zu begreifen: Wie das »Kügelchen« symbolisiert es sowohl ein einzelnes »individualistisches« Subjekt und dessen riskante Lebensfahrten und Konkurrenzkämpfe – wie gleichzeitig auch umfangreiche Kollektive wie die Nationen.

*

Begreift man die Kurvenlandschaft insgesamt mit all ihren Medien und Formaten, so lässt sich resümieren: Der Normalismus potenziert sich durch seine mediale Informationsfülle: So wie er »objektiv« von Massenobjekten handelt, so »subjektiviert« er diese massenhaften Daten in der ebenso massenhaften Fülle von Infografiken und anderen symbolisierten Daten, aus denen sich dann durch Erweiterung auch normalistische Geschichten bis hin zu regelrechten »Mythen« herleiten. All das lässt sich insgesamt mit dem Begriff der medialen »normalistischen Kurvenlandschaft« zusammenfassen.

Einen konkreten Fall solcher Kurvenlandschaften stellt bereits die erwähnte Frauenzeitschrift *Laura* dar, aus der eines der Beispiele stammt. Ein großer Teil jedes Heftes besteht aus Orientierungshilfen zur »Linie« (»Gewicht unter Kontrolle«, 16.8.1995, oft auch Busengröße, 2.9.1998), Mode, Outfit, Frisur, Makeup usw. Dabei wird jeweils (durch Fotos mit Kurzkommentaren, zuweilen erweitert durch Infografiken bzw. statistische Tabellen) ein Normalspektrum dokumentiert, und es werden explizit Normalitätsgrenzen diskutiert. Authentische oder simulierte Leserinnen fragen etwa, ob man Catsuits auch im Alltag tragen kann (13.9.1995) u. ä. In jedem Heft gibt es einen Psychotest zur Selbstsituierung, in dem man sich selber in drei Punktklassen (unternormal, normal, übernormal) einordnen kann. Solche Tests gehören bekanntlich zu den basalen normalistischen Verfahren der Verpunktung, etwa im pädagogischen und arbeitsweltlichen Bereich (auch IQ) – in *Laura* geht es um eine spielerische Version dieses Basisverfahrens. Weitere Rankings (Verpunktungen) sind über das Heft verstreut: »Linie« (»Kalorienverbrauch – Was Pfunde nimmt«, 29.1.1997) und Sex (»Was Frauen glücklich macht«, 12.3.1997; »Kondome – was Frauen und Männer darüber denken«, 12.3.1997). Für Beziehungskräche werden Deeskalationsszenarios angeboten (mit Normalitätsgrenzen, z. B. »unter die Gürtellinie sollte nicht geschlagen werden«, 13.9.1995), wobei explizit Gleichgewichtskonzepte propagiert werden: »In jeder Partnerschaft werden Machtkonflikte ausgetragen. Das ist normal – solange die Balance stimmt. Gerät die aus den Fugen, muß sich etwas ändern« (»Die Machtspiele der Liebe«, 22.9.1999). Balance ist das französische Wort für Waage – und das Waage-Symbol eignet sich (ähnlich wie das Pendel-Symbol) ausgezeichnet zur Darstellung normalistischer Daten: Das Gleichgewicht symbolisiert maximale Normalität (»Mitte«), während jede Abweichung nach rechts oder nach links den Grad an Normalität verringert, sehr präzise durch den jeweiligen Neigungswinkel symbolisiert, bis zu einer gefährlichen »Schieflage« (Normalitätsgrenze).

Um die gesamte normalistische Kurvenlandschaft in den Massenmedien in den Blick zu bekommen, stelle man sich nicht nur alle Infografiken aller Medien einschließlich des Internet vor, sondern außerdem sämtliche Erweiterungen dieses Kerns: alle Personen und Ereignisse, die Normalitäten oder aber (häufiger) Überschreitungen von Normalitätsgrenzen illustrieren, sowie die aus solchen Ereignissen entwickelten typischen Geschichten. Insbesondere Geschichten entlang positiv und negativ exponentieller Kurven (also dramatischer Denormalisierungen) können sich zu regelrechten modernen »Mythen« entwickeln, und es gehört zu den Erfolgsgeheimnissen von *Deutschland schafft sich ab*, dass schon der Titel einen solchen geradezu »nibelungenhaften« modernen Mythos signalisiert, der dann entlang von sinkenden Kurven ausgesponnen wird.

Wenn soeben gesagt wurde, dass der Normalismus sich mittels der Kurvenlandschaft selbst potenziere, so gilt das in mehrfacher Hinsicht: Nicht nur werden »objektive« normalistische Daten durch ihre Symbolisierung in »subjektive« Normalitäten verwandelt – dieser Prozess selber verläuft darüber hinaus ebenfalls normalistisch. Angesichts der Überfülle von Daten stellt sich der Prozess ihrer Symbolisierung und Subjektivierung vor allem als Prozess zunehmender Selektion, als ein Prozess der Siebung und Filterung von Daten dar. Bereits die favorisierten Normalfelder bilden eine erste Auswahl – innerhalb dieser Felder wiederum entsteht eine Hierarchie von »Themen«. Dieser entscheidend wichtige Begriff eines medialen »Themas« wird normalistisch durch statistische Häufigkeit (»Hype«) fabriziert. Man kann den Zusammenhang exemplarisch am »Hype« des »Themas Sarrazin« zeigen, der durch die heiklen Normalfelder der Demografie und der Einwanderung sowie deren »nichtnormale« Behandlung durch einen »normalen« Sprecher der »Mitte« zustande kam, und das inmitten der großen Krise von Denormalisierung 2007 ff. Selbstverständlich bietet der Selektionsprozess, aus dem die normalistische Kurvenlandschaft täglich neu entspringt, viele Möglichkeiten der Manipulation, d. h. der absichtlichen Favorisierung oder sogar Lancierung eines »Themas« einschließlich seiner typischen Daten und Kurven durch mächtige Medien (Vorabdruck Sarrazins gleichzeitig in *Bild* und *Spiegel*). Insgesamt erscheint der Prozess der Kurvenlandschaft als geschlossener Zyklus: Durchschnitte von Massen favorisieren Themen und Kurven, die dann wieder bei der Datenselektion favorisiert werden usw. Die wesentliche Funktion der so fabrizierten Kurvenlandschaft dient zur Orientierung der Subjekte, zu ihrer Selbsteinordnung in die Kurven, zu ihrer Identifikation oder Gegenidentifikation mit Positionen, zu ihrer Warnung vor Normalitätsgrenzen und Denormalisierungen und vor allem zu ihrer »Motivation«, ihre Positionen zu ändern (etwa sich auf einer Leistungskurve zu steigern oder einer Denormalisierung auszuweichen). Man kann sich die Kurvenlandschaft wie einen riesigen »Bildschirm« vorstellen, auf den die Subjekte des Normalismus ständig blicken und von dem sie (wiederum durch Selektion) persönliche Ausschnitte internalisieren, wodurch sie sich einen »inneren Bildschirm« schaffen, mit dessen Hilfe sie ein normales Leben führen können. Seit dem massenhaften Zugang zum Computer und besonders seit dessen Miniaturisierung ist die Kurvenlandschaft technisch objektiviert, wodurch der Kreislauf zwischen äußerem und innerem Bildschirm geschlossen ist: Wenn irgendetwas neu im 21. Jahrhundert ist, dann ist es der ständige Blick von Milliarden Menschen auf ihre iPhones und deren Daten. Ein Blick auf diesen Blick zeigt: Die normalistische Kurvenlandschaft, die sich ja seit zwei Jahrhunderten entwickelte und also längst vorher existierte, ist zu einer »zweiten Natur« geworden, in der die Menschen sich nun hauptsächlich bewegen. Den gefährlichen Kurven in der ersten Natur entsprechen in der zweiten die typischen Risikosegmente in den Kurven: Überschreitung von Normalitätsgrenzen (Übergewicht, Bluthochdruck), symbolisch exponentielle Segmente (»Blasen«, »Bevölkerungsexplosion«), »sich öffnende Scheren« (zwischen Einnahmen und Ausgaben des Staates mit quasi-exponentiell steigendem Defizit als Folge – quasi-exponentiell steigender Spread der griechischen Staatsschuld zur deutschen).

Der Blick auf den »inneren Bildschirm« ist selbst bei den wenigen Bauern hierzulande an die Stelle des Blicks auf den Stand der Vegetation getreten. Es sind die Kurven mit ihren Signalen, besonders den Abweichungen von den Basiskurven und den Normalitätsgrenzen, die »uns Normalen« einen unhörbaren, ununterbrochenen Begleittext einflüstern: »Immer mehr kleine Kopftuchmädchen und immer weniger Blonde, das ist nicht mehr normal, da besteht Handlungsbedarf, Sarrazin hat recht – und exponentiell steigende Staatsschulden, wenn nicht jetzt sofort gehandelt wird, kann es nicht mehr normalisiert werden – der Dax fällt schon wieder unter die psychologisch wichtige Marke von 6000[13], das halten die Banken nicht mehr lange aus, was wird aus meinen Fonds – unsere PISA-Werte sinken auch schon wieder, wir verdummen, Sarrazin hat recht.« Durch den inneren Bildschirm entstehen also »normale Subjekte«, indem durch die gleichen Signale aus den atomisierten einzelnen »normalen Kügelchen« ein normales Wir, ein

---

[13] Beim zweiten Crash der Krise im Sommer 2011.

normales Kollektiv wird. Politisch heißt das »Konsens« (dazu Abschnitt VII.3.).

Das Modell des »Bildschirms« mit seiner »Flachheit« suggeriert eine weitere basale Eigenschaft des Normalismus: Die Kurvenlandschaft zeigt lediglich relativ einfache Daten als Resultate von sehr komplexen Prozessen ihrer Produktion, die bildlich in der Tiefe einer *black box* verborgen bleiben. Normalistisch ist der Glaube, dass die resultierenden Daten an der »Oberfläche« die entscheidenden Signale zur praktischen Orientierung (»Kennziffern«) liefern. Vor allem zwei Eigenschaften der Kurvenlandschaft stabilisieren diesen Glauben: Zum einen die jeweilige Vergleichbarkeit mit den Stabilität symbolisierenden normalistischen Basiskurven – zum anderen die (letztlich mathematische) Allgemeinheit der normalistischen Kurven, die sich gleichermaßen auf massenhaft-soziale wie individuell-psychologische Situationen beziehen lassen und so jede »objektive« Lage in eine »subjektive« verwandeln können. Über ihre mediale Verbreitung kann die Kurvenlandschaft also normalistische Massen ohne explizite normative Regeln orientieren und indirekt auch flexibel lenken – die Krise erschüttert diese orientierende Kraft der Kurvenlandschaft und wälzt objektive Denormalisierungen damit in die subjektive Dimension über. (Abb. 13 fasst die stereotype mediale Kollektivsymbolik des Normalwachstums und seiner Denormalisierungen zusammen und illustriert so die normalistische Kurvenlandschaft als Kopplungs-Klaviatur: Alle Elemente sind mehrfach lesbar, etwa ökonomisch und psychologisch.)

10. Die normalistische Kurvenlandschaft erklärt das Rätsel der »psychologischen Wirkung« von Daten

In der Großen Krise von 2007 ff. wurden immer wieder Ereignisse von der Art eines Crash, einer »Bodenbildung« oder einer »Rally« als »psychologisch wichtig« bezeichnet. Häufig wurde solche »Psychologie« direkt mit Quantitäten, meistens Zehnerpotenzen, verbunden. Damit wurde anonymen massenhaften und im Sekundentempo prozessierenden Automatismen von der Art der mythischen »Märkte« eine »Psychologie« (also eine »Seele«!) zugeschrieben, in die sich individuelle Seelen einfühlen können. Von »Stimmungen« und »Stimmungsumschwüngen« der »Märkte« war die Rede, als ob auf Kauf/Verkauf programmierte Algorithmen

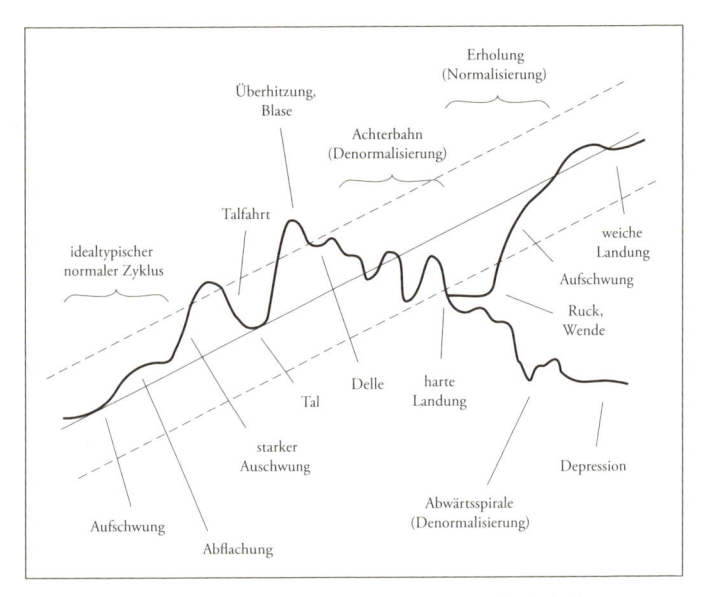

82   Was ist Normalismus? Konturen eines Konzepts

Abb. 13: Kollektivsymbolik der normalistischen Kurvenlandschaft

Stimmungen haben könnten. Eine solche »Psychologie der Märkte«, die aus »Gier«, »Angst« und anderen Stimmungen bestehen soll, ist selbstverständlich eine grotesk inadäquate, »gespenstische« (Joseph Vogl) Vorstellung. Der real existierende Mechanismus dieser »Psychologie« besteht einfach in der normalistischen Kurvenlandschaft, die ständig Datentrends prozessiert, selegiert, zu »Themen« verarbeitet und mithilfe der Kollektivsymbolik subjektiviert. Mittels des Netzes der Kollektivsymbole wird ein Netz von einleuchtenden Analogien gesponnen, so dass ein »Aufschwung« der Autoexporte sich unter Umständen automatisch mit anderen »Aufschwüngen« (der Aktienkurse, der »Kreativität« neuer Internetideen, des Fußballs) koppelt oder umgekehrt. Präziser sind es Kurvenknicks, »Scheren«, positive oder negative Quasi-Exponentialkurven, die über ihre Symbolisierungen solche Analogien ausbilden und ein »Spielfeld« für positive oder negative »Ansteckungen« zur Verfügung stellen. Kehrt sich ein Trend bei mehreren analogen Themen um, so bedeutet das eben einen »Stimmungsumschwung«.

Solange sich solche Bewegungen insgesamt und überwiegend innerhalb der Korridore von (Quasi-)Normalverteilung und (Quasi-)Normalwachstum halten, wird die basale Stimmung der Normalität reproduziert und gestärkt. Diese basale Stimmung der Normalität heißt auch »Vertrauen« in »Sicherheit« und »Stabilität« inmitten der symbolischen »Achterbahnfahrt« der modernen Dynamik. Das durch die Kurvenlandschaft stets reproduzierte Normalitätsgefühl stellt sich also als das entscheidende *safety net of last resort* heraus. Umgekehrt lösen symbolisch analoge Denormalisierungen (negative Überschreitungen von Normalitätsgrenzen) zunächst Frühwarnungen und dann unter Umständen Normalisierungsmaßnahmen aus. So wurde der zweite Crash der Aktien im Sommer 2011 mit einer zweiten großen »Flutung der Märkte« beantwortet, die tatsächlich zu einem neuerlichen Aufschwung der Aktienkurse im Frühjahr 2012 führte – nun aber begleitet von einem Abgehängtwerden (Diskontinuität) der Mittelmeerländer, die in die Depression, also die chronische Denormalisierung, fielen. Ihr chronischer »Vertrauensverlust« war also der »psychologische« Ausdruck für Denormalisierung.

11. Die Entstehung »normaler Persönlichkeiten«, oder die normalistische Subjektivierung

Wie besonders die beiden vorigen Abschnitte über die Kurvenlandschaft verdeutlichen, werden Personen in modernen westlichen Gesellschaften von Klein auf und bis zu ihrem Tod mit normalistischen Datenlagen »gefüttert« (»fed«). Zusätzlich zu den vielen äußeren medialen Bildschirmen bilden sie »innere Bildschirme« aus, auf denen sie ihre persönliche Kurvenlandschaft beobachten können. Das dient ihrer dringend notwendigen Orientierung in der verdateten Gesellschaft und dann der Regulierung (Kontrolle und Korrektur). Dabei bleiben Orientierung und Regulierung (also Normalisierung) nicht beschränkt auf eine rein kognitive Ebene – sie prägen vielmehr in ständigen Wiederholungen durchaus den »Tiefen-Kern« der Person und schaffen so »normale Persönlichkeiten« bzw. »normale Charaktere«. Dabei spricht die neuere Psychoanalyse statt von Primär- und Sekundärsozialisation von »Subjektivierung« oder »Subjektbildung«. Damit ist gemeint, dass die Orientierung an der »Normalität« nicht bloß kognitiv, sondern immer auch affektiv (im Un- und Halbbewussten) verankert wird. Das zeigt sich besonders klar in dem spontanen Zurückschrecken vor jeder Art von »Anormalität«, also in der Denormalisierungsangst (der Angst, von einer Anormalität »angesteckt« zu werden und aus der Normalität herauszufallen). Spätestens in der Grundschule lernt das Individuum unbewusst, sich als eins von vielen »Atomen« in einem Normalfeld zu begreifen, wobei einzelne Atome »weniger normal« sind als andere. Typisch ist das »Auffälligwerden« einzelner Mitschüler oder Mitschülerinnen (ob durch ADHS oder ein anderes normalistisches Syndrom), das eben deren mangelnde Normalität signalisiert. Ein ganzes Register von Blicken und Stimmtönen signalisiert eine Normalitätsgrenze, die – nach normalistischen Tests – eventuell auch die institutionelle Separierung (Sonderschule) zur Folge haben kann. Solche kleinen Ereignisse (die durch mediale Charaktere und Geschichten verstärkt werden) prägen mit der Denormalisierungsangst das Selbstbewusstsein der »normalen Persönlichkeit«.

Der positive Gegenaffekt zur Denormalisierungsangst ist die normalistische »Motivation«. Insbesondere durch die Klaviatur der Noten wachsen die Kinder in die Kurvenlandschaft der normalistischen Verpunktung hinein. Hier lernen sie sich einzuordnen in eine Quasi-Normalverteilung der »Leistung« und werden gleichzeitig »motiviert«, in einen ständigen Konkurrenzkampf um »Leistungssteigerung« einzutreten. Die berühmte »Wettbewerbsfähigkeit«, die in der Krise von 2007 ff. als entscheidendes Kriterium für Normalisierung und Denormalisierung ganzer Länder hervortrat, wird individuell so bereits in den Kindern des Normalismus verankert.

Im übernächsten Kapitel (Abschnitt V.6.) ist zu zeigen, dass es verschiedene, sogar stark verschiedene Typen von »normalen Persönlichkeiten« gibt – »rigide«, »enge« und fixistische auf der einen, »lockere«, »weitherzige« und flexible auf der anderen Seite.

12. Normalistische Alltage

Häufig wird Normalität mit Alltäglichkeit gleichgesetzt. Auch das ist eine unhistorische Verallgemeinerung. Jede Gesellschaft und jede Epoche kennt Alltäglichkeit als Quintessenz ihrer in langer Dauer relativ stabilen Rhythmen von Reproduktion: Regelung der anthropologischen Konstanten – Ernährung im weitesten Sinne, Verkehr der Geschlechter, Familienformen, Geburt und Tod, Arbeitsteilung und Arbeitsweise vs. Rituale und Feste. Diese jeweilige

Alltäglichkeit kontrastiert also mit den Ausnahmezuständen wie Herrschaftskämpfen, inneren und äußeren Kriegen oder Epidemien, die gegenüber der langen Dauer des Alltags kurztaktige Ereigniskaskaden darstellen. Der Begriff des Rhythmus bündelt am besten diese verschiedenen Dimensionen der Reproduktion in langer Dauer. In den vormodernen Gesellschaften sind die Rhythmen des Alltags wesentlich normativ, großenteils religiös und/oder staatlich, geregelt. Das gilt auch für den Rhythmus im engen Sinne, also Musik, Tanz und Festkultur.

In modernen Gesellschaften dagegen haben wir es mit der Emergenz ganz neuer Typen von Alltäglichkeit und Alltag zu tun. Insbesondere schafft der Industrialismus eine technikbasierte »zweite Natur« aus Verkehrsformen im wörtlichen und übertragenen Sinne: Infrastrukturen aus technischen Vehikeln und entsprechende Arbeitsplätze und Wohngebiete, technische Kommunikationsmedien, soziale Netzsysteme wie insbesondere medizinische Versorgungssysteme. Der Kapitalismus steigert schrittweise die Atomisierung der Individuen mittels universaler Monetarisierung, insbesondere auch der Arbeitsplätze und Arbeitsweisen (»lohnvermittelte Gesellschaft«, »société salariale«, nach Robert Castel). Mit der Zunahme der Atomisierung geht die Abnahme der traditionalen Familienformen einher, so dass der Verkehr der Geschlechter sowie die Regelung von Geburt und Tod zunehmend flexibilisiert werden. Die monetarisierte Produktionsweise verlötet die modernen Alltage mit dem Prinzip »Arbeit« (»Arbeitsgesellschaft«). Monetär entgoltene Arbeit wird eine dominante Bedingung von Normalität im Alltag – und Arbeitslosigkeit wird folglich zu einer basalen Gefährdung normaler Alltäglichkeit. Die Arbeitslosigkeit wird auf exemplarische Weise normalistisch geregelt: Sowohl der jeweilige Prozentsatz an Arbeitslosen in symbolisch absoluten Zahlen wie schließlich die Höhe der staatlichen Kompensationszahlungen, die nur bei beschränkter Arbeitslosigkeit »normal« aufgebracht werden können, stellen eines der wichtigsten symbolischen Barometer für den Grad an Normalität einer Gesellschaft dar. So spielte die Zahl von 6 Millionen Arbeitslosen im Deutschland der Großen Krise von 1929 ff. die geradezu mythisch-apokalyptische Rolle einer absoluten Normalitätsgrenze. Prozentual wurde diese Grenze in der Krise von 2007 ff. in Ländern wie Spanien und Griechenland im Jahre 2012 weit übertroffen.

Ebenso wie die Reproduktion durch Arbeit wird die Festkultur aus der Normativität in Normalität überführt: Sie wird zur »Freizeit«

und von massenmedialen Rhythmen beherrscht. Sport und Popkultur (s. u. die Abschnitte V.4. über den Sport und VIII.2. über das normalistische »Fun-and-Thrill-Band«) verbinden technische Medialität (aktuell gesteigert durch die elektronische Revolution) mit normalistischer »Verpunktung« (Konkurrenzen und Rankings).

Auch für die moderne Alltäglichkeit spielen also Verdatung und Normalismus eine entscheidende Rolle: Die Alltage der »Massengesellschaft« werden, wie bereits dargestellt, mehr und mehr statistisch transparent gemacht und auf der Basis solcher Daten durch Märkte und Staaten normalistisch geregelt. Dabei spielt die mediale normalistische Kurvenlandschaft die Rolle eines funktionalen Ersatzes für frühere Normativitäten. Es sind nun die statistischen Grenzwerte und Trendkurven mit ihren Normalitätsspektren und Normalitätsgrenzen, die die Subjekte zunächst fundamental prägen und dann in jeder spezifischen Situation orientieren. Die statistischen »Glücksbarometer« und »Optimismus-Pessimismus«-Skalen kondensieren diese Vermessung normaler Alltäglichkeiten. Wiederum tritt also die normalistische Regelung des Alltags als Emergenz neben die normativistische Regelungsweise früherer Gesellschaftstypen – wiederum kommt es dabei sowohl zu Kombinationen wie zu Konflikten. Typisch ist die Auslagerung und Übertragung früherer normativ von der Familie geleisteter Alltäglichkeiten wie Hausarbeit, Gesundheitspflege und Altenpflege an monetär und nach statistisch-normalistischen Versicherungskalkülen geregelte »anonyme« Instanzen. In der Krise von 2007 ff. wurden diese monetarisierten Pflegedienste (Caring) in zahlreichen Ländern und für große Teile der betroffenen Gesellschaften in äußerst dramatischem Umfang denormalisiert (mit ebenso dramatischen »psychologischen« Folgen bis zu steigenden Selbstmordraten). Es wird zu zeigen sein, dass die Krise erst dann zu einer insgesamt anormalen Krise wird, wenn sie auch die alltäglichen Rhythmen denormalisiert.

Man kann den normalen (normalistischen) Alltag also insgesamt als Bündelung aller für die Rhythmen langer Dauer relevanten Dimensionen auffassen: Dazu gehören zum einen die anthropologischen Dimensionen der basalen Reproduktion und zum anderen die in der Moderne dafür relevanten Spezialitäten (wie insbesondere die wissenschaftlich-technischen Spezialitäten, zum Beispiel das moderne Gesundheitswesen). Diese Bündelung wird eben durch den Normalismus ermöglicht, der sich dabei sowohl als

»gemeinsame Übersetzungssprache« wie als »Ansteckungsleiter« zwischen allen Dimensionen erweist. Über die normalistischen Querschnittsbildungen im Alltag können ökonomische Denormalisierungen zu politischen, sozialen und psychologischen werden, wie es in der Krise von 2007 ff. zu beobachten sein wird.

IV. Normalismus als Instrument der Regulierung: Denormalisierung und Normalisierung

1. »Amerikanische« kontra »europäische« Normalisierung

»Deregulierung!« hieß zu Beginn der 1980er Jahre das große Schlagwort der sogenannten »Reaganomics«, d. h. der angeblich ganz neuen Art Ökonomie, die von der Regierung Reagan eingeführt werden sollte. Das wichtigste Prinzip dieses Ansatzes bestand in starker Senkung der Steuern, und zwar besonders für die Unternehmen und die reichen Eliten, gegenfinanziert durch radikales Herunterfahren des umverteilenden Wohlfahrtsstaats – bei Steigerung der Militärausgaben und anderer Staatsaufträge für die Unternehmen. Wenn man eine minimal symbolisch angenäherte (Quasi-)Normalverteilung des Lebensstandards als Bedingung sozialer Normalität auffasst, könnte der Eindruck entstehen, Reaganomics hätte eine solche Normalität ganz bewusst zugunsten einer extrem schiefen Verteilung mit der Tendenz Pareto-Verteilung geopfert. In diesem Fall wäre Reaganomics ein bewusstes Programm der Denormalisierung gewesen, also der Absage an das Ziel sozialer Normalität und damit der Absage an den Normalismus überhaupt. Zumindest theoretisch war das jedoch nicht die Absicht – und zwar wegen des begleitenden Konzepts des »trickle-down« (des »Herunterrieselns«). Nach diesem Konzept würde eine Quasi-Normalverteilung des Lebensstandards spontan und ohne staatliche Umverteilung dadurch entstehen, dass jeder »oben« angehäufte Reichtum »herunterrieseln« müsste (durch verstärkte »job creation« und durch Aufträge der Eliten an die »Mitte«). Nach dieser Theorie würde der »heruntergerieselte« Reichtum vor allem von der »Mitte« (der »upper and lower middle class«) absorbiert, und in abnehmendem Grade dann weiter bis ganz »unten« durchsickern – das Resultat wäre also eine annähernde Quasi-Glockenkurve und damit eine Normalität. Auch die Funktion staatlicher sozialer Netze sollte vom Marktprozess geleistet werden: Man erwartete von Reaganomics ein stabiles Normalwachstum, das etwa

europäische Normalisierung: Wohlfahrtsstaat → Regulierung durch gezielte Umverteilung

die an die Börsenentwicklung gekoppelten privaten Rentenfonds ebenfalls automatisch expandieren lassen würde.

In der Theorie sollte das Konzept »trickle-down« also ein alternatives Normalisierungskonzept gegenüber dem in Europa lokalisierten Umverteilungskonzept darstellen. Dieses Konzept – auch Wohlfahrtsstaat genannt – versucht bekanntlich, durch Maßnahmen staatlicher Umverteilung (insbesondere durch »soziale Netze«, gegenfinanziert aus relativ hohen Steuern und einer mehr oder weniger starken Progressivsteuer) das Ziel der minimal symbolisch angenäherten Quasi-Normalverteilung des Lebensstandards zu erreichen. Reaganomics sprach dabei polemisch von »Regulierung« und forderte »Deregulierung«. ==Im Kontext des Normalismus erweist sich »Regulierung« also schlicht als Normalisierung durch kompensierende Umverteilung.== Der Begriff der Umverteilung (Um-Verteilung) bezieht sich ja wörtlich auf Massenverteilungen und damit auf Verdatung – er bezeichnet ganz wörtlich die Änderung einer Massenverteilung, und zwar konkret die Änderung der Massenverteilung des Lebensstandards mit dem Ziel ihrer Normalisierung.

2. Symptome der Denormalisierung: normale Krise oder Krise mit Denormalisierung?

Im Teil III dieser Ausführungen wurden die wesentlichen Kriterien des Normalismus und damit der normalen Verfasstheit eines konkreten Feldes – wie etwa einer körperlichen oder sozialen Dimension – entwickelt: Annäherung an die beiden Basiskurven der Normalverteilung und des Normalwachstums, Kontinuität der Kurven, Normalitätsgrenzen. Dementsprechend nimmt der Grad an Normalität in dem Maße ab, wie die Verfasstheit eines Feldes sich von den Basiskurven entfernt, etwa im Fall einer extrem schiefen Verteilung des Lebensstandards. Insbesondere ist jede Unterbrechung des Kontinuums der Kurven ein deutliches Symptom von Denormalisierung (Verlust der Normalität). Ein exemplarischer Fall war (und ist) die Debatte um die sogenannte »abgehängte Unterschicht« im Deutschland der Hartz-Reformen. Der Begriff des »Abgehängtseins« meint exakt eine Diskontinuität in der Verteilungskurve des Lebensstandards: Wäre es so, dass der Durchschnitt der »Hartzer« keine oder nur wenige Leute kennen würde, die einen nur geringfügig höheren Lebensstandard als sie selbst besäßen, und gäbe es kaum Mobilität aus der »Hartz-Situation« nach oben, dann würde ein »Loch« in der Kurve klaffen.

Im zeitlichen Nacheinander markiert der Crash (»Absturz«, früher »Krach«) die Diskontinuität: Die Kurve des Normalwachstums »stürzt ab« wie ein Flugzeug, das aus der horizontalen Bewegung vertikal in die Tiefe fällt.

Das Kriterium der Kontinuität erlaubt es, zwischen »normalen Krisen« und ernsten Denormalisierungen zu unterscheiden: Der Idealtyp der Kurve des Normalwachstums (»endlos wachsende Schlange«) berührt zyklisch jedesmal einen Punkt des Nullwachstums vor dem nächsten »Aufschwung«. Tatsächlich verstärkt sich die zyklische Normalisierung des Wachstums zu Null häufig, so dass die Kurve geringfügig absinkt (im Fall der Konjunktur Rezession genannt). Dieser geringfügige Rückgang, der häufig ebenfalls bereits als Krise bezeichnet wird, stellt aber keine Diskontinuität und damit auch keine ernsthafte Denormalisierung dar. Also ist es erst ein Absturz-Knick in der Kurve des Normalwachstums, der ein sicheres Symptom von Denormalisierung darstellt. Ein solcher hakenförmiger Abwärtsknick (umgekehrte L-Formation) unterschreitet mindestens die »Talsohle« des vorhergehenden Zyklus, unter Umständen sogar mehrere Talsohlen mehrerer Zyklen. Seit dem Bestseller von Taleb[14] wird der Crash in der Kurve des Normalwachstums zu den »schwarzen Schwänen« gezählt. Talebs auf die mathematische Analyse von Benoît Mandelbrot gestützte Theorie ist ein Beispiel für eine radikale Normalismuskritik, weil sie die Gültigkeit der Normalverteilung in einem wichtigen Normalfeld prinzipiell bestreitet. Die gängige Theorie der Börsenkurse, auf der die Prognosen der »Analysten« fußen, betrachtet die täglichen Ausschläge als normalverteilt: Mittlere Ausschläge sollen die häufigsten (normalsten) sein, und die größeren Ausschläge sollen entsprechend glockenförmig seltener werden. In diesem Modell sind Ausschläge von mehr als 20 Prozent bereits extrem unwahrscheinlich und können als »Ausreißer« vernachlässigt (»ausgeklammert«) werden. Wie Mandelbrot und Taleb feststellten, kommen sie aber so häufig vor, dass daraus die prinzipielle Unbrauchbarkeit der Normalverteilung folgt. Anders gesagt, scheitert an den »schwarzen

---

[14] Nassim N. Taleb, *The Black Swan. The Impact of the Highly Improbable*, London 2008.

Schwänen« (aktuelle Beispiele sind Erdbeben, Tsunamis und AKW-Katastrophen) der normalistische »Wille zur Normalverteilung«.

Nach jedem Crash folgt eine Art Kampf zwischen den beiden Alternativen Denormalisierung oder Normalisierung. Wenn sich die L-Formation verstetigt (wie 1929 ff.), beginnt eine historische Phase tiefgreifender Denormalisierung. Es kann sich dann sogar ernsthaft die Frage nach dem »Ende der Normalität« (Steingart) stellen. Wie später zu zeigen sein wird, kann diese Frage aber innerhalb des Normalismus (insbesondere in den normalistischen Massenmedien) gar nicht ernsthaft formuliert werden. Sie taucht dort nur in der mythischen Form der drohenden Apokalypse auf. Die Drohung mit der Apokalypse (also dem Ende der Welt, dem Ende von allem überhaupt) dient als drastische Frühwarnung, um alle Kräfte der Normalisierung zu mobilisieren, und insbesondere die Opferbereitschaft, unter Umständen die extreme Opferbereitschaft, der großen Masse der Bevölkerung.

Die Normalisierung des Crash bedeutet idealtypisch die Fortsetzung der Kurve des Normalwachstums am Punkt ihrer Diskontinuität, also die Wiederherstellung der Kontinuität. Konkret geschieht das durch eine sogenannte V-Formation, d. h. den möglichst raschen Wiederaufschwung der Kurve auf ihr Niveau vor dem Crash. Das ist am leichtesten bei den Börsenkurven (insbesondere bei den Aktien) zu erreichen, weshalb jede Normalisierung eines Crash mit der Normalisierung der Aktienkurven beginnt. Für all diese Strukturen hat die Krise von 2007 ff. exemplarisches Material geliefert.

3. Kein Normalismus ohne ==normalistische Prognostik==

Im Abschnitt über die Kurvenlandschaft war bereits von der prognostischen Fortschreibung der Kurven über den letzten empirisch gesicherten Punkt, die Gegenwart, hinaus in die Zukunft die Rede. Die absolute Notwendigkeit dieser Fortschreibung, also der Prognostik, für den Normalismus wird nun deutlich: Der Punkt der Gegenwart in den Kurven des Normalwachstums ist ja der kritische Punkt einer unaufhebbaren heimlichen Diskontinuität: der Diskontinuität nämlich zwischen empirisch gesicherten Daten und virtuellen Daten. ==Am Punkt der Gegenwart lauert also== – bildlich gesprochen – die Diskontinuität und damit letztlich eventuell die Denormalisierung. Damit fällt der Prognostik die unverzichtbare Rolle der Kontinuierung der Kurven über ihren kritischen Punkt hinaus zu. Je stabiler diese Kontinuierung, umso stabiler das normalistische Funktionieren. Entsprechend der Grundlage des Normalismus in Verdatung und Statistik sind es eben diese Instrumente, die die Stabilität der Brücke in die Zukunft garantieren sollen. Daraus wiederum erklärt sich die enorme Expansion der statistischen Prognostik und ihrer Institutionen (nationalstaatliche und internationale statistische Institutionen, statistische Ämter, universitäre und private prognostische Institute einschließlich Marktforschung, Ratingagenturen, statistische Abteilungen der Konzerne).

[Randnotiz: Oevermann]

Mittels der normalistischen Prognostik kann also die Kurvenlandschaft in die Zukunft hinein ausgedehnt und das Gefühl der guten Orientierung und Sicherheit wie ein garantierter Kredit in die Zukunft verlängert werden. Nichts ist so typisch dafür wie die Fortschreibung der Trendkurven in die nähere oder zuweilen sogar in die fernere Zukunft hinein. Dennoch ist keine Prognose absolut sicher – und ihre Wahrscheinlichkeit variiert stark je nach Normalfeld (demografische Trends etwa sind stabiler als solche der wirtschaftlichen Konjunktur) sowie vor allem nach der prognostischen Reichweite. Daraus ergeben sich Unterschiede zwischen den Prognosen verschiedener Experten bezüglich einer gleichen Kurve. Auch dieses Problem lässt sich jedoch normalistisch lösen, indem mehrere prognostische Trends wie ein Fächer bzw. wie ein »Mantel« der Kurven dargestellt werden (Abb. 14). Dabei wird das Wissen der Normalverteilung auf das Normalwachstum angewendet: Eine mittlere Prognose ergibt sich aus der Meinung der Mehrheit der Experten – und bis zu einem oberen und einem unteren Extrem nimmt die Anzahl der Expertisen immer stärker ab. Die Mantelkurven oben und unten, also die prognostischen Kurven mit der geringsten Wahrscheinlichkeit, erfüllen so für die Prognostik die Funktion von Normalitätsgrenzen: Zwischen ihnen erstreckt sich ein Fächer normaler Erwartung.

Da alle prognostischen Kurven in der Dimension der Zeit liegen, wäre ihr Idealtyp die Kurve des Normalwachstums (die »endlose Schlange«). Davon weichen die realen Kurven bekanntlich mehr oder weniger stark ab – dennoch gelingt es dem normalistischen Blick auf vielen Normalfeldern, eine mit dem Normalwachstum mindestens grob verwandte Kurve zu entdecken. Wiederum

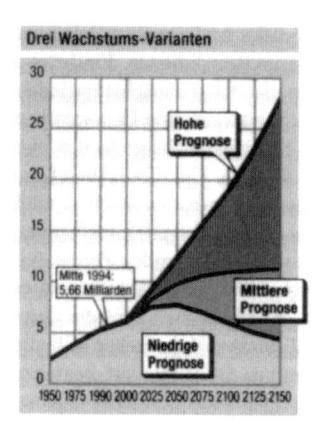

Abb. 14: Prognostisches Normalspektrum

sind Demografie und Wirtschaftswachstum exemplarische Fälle. Für die Prognostik besteht dann die wichtigste Aufgabe darin, den zeitlichen Parameter eines Zyklus zu bestimmen und innerhalb dieses Parameters vor allem die Wendepunkte der Kurve (Take-off, exponentielle Phase, Krümmung zum Nullwachstum) vorauszusagen. Bezogen auf die Börsenkurven widmet sich ein ganzer Beruf dieser Prognostik: die sogenannten »Analysten« mit ihrer »technischen Analyse« (gebildet nach engl. »analysts«, was früher »Analytiker« ergab: »psychoanalyst« gleich »Psychoanalytiker«). Es wird zu zeigen sein, dass die Normalisierung der Börsenkurven durch kapitalistische Zwänge immer wieder konterkariert wird – statistisch erweist sich dieses Dilemma im Befund der auf »technische« Weise prinzipiell nicht prognostizierbaren »schwarzen Schwäne« nach Mandelbrot und Taleb.

Blick auf Sarrazin (3)

Das Drohpotential der sarrazinschen Vision eines Deutschland, das »sich abschafft«, ist nahezu ausschließlich auf demografische und intelligenzgenetische Prognosen aufgebaut. Im Grunde entwirft der Bestseller eine prognostische Kurvenlandschaft zunächst bis 2050, und dann auch darüber hinaus bis etwa 2100. Im Kapitel 8 (»Demografie und Bevölkerungspolitik. Mehr Kinder von den Klugen, bevor es zu spät ist«, S. 331 ff., ergänzt durch den Anhang S. 455 ff.) stützt sich die Argumentation auf eine Fülle von statistischen Tabellen und

Kurven, auf der Basis von Datenmaterial der UNO und des Statistischen Bundesamts, ergänzt durch Prognosen Herwig Birgs und eigene »Modellrechnungen«. Dabei beruht die eigene »Abschaff«-Prognose auf einer suggerierten Analogie zwischen der bekannten Verschiebung im globalen Bevölkerungsanteil zwischen den Kontinenten einerseits (Kollektivsymbol »Bevölkerungsexplosion«) und einer prognostizierten parallel dazu verlaufenden Verschiebung zwischen »Autochthonen« und »Migranten« in Deutschland anderseits. Was die erste Verschiebung betrifft, so steht sie außer Zweifel und ist bereits seit längerer Zeit im Gange. Sarrazin wählt eine mittlere UNO-Prognose (S. 334 f.), die er allerdings als zu optimistisch relativiert. Sein entsprechendes Argument ist exemplarisch für die Problematik solcher Prognosen. Die UNO nimmt einen Wiederanstieg der zur Zeit extrem niedrigen Geburtenraten einiger Länder wie Deutschland an. Dazu meint Sarrazin: »Der Wiederanstieg der Nettoreproduktionsrate ist sicherlich wünschenswert, aber nach 40 Jahren stabiler Abwärtsentwicklung wenig wahrscheinlich« (S. 335). Dem entspräche bei Aktienkursen kurz vor einem Crash das Argument: Eine Konsolidierung wäre sicher wünschenswert, aber nach Jahren stetiger Steigerung wenig wahrscheinlich. Das Problem aller normalistischen Prognosen ist niemals die lineare Extrapolation eines bestehenden Trends, sondern die Antizipation einer Kurvenwende. Dieses Problem müsste also mindestens als solches dargestellt werden, was Sarrazin vollständig versäumt.

Konkret geht es um die Kurvenwenden des demografischen Normalwachstums einzelner globaler Zonen und vor allem um die Wende der logistischen Kurve zur Abflachung. Nachdem zuerst die demografische Kurve Frankreichs (bereits im 19. Jahrhundert) grob gesehen eine logistische Form angenommen hatte (Abflachung eines starken Wachstums bis zum Nullwachstum), folgten alle »entwickelten« Länder mehr oder weniger dieser Kurve einer Normalisierung. Die Frage ist also, ob diese Prognose auch für die momentan noch stark wachsenden Länder der südlichen Hemisphäre und/oder der islamischen Welt gilt, wie es die Statistiker der UNO mit guten Gründen annehmen. Diese Gründe heißen wie für Frankreich: Verhütungstechnik und Wille zu gesteigertem Lebensstandard. Sarrazin verschweigt die jüngsten sich normalisierenden Kurventendenzen von Ländern wie dem Iran und der Türkei.

Entscheidend aber ist die Analogie zwischen der »äußeren« und der »inneren Dritten Welt«, wie sie in den Tabellen S. 355, 359,

365 vorausgesetzt wird. Diese Analogie ist seit Francis Galton als These von der »differenziellen Geburtenrate« bekannt (s. u. die Abschnitte VI.3. und VI.5.). So wird etwa in Tabelle 8.11 (S. 365) eine Versechsfachung der »Migranten« aus »Nah- und Mittelost, Afrika« (darin stecken die Türken) binnen vier Generationen prognostiziert, während die »Autochthonen« in der gleichen Spanne auf ein Fünftel schrumpfen würden. Keiner der Faktoren, die diese Prognose höchst fragil machen, wird diskutiert: weder die hohe Wahrscheinlichkeit eines Abwärtsknicks im Wachstum der »Migranten«, noch die Wahrscheinlichkeit der Verringerung ihrer Separation durch Integration, noch die Plausibilität eines moderaten Wiederanstiegs der »autochthonen« Geburtenrate wie in Frankreich. Zu welch lächerlichen Konsequenzen die einfache lineare Extrapolation bei Sarrazin, der ununterbrochen behauptet, nur »logische« Folgerungen zu ziehen, führt, zeigt die folgende »Prognose«: »beim gegenwärtigen demografischen Trend wird Deutschland in 100 Jahren noch 25 Millionen, in 200 Jahren noch 8 Millionen und in 300 Jahren noch 3 Millionen Einwohner haben« (S. 18). Ja: »beim gegenwärtigen Trend«!

In der Darstellungsweise von Medien und Politik spielen nur die groben Kurventendenzen eine Rolle, also die symbolische »Schere« der differentiellen Geburtenrate. Ein solcher Trend wird medial durch Kollektivsymbole und mythische Geschichten verstärkt. Diese Verstärkung hat Sarrazin in seinem Schlusskapitel »Ein Traum und ein Alptraum. Deutschland in 100 Jahren« (S. 391 ff.) selbst vorgenommen. Er setzt das Kollektivsymbol »Dom« für die »Autochthonen« und das Kollektivsymbol »Moschee« für die (muslimischen) »Migranten« – woraus sich als mythische Geschichte die Verwandlung der meisten Dome (allen voran des Kölner) in Moscheen im künftigen Deutschland ergibt. Gegen diesen »Alptraum« kann der rettende »Traum« kein mythisches Gegengewicht mehr bilden: Denormalisierungs-GAU – Deutschland schafft sich ab.

4. Ein exemplarischer Fall: die mediale mythische Geschichte der Krise von 2007 ff.

Für alle typischen Mechanismen und Prozesse von Denormalisierung (Verlust von Normalität) und Normalisierung (Rückkehr zur Normalität) lieferte die Krise von 2007 ff. vielfältiges Material. Das beginnt – wie es schon die Belege von Steinbrück, Bini Smaghi und Ulrich in der Einleitung zeigten – mit der häufigen Kennzeichnung von Krisenphänomenen mittels des Normalitätsbegriffs durch die Akteure oder mediopolitischen Kommentatoren der Krise selber. Symptomatisch waren vor allem die Titel von Artikeln und Kommentaren der Printmedien. Dafür einige Beispiele: »Finanzmärkte funktionieren besser, aber nicht normal« (Artikel ctg. *FAZ* 14.5.2008), »Normalisierung am Kreditmarkt ist nicht in Sicht« (Artikel sfu. *FAZ* 21.6.2008), »Normalität statt Krise« (Kommentar Rüdiger Kohn *FAZ* 2.10.2008), »Zurück zur Normalität« (Artikel Eckhard Brockhoff *FAZ* 23.1.2009), »Zurück zur Normalität« (Kommentar Jürgen Dunsch *FAZ* 12.2.2009), »Anzeichen für eine Normalisierung« (Kommentar Frank Pörschke *FAZ* 3.4.2009), »Noch weit entfernt vom Normalzustand« (Artikel Christoph M. Schmidt *WAZ* 27.7.2009), »Der schwierige Weg zur Normalität« (Artikel Stefan Ruhrkamp *FAZ* 5.8.2009), »Normalisierung der Geldpolitik« (Kommentar Michael Heise *FAZ* 16.11.2009), »Kapitalmarktnormalität« (Kommentar Hanno Mußler *FAZ* 21.11.2009), »Ein Stück Normalität« (Kommentar Bettina Schulz *FAZ* 2.2.2010), »Ringen um eine Normalisierung«. (Artikel Patrick Welter *FAZ* 23.5.2011).

Ergänzend noch einige ausführlicher zitierte Beispiele:

– für Denormalisierung:

> Gorillas Spiel. Warum finden die Finanzmärkte – trotz billionenschwerer staatlicher Schutzschirme – nicht zurück zur Normalität? Weil die Pleite der New Yorker Bank Lehman Brothers das Vertrauen zwischen den Banken ruiniert hat und die Welt kollabieren ließ. Die Geschichte eines Jahrhundertfehlers. (*Spiegel*-Aufmacher 9.3.2009, S. 40; »Gorilla« war der Spitzname von Lehman-CEO Richard Fuld)

– und für Normalisierung:

> Normalisierung. (Kommentar Patrick Welter *FAZ* 2.6.2010) Als erste der Notenbanken der Siebenergruppe (G 7) hat die Bank von Kanada den Leitzins jetzt nach der Finanzkrise angehoben. Die vorsichtige Erhöhung des Zinssatzes von 0,25 auf 0,5 Prozent wird man nicht als Straffung der Geldpolitik bezeichnen wollen. Die Kürzung der Überschussreserven der

Geschäftsbanken auf Normalmaß ist ein untrügliches Zeichen, dass die Bank von Kanada eine Normalisierung der Geldpolitik anstrebt. […] Zwar ist der Inflationsausblick nicht dramatisch. Dennoch ist es geboten, die Banken von dem Notstandszins zu entwöhnen, um künftigen Blasenbildungen vorzubeugen. […]

Die Fed skizziert Wege zur geldpolitischen Normalisierung. (Artikel von pwe. *FAZ* 20.5.2011) […] Die Fed steht bei der geldpolitischen Straffung, die irgendwann kommen wird, vor der Schwierigkeit, dass sie in den Krisenjahren ein Wertpapierportfolio von rund 2,5 Billionen Dollar angehäuft hat. Damit der Zinssatz wieder die Hauptrolle in der Geldpolitik spielen kann, muss die Bilanz wieder auf ein Normalmaß zurückgeführt werden. Nach der groben Blaupause wird die Zentralbank zuerst aufhören, Erträge aus den Hypothekenpapieren und später auch aus Staatsanleihen wieder in Staatsanleihen zu investieren. […] Irgendwann würde die Fed dann den Leitzins anheben und später mit dem zeitlich über Jahre gestreckten Verkauf von Hypothekenpapieren beginnen. […]

Ein knappes Jahr später kennzeichnete Markus Frühauf (*FAZ* 1.3.2012) die Situation mit der paradoxen Überschrift: »Die Krise als Normalzustand«.

Bereits diese banalen Belege zeigen in ihrer Masse nicht nur die unverzichtbare Funktion des normalistischen Komplexes in der Krise – sie zeigen auch dessen durchaus ambivalente Rolle bei deren »Therapie«. Zum Wortfeld der Normalität gehören nicht bloß Begriffe wie »Normalzustand«, »Normalmaß« und »Normalisierung«, sondern auch »Notstand«, »Blasenbildung«, und »Kollaps« – ebenso »Flexibilität« (s. dazu das nächste Kapitel). Schon diese stichprobenartigen Belege im mediopolitischen Bereden der Krise mittels des normalistischen Komplexes sind zweischneidig: Verfolgt man dieses Bereden über die Jahre der Krise, so erweist sich nicht bloß die extreme Unklarheit des Normalitätsbegriffs in den Medien, sondern insbesondere seine prognostische Unschärfe. Wie man sieht, wurde schon vor dem ersten vorläufigen Tiefpunkt der Krise im Winter 2008/2009 und seitdem in regelmäßigen Abständen die »Normalisierung« angekündigt oder als bereits eingetreten verkündigt. Je öfter sich aber dieses »Evangelium« (»frohe Botschaft«,

»good news«) als voreilig erweist, umso stärker wächst das Risiko des Misstrauens nicht bloß in Finanzprodukte, sondern auch in deren sprachliche Mantelung und so insgesamt in die Normalität. Es zeigt sich, dass diese mediopolitische Redeweise großenteils nicht bloß objektive Beschreibung, sondern aktive Beeinflussung, ja vielleicht »Gehirnwäsche« in sich schließt.

Dies gilt in noch höherem Maße für die symbolische Mantelung des normalistischen Komplexes, wie sie im Abschnitt über die Kurvenlandschaft dargestellt wurde. Auch diese Mantelung und diese Kurvenlandschaft lassen sich am Beispiel der Krise beispielhaft konkretisieren. Im wesentlichen bestand und besteht der symbolische Mantel der Krise in einer großen surrealistischen Montage aus (Banken-)Türmen, Rettungsschirmen, (Hilfs- und Spar-)Paketen, Blasen, Körpern mit und ohne Gleichgewicht, Fluten (Tsunamis), epidemischen Ansteckungen sowie Atomkraftwerken mit Kettenreaktionen und Kernschmelzen. Der Surrealismus dieser Bilder und Symbole der Krise kommt erst in einer solchen verfremdenden Zusammenstellung heraus (seit 2011 kam noch die »Hebelung der Schirme« und ein »Aufschwung« kriegerischer Symbole hinzu: mit »Granatwerfern« und »Dicken Berthas« sollte die Krise nun bekämpft werden). In der alltäglichen Redeweise von Medien und Politik erscheinen diese Symbole dagegen als durchaus normal – eben weil sie normalistisch sind. Es handelt sich – wie bereits gezeigt – um verschiedene Typen von groben populären Strukturanalogien und Modellen, die vereinfacht als »Kollektivsymbole« bezeichnet werden können (s. o. Abschnitt III.9.). Solche kollektiv verständlichen Sinnbilder bestehen tatsächlich oder potentiell sowohl aus wirklichen Bildern (etwa Fotos, Spots oder Karikaturen) wie aus Sprache, sind also multimedial und dadurch leicht eingängig.

Das Fernsehen ist als Medium durchgängig auf Bebilderung im wörtlichen Sinne angewiesen. So sahen und sehen wir seit Beginn der Krise (in Deutschland) vor allem die Silhouette der Bankentürme des Frankfurter Westends, kombiniert mit der Kurve des DAX und freudigen oder depressiven Gesichtern von Aktienhändlern. Dazu wird etwa ein gewitterdrohender Himmel über den Türmen und/oder eine schiefe Perspektive einzelner Türme ausgewählt. Ist nun in begleitenden sprachlichen Kommentaren von »Rettungsschirmen« oder »Schieflagen« die Rede, so können wir uns in der Fantasie solche Schirme zwischen Gewitterwolke und Türmen bzw.

ein bedrohtes Gleichgewicht bei den schief gesehenen Türmen vorstellen. Gleichzeitig wissen wir aber, dass diese Bilder bloße Analogie-Modelle einer aktuellen normalistischen Lage sind: Gewitterwolke über dem Westend bedeutet Denormalisierung unseres Finanzsystems – Rettungsschirme bedeuten den Versuch des Staates, eine Denormalisierung zu verhindern bzw. einen Schritt in Richtung Normalisierung zu gehen – eine Bodenbildung bedeutet eine eventuell dadurch erreichte Stabilisierung eines Tiefpunkts als Anfang einer Normalisierung. Man kann das schematisch darstellen:

Bild	Sinn
Turm	Stabilität/Normalität des Finanzsystems
drohender Himmel	Destabilisierung/Denormalisierung des Finanzsystems
schiefer Turm	Schieflage des Finanzsystems
Boden	letzte Stabilität
Rettungsschirm	Staatsgelder gegen Denormalisierung bzw. für Normalisierung des Finanzsystems
Sparpakete	Sozialkürzungen zur Gegenfinanzierung der Rettungsschirme

Dieses gitterartige Modell wird in den Köpfen des Kollektivs der Fernsehzuschauer sozusagen gespeichert, und sie haben es dann »auf dem Schirm«. Wenn nun die Akropolis unter dunklen Wolken oder wenn der Turm von Pisa gezeigt wird, wissen sie sofort, dass die Krise nun Griechenland oder Italien erreicht hat. Die spanische Bankenkrise vom Sommer 2012 besaß mit der bereits modern-schiefen Architektur der Bankia-Türme ein geradezu emblematisches Symbol. Es entsteht so ganz spontan – entlang der jeweils in einen symbolischen Mantel verpackten Ereignisse – eine mythische Geschichte der Krise, wodurch die Fernsehzuschauer und Zeitungsleser jeweils grob über deren jeweiligen Entwicklungsstand, ihren Grad an Denormalisierung oder Normalisierung, informiert werden. Im Unterschied zu bloßen statistischen Daten wirkt die symbolische Mantelung und wirkt die entsprechende mythische Geschichte aber intensiv auf die Subjekte, die sich unbewusst mit allen Symbolen der Normalisierung identifizieren und sich umgekehrt mit allen Symbolen der Denormalisierung gegen-identifizieren. Sie werden also stets auf Seiten der »Feuerwehr« und der »Rettungsschirme« stehen, auch wenn das faktisch eine Entwertung ihrer Sparkonten (durch Zinsen nahe Null) bedeutet.

Dabei wirkt das Fernsehen im Medienverbund mit den Printmedien, die neben Bildern (Fotos, Karikaturen) stärker die Sprache einsetzen, mittels der Sprachbilder aber zugleich wieder die bildliche Fantasie anregen. Das wichtigste Kollektivsymbol aller Kulturen ist der menschliche Körper, mit dem eine Gegen-Identifikation unmöglich ist:

> Das Finanzsystem lässt sich derzeit mit einem menschlichen Körper vergleichen, in dem alle Organe das Blut, das sie gerade angesammelt haben, bei sich behalten und nur noch ganz wenig davon in den Kreislauf geben. Da kann das Herz – also die Notenbanken mit ihren kurzfristigen Finanzspritzen – so viel pumpen, wie es will, solange die verkrampften Muskeln nicht gelockert werden und das Blut wieder fließen darf, droht das ganze System früher oder später auszutrocknen. (Holger Paul, *FAZ* 6.10.2008, S. 11).

Also:

Bild	Sinn
Körper	Finanzsystem
Blut	Geld
Organe	Banken
Muskelkrampf	Kreditsperre

Herz	Notenbank
Herzschlag	Kredite Notenbank
Kollaps	Zusammenbruch Finanzsystem

Wenn nun in der Krise das Finanzsystem abwechselnd als Gebäude (Turm usw.) und als Körper dargestellt wird, so entsteht im Kopf des Kollektivs (weitgehend unbewusst) die surrealistische Vorstellung eines Gebäude-Körpers bzw. eines Körper-Gebäudes, dessen Gleichgewicht-Kreislauf vom Umfallen und dessen Stabilität-Herzschlag vom Kollaps bedroht ist. Immer ist die entscheidende Botschaft dabei: Denormalisierung oder Normalisierung. Je mehr Kollektivsymbole sich auf diese Weise miteinander verflechten, umso massiver lautet die Botschaft: Egal was sonst alles passiert – zuerst muss jetzt die Normalisierung erreicht werden. Besonders verstärkt wird diese Botschaft durch die Kollektivsymbole der Flut (Tsunami), der Epidemie (Ansteckung, auch analog mit Dominoeffekt) und des atomaren Unfalls (Kettenreaktion, Kernschmelze). Ambivalenzen bleiben medial latent, bilden folglich »Komplexe« im Unbewussten: So sind »Fluten« gefährlich, wenn sie »Schirme« bedrohen – positiv und rettend aber, wenn Banken und Märkte »geflutet« werden müssen (»Liquidität« ist wörtlich »Flüssigkeit«).

Treten nun während der Krise reale Ereignisse wie die Ehec-Epidemie oder die Kernschmelze von Fukushima ein (beide im Jahre 2011), so werden diese Kollektivsymbole zusätzlich affektiv akzentuiert, bis hin zu regelrecht »mythischen« Verstärkungen:

> Die Krise hat noch weit größere Dimensionen als jene, die dem Anschlag auf die Zwillingstürme und ihrem Einsturz vor sieben Jahren folgte. Denn der Angriff auf uramerikanische Glaubenssätze ist dieses Mal nicht das Werk äußerer Feinde. Er kommt von innen, aus den Tiefen des Systems. Der amerikanische Kapitalismus brachte, weitgehend unbedrängt von staatlicher Kontrolle, seine eigenen Selbstmordattentäter hervor, deren Sprengsätze, die Derivate, selbst noch die Wirkung der fliegenden Bomben der Dschihadisten übertreffen. Nicht nur New York, die ganze Welt hat einen neuen ›Ground zero‹: Wall Street. (Berthold Kohler, *FAZ* 26.9.2008).

Diese Mythisierung der Krise als »Nine Eleven der Finanzmärkte« war weit verbreitet – Nine Eleven ereignete sich zwar nicht während, aber kurz vor der Krise, also in ihrem aktualgeschichtlichen Horizont, so dass die Analogie nahelag. Der symbolische Kollaps der Bankentürme hatte sich hier tatsächlich ereignet, ebenso wie die »Bodenbildung« auf der untersten Stufe: »Ground Zero«.

Je ernster der Verlauf der Krise, umso mehr gehen ihre mythischen Geschichten in den apokalyptischen Komplex über. So titelte CNN nach dem Lehman-Crash: »Armageddon was averted« – nach der mythischen letzten Schlacht am Ende der Welt gegen den Antichrist aus der Offenbarung (Apokalypsis) des Johannes. Judentum, Christentum und Islam besitzen jeweils Apokalypsen, d. h. Geschichten vom Ende der Welt. Typische Szenarien sind Erdbeben, Vulkanausbrüche und Feuersbrünste sowie sintflutartige Überschwemmungen, in deren Verlauf die ganze Erde und die ganze Menschheit bis auf die jeweils wenigen Rechtgläubigen untergehen. Solche Szenarien werden ganz ähnlich in den großen Hollywood-Disaster-Movies (wie *Independence Day, Titanic*) ins Bild gesetzt. Sie dienen dann auch als symbolische Mantelungen in besonders dramatischen Phasen der Krise: Sie symbolisieren so etwas wie eine »totale und unumkehrbare Denormalisierung«, also das »definitive Ende der Normalität«. Ein solches unwiderrufliches Ende der Normalität ist jedoch in der normalistischen Redeweise unvorstellbar und undenkbar, wie auch das Buch von Steingart mit seinem optimistischen Ausblick auf ein »new normal« zeigt, das sein Autor bloß nicht so nennen möchte.

Die Leistung der apokalyptischen Symbolisierung für eine Normalisierung der Krise besteht also paradoxerweise gerade darin, die definitive Denormalisierung dadurch in der Undenkbarkeit zu erhalten, dass sie in mythisch extrem übertriebener Form symbolisiert wird. Diese Leistung ist das Ergebnis von vier Teilfunktionen: 1) Die erste Funktion der apokalyptischen Symbole und Mythen ist eine der dramatischen »Frühwarnung«. Die Apokalypse schlägt Alarm über eine drohende, außerordentlich schlimme Denormalisierung und verbindet damit den Appell, alles für sofortige Normalisierung zu tun. Alles wiederum schließt auch notständische Normalisierungsmaßnahmen ein wie Ermächtigungsgesetze, Notverordnungen und unter Umständen Notstandsregierungen einschließlich der Aufhebung der Souveränität ganzer Länder durch internationale Gouverneure (Fall Griechenland 2012). 2) Eine zweite Funktion der Apokalypse besteht darin, die Notstandsmaßnahmen als alternativlos erscheinen zu lassen (nach der Devise »TINA« = »There Is No Alternative«). Da andernfalls die Apokalypse, also das Ende der Welt, droht, »kommen wir nicht drumrum«, die Notstände und Ermächtigungsgesetze zu schlucken: »Da müssen wir jetzt eben durch«. Diese Funktion erzielt also eine vollständige Passivierung ihres Publikums, d. h. der Bevölkerungsmehrheit – sie gibt den Notstandspolitikern freie Hand. 3) Die dritte Funktion ist Enthistorisierung: Die Apokalypse der Religionen ist zwar das letzte Ereignis der Weltgeschichte – als letztes ist es aber eigentlich das erste einer nicht mehr weltlichen, sondern rein himmlischen Begebenheit und fällt damit aus der Geschichte heraus. Da es demnach schlechthin unvorstellbar ist, macht es als Symbol von Denormalisierung eben diese unvorstellbar. 4) Damit wiederum verstopft die apokalyptische Symbolik der Krise sämtliche Denkanstrengungen in Richtung »transnormalistischer« Alternativen (im Anschluss an Ernst Bloch zuweilen auch als »konkrete Utopien« bezeichnet; s. u. dazu den letzten Abschnitt X.3.). Da die Apokalypse alles Transnormalistische buchstäblich in den »Himmel« rückt, entzieht sie es der Erde und der Realpolitik: Für einen Mega-Plan B im Fall eines mittelfristig unumkehrbaren Prozesses wachsender Denormalisierung (»depressive Abwärtsspirale«) stellt der Normalismus nicht bloß keine intellektuellen Ressourcen zur Verfügung – er behindert sie vielmehr und macht sie (im doppelten Sinne) unmöglich.

Resümierend lässt sich sagen, dass die apokalyptische Symbolik der Krise jede (womöglich unumkehrbare) Diskontinuität in der normalistischen Kurvenlandschaft unsichtbar und undenkbar macht. Der Normalismus lässt nur zwei Arten von Diskontinuität zu: solche, die kontinuierbar sind (z. B. durch eine V-Formation) – und apokalyptische, die auf dieser Welt nicht vorkommen. Wie es der frühere Sponti und spätere Trendforscher Matthias Horx tröstlich zu Protokoll gab: »Die Welt geht einfach nicht unter« (*WAZ* 10.6.2009).

V. Zwei idealtypische Spielarten des Normalismus: Protonormalismus und flexibler Normalismus

1. Das normalistische Kontinuitätsprinzip erlaubt zwei Strategien

Im Kapitel III wurde dargelegt, dass die beiden normalistischen Basiskurven (Normalverteilung und Normalwachstum) – so wie auch alle mit ihnen verwandten Kurven – mathematisch gesehen stetig sind. Daraus folgte das normalistische Kontinuitätsprinzip: Es gibt keine Brüche, Einschnitte oder Zäsuren (Diskontinuitäten) in den normalistischen Verteilungen und Prozessen. Zu jedem Punkt auf den Kurven gibt es zwei kontinuierlich benachbarte Punkte. Am Beispiel der (symbolisch angenäherten) Normalverteilung des Lebensstandards: Jedes Individuum grenzt mit seinem (monetär etwa in Einkommen gemessenen) Lebensstandard direkt an zwei Individuen, die ein wenig höher oder ein wenig niedriger platziert sind. Subjektiv gewendet heißt das, dass jedes Individuum solche angrenzenden Individuen kennen wird, was ihm das normalistische Basisgefühl des »Geschütztseins« (der Ver-sicherung) verleiht – eben das subjektive Gefühl der Sicherheit in der Normalität. Die embryoähnliche Sicherheit des Durchschnitts im Glockenbauch der Normalverteilung kehrt sozusagen hologrammatisch bei jedem Atom zwischen Nachbaratomen wieder.

Dennoch war ebenfalls festzustellen, dass es sehr wohl Normalitätsgrenzen gibt, die das Ende des Normalspektrums und den Beginn einer Zone von Anormalität markieren. Beim Lebensstandard wäre die sogenannte Armutsgrenze eine solche Normalitätsgrenze. Bei der IQ-»Intelligenz« unter 80 Punkten die »Grenze zum Schwachsinn« (nach Terman, übernommen von Sarrazins Gewährsmann Rost, S. 192 f., s. auch Fußn. 29 zu Rost). Der Streit um die Frage, wo die Armutsgrenze oder die der »geistigen Behinderung« zu platzieren ist, beruht eben auf dem Kontinuitätsprinzip: Es gibt kein mathematisches bzw. naturwissenschaftliches Kriterium für eine solche Grenze. Alle Normalitätsgrenzen sind, wie zu zeigen war, demnach auf dem Kontinuum aufgrund im weitesten Sinne kultureller Kriterien zu markieren. Eine Reihe von Beispielen dafür wurden bereits diskutiert: So vor allem normative Kriterien wie die Legalität im Fall der Kopplung zwischen Anormalität und Kriminalität. Ebenso medizinische Kriterien etwa beim Blutdruck, beim Übergewicht oder beim Stress.

Aufgrund des normalistischen Kontinuitätsprinzips, das einen stetigen und graduellen Übergang zwischen normalen und anormalen Sektoren in einem bestimmten Normalfeld postuliert, lassen sich nun rein theoretisch zwei idealtypische, polar entgegengesetzte Strategien zur Festlegung der Normalitätsgrenze vorstellen:

Die erste Möglichkeit besteht darin, dass das Normalspektrum möglichst eng gefasst (kontrahiert) und durch symbolisch wie auch praktisch robuste Normalitätsgrenzen geschützt wird. Je schmaler das Normalspektrum, je enger um die »Mitte« der Durchschnitte herum es gelagert ist (je geringer die Standardabweichung), umso breiter die Zonen der Anormalität, also das Anormalspektrum (Abb. 15). Da diese Strategie faktisch die ersten eineinhalb Jahrhunderte des Normalismus dominiert hat, sei sie als »protonormalistisch« bezeichnet (was ihre Fortdauer oder auch Wiederkehr keineswegs ausschließt). Die symbolische Beschwerung der Normalitätsgrenzen erfolgt dabei im allgemeinen durch Kopplung mit vornormalistischen Ideologien wie etwa solchen der »Naturgesetzlichkeit«, darunter auch mit biologistischen Ideologien (Fall Sarrazin). Die kulturelle Beschwerung der Normalitätsgrenzen geschieht vor allem durch Kopplung mit dem juristischen Normativismus oder mit im weitesten Sinne medizinischen Indikationen. In beiden Fällen wird die Normalitätsgrenze nicht nur symbolisch, sondern auch materiell durch Mauern (von Gefängnissen und Anstalten, schließlich Lagern und KZs) markiert. Bei der Kopplung mit dem juristischen Normativismus wird die Anormalität automatisch mit der Kriminalität begründet. Typisch dafür war im 19. Jahrhundert die Theorie vom »geborenen Verbrecher«, dessen als unumkehrbar betrachtete Kriminalität auf eine anormale Erbanlage zurückgeführt wurde. Bei der Kopplung mit medizinischen Indikationen entscheidet die Diagnose körperlicher, seelischer oder geistiger »Abweichung« über die Separation (Trennung von der normalen Bevölkerung) und die Internierung in einer Anstalt. In beiden Fällen bilden die Mauern eine deutlich sichtbare Normalitätsgrenze. Diese massiv materielle Normalitätsgrenze schreckt nach außen hin (in Richtung der normalen Bevölkerung) dramatisch ab. Nach innen »stigmati-

Das normalistische Kontinuitätsprinzip erlaubt zwei Strategien 107

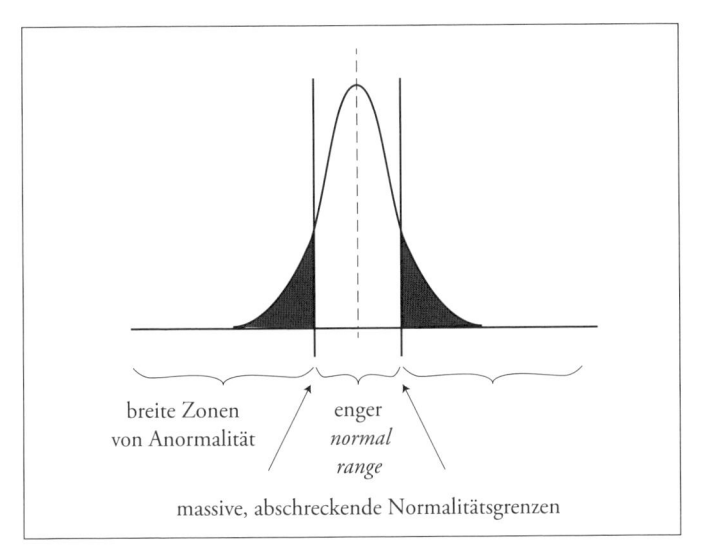

```
breite Zonen        enger
von Anormalität     normal
                    range
        massive, abschreckende Normalitätsgrenzen
```

Abb. 15: Protonormalistische Diskursstrategie

siert« sie. Obwohl also auch hier immer gilt, dass zwischen dem höchstplatzierten Individuum innerhalb der Mauer und dem am niedrigsten platzierten außerhalb Kontinuität besteht, schaffen die protonormalistischen Apparate eine scharfe symbolische Zäsur, einen dramatisch sichtbaren Schnitt. Kulturell werden dadurch zwei scheinbar klar getrennte Teil-Bevölkerungen geschaffen. Da die »Anormalen« die Grenze wegen ihrer Massivität nicht überschreiten, sich also nicht normalisieren können, wird das Stigma zu ihrer »Identität«. Jedes protonormalistisch als »anormal« konstituierte Individuum wird als wesenhaft anormal fabriziert – es bleibt sein Leben lang stets »anormal«. Das protonormalistische »anormale Kügelchen« ist in einem Block fixiert, aus dem es kein Hinauskommen gibt. Die »Anormalen« erscheinen nun also kulturell als eine ganz andere Sorte Mensch als die »Normalen«, und zwar als potentiell »gefährlich« – wegen der dennoch zugrunde liegenden normalistischen Kontinuität wächst die Denormalisierungsangst der »Normalen« im Protonormalismus in durchaus »pathologische« Dimensionen: Die »Normalen« fürchten eine Art »Ansteckung« durch die »Anormalen«.

Rein theoretisch lässt das Stetigkeits- und Kontinuitätsprinzip aber von Anfang an auch eine genau entgegengesetzte Strategie zu:

② Wenn der Übergang zwischen Normalität und Anormalität kontinuierlich, stetig, graduell und fließend ist, dann könnten die Normalitätsgrenzen auch möglichst weit »außen« von der »Mitte« gelegt werden, wodurch das Normalspektrum maximal verbreitert würde (Expansion). Große Teile der protonormalistischen »Anormalitäten« lassen sich auf diese Weise voll in die Normalität integrieren, und weitere Teile können in breiten Übergangszonen ebenfalls symbolisch inkludiert werden. Gleichzeitig zielt diese Strategie darauf ab, den abschreckenden Charakter der Normalitätsgrenzen möglichst zu verringern. Das geschieht durch Taktiken wie offenen Vollzug, Freigang, Integration und Inklusion von Behinderten ins Schulsystem, von Einwanderern in die traditionelle Bevölkerung, bei geschlechtlich polarisierten Lagen durch gender mainstreaming von Frauen. Diese zweite mögliche normalistische Strategie sei flexibel-normalistisch genannt (Abb. 16). Sie hat in den meisten westlichen Gesellschaften seit dem Zweiten Weltkrieg schrittweise und bis auf weiteres die kulturelle Hegemonie errungen. Leitende kulturelle Vorstellungen des flexiblen Normalismus sind die Annahme relativ hoher kultureller Plastizität, also die Ablehnung von Biologismen. Dementsprechend wird die Lernfähigkeit der Individuen hoch eingeschätzt, ebenso ihre Integrations- und Inklusionsfähigkeit, einschließlich ihrer Resozialisierungsfähigkeit nach normativen Sanktionen. Damit aber ist die flexibel-normalistische Konstituierung eines Individuums als »anormal« kein lebenslang fixes Stigma, sondern prinzipiell reversibel: Das flexible »Kügelchen« kann die Normalitätsgrenze überschreiten, es kann normalisiert werden.

Protonormalismus	flexibler Normalismus
enges Normalspektrum	breites Normalspektrum
Kontraktion der Normalität	Expansion der Normalität
massive, abschreckende Normalitätsgrenze	poröse Normalitätsgrenze
Sonderterritorien mit Mauern	kontinuierliches Territorium
breites Anormalspektrum	möglichst schmales Anormalspektrum

Das normalistische Kontinuitätsprinzip erlaubt zwei Strategien 109

Inklusion,
Integration früherer
»Anormalitäten«

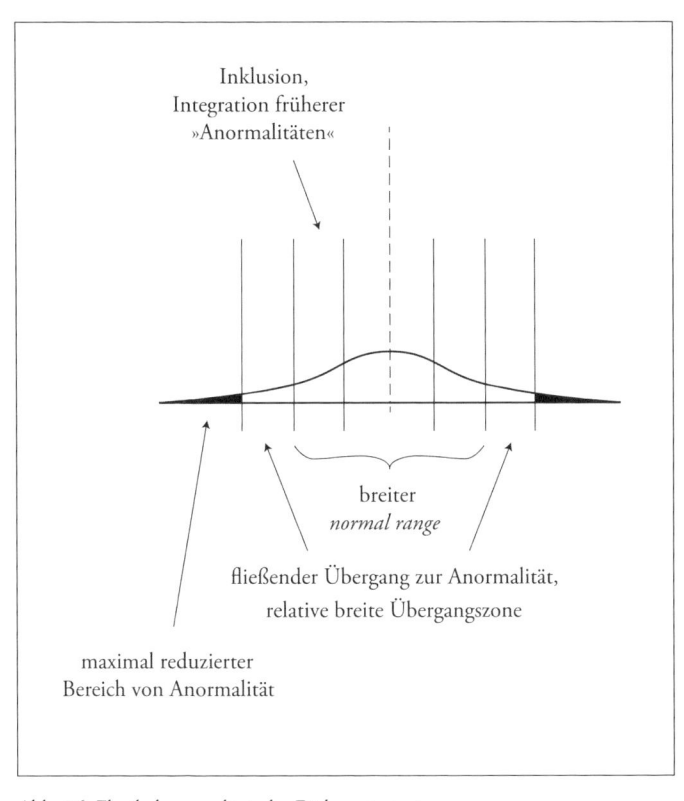

breiter
normal range

fließender Übergang zur Anormalität,
relative breite Übergangszone

maximal reduzierter
Bereich von Anormalität

Abb. 16: Flexibel-normalistische Diskursstrategie

Stigmatisierung und Separation aller »Anormalen«	Integration und Inklusion möglichst vieler früherer »Anormaler«
»wesenhaft Anormale«	reversible »Anormalität«
autoritärer Charakter	flexibel-hedonistischer Charakter
»Fassaden-Normalität«	»Authentizität«
»Anormalität machen, Normalität (zu)lassen«	»Normalität machen, Anormalität (zu)lassen«

Im Rückblick auf die in der Einleitung dargestellten Bücher von Kaube, Ridderstråle/Nordström und Schulze zeigt sich nun, dass die dort beschriebenen Phänomene (»Otto Normalabweicher«) typische Begleiterscheinungen des flexiblen Normalismus sind.

Im zeitlichen Verlauf lässt der flexible Normalismus einen breiteren Korridor für das Normalwachstum zu, das heißt stärkere Kurvenausschläge in beiden Richtungen (nach oben wie nach unten) gegenüber dem jeweiligen langfristig durchschnittlichen Wachstumspfad. Es werden also höhere Risiken von »Blasen« und von (kurzen) Crashs in Kauf genommen. In der Krise von 2007 ff. erwies sich, dass solche breiten, flexiblen Korridore stets die Gefahr eines lang andauernden »Absturzes« (also einer Diskontinuität, einer »Depression«) implizieren, der man flexibel-normalistisch durch monetäre »Flutung« entgegenwirkte, wodurch vor allem die Aktienkurse rasch mittels V-Formation normalisiert werden sollten (was bis 2012 jeweils nur vorübergehend gelang).

2. Der Protonormalismus und das Problem der Fassaden-Normalität

Beide normalistischen Strategien bringen je spezifische Risiken der Denormalisierung mit sich. Die typischen Risiken des Protonormalismus hängen sämtlich mit der zu »engen« Platzierung und der zu »robusten« Gestalt seiner Normalitätsgrenzen zusammen. Wenn das Normalspektrum zu »schmal« angesetzt ist, ist das Anormalspektrum entsprechend zu »breit«. Konkret heißt das, dass z. B. im sexuellen Normalfeld Verhütung, Oral- und Analsex, Masturbation, Homosexualität, SM-Rituale und »eigentlich« sogar vorehelicher Verkehr, Ehebruch und Prostitution als »anormal« ausgeschlossen (exkludiert) sein sollen. Bereits intuitiv war jederzeit evident, dass damit statistisch sehr viel größere Anteile der Bevölkerung als etwa 5 Prozent außerhalb des Normalspektrums platziert wurden. Im Normalfeld der IQ-»Intelligenz« ging es darum, wo die Normalitätsgrenze gegenüber »(seelisch und geistig) Minderwertigen« anzusetzen sei. Noch bei Sarrazins Autorität Rost soll diese Grenze bei 80 liegen (»sehr niedrig«, *Deutschland*, S. 153), womit 7 Prozent der Bevölkerung als kognitiv anormal ausgeschlossen sind.

Aus normalistischer Sicht folgten aus der Enge und der Härte der protonormalistischen Normalitätsgrenze zwei Risiken: Zum einen massenhaftes Doppelleben in einer »Fassaden-Normalität« – zum anderen ein massenhafter kulturrevolutionärer Bruch der Grenze, wie im Zusammenhang mit dem Ereignis 1968. Es wäre eine eigene Überlegung wert zu prüfen, ob und ggf. wie die Aufdeckung massenhafter Fassaden-Normalität hinter den Mauern der katholischen Anstalten (sexueller Missbrauch) während der Krise von 2007 ff. von dieser Krise begünstigt wurde – hypothetisch als präventive Gegenbewegung gegen eine befürchtete Wiederbelebung des Protonormalismus.

3. Der flexible Normalismus, die Instabilität und Ambivalenz flexibler Normalitätsgrenzen und das Problem einer absoluten Normalitätsgrenze

Im einleitenden Abschnitt dieses Kapitels wurde der Idealtyp des flexiblen Normalismus durch die Strategie gekennzeichnet, das Normalspektrum maximal auszudehnen und das Anormalspektrum entsprechend zu verkürzen. Für die Normalitätsgrenzen bedeutet das ihre Hinausschiebung auf der Kurve der Normalverteilung, »soweit es eben geht«. Praktisch bedeutet das die Inklusion und Integration von Teilpopulationen, die im Protonormalismus als »anormal« stigmatisiert sind, wie etwa sexuelle Minderheiten, Behinderte, »rassische« (heute: »ethnische«) Minderheiten, chronisch Arme.

Gleichzeitig mit dieser Verbreiterung des Normalspektrums durch Verschiebung der Normalitätsgrenzen ändert sich auch die Struktur und Funktion dieser Grenzen selber. Wenn die Funktion der protonormalistischen Grenze darin besteht, maximal abzuschrecken und zu »stigmatisieren«, woraus sich real und/oder symbolisch ihre bedrohliche Massivität erklärt, dann sollte die flexible Normalitätsgrenze nach Möglichkeit ohne eine solche Stigmatisierungsfabrik auskommen. Das bedeutet, dass sie nicht nur weiter entfernt von der Mitte zu situieren ist, sondern dass sie auch als Grenze weniger unwiderruflich, also durchlässiger und »breiter« aufzufassen ist. Statt einer scharfen und schottenartigen Mauer gleicht die flexible Normalitätsgrenze eher einem Sieb aus mehreren Filtern oder einem Übergangspfad mit mehreren Schwellen. Typisch dafür sind Sclektionsverfahren nach Punkteskalen wie bei Graden von Behinderung oder bei der verpunktet-selektiven Zulassung von Einwanderern.

Strukturell betont die flexible Normalitätsgrenze also die normalistische Kontinuität selbst ihrer Grenzen. Daraus ergibt sich über das Risiko der Instabilität hinaus eine Ambivalenz, die sich grundsätzlich vom Protonormalismus unterscheidet – die flexible Normalitätsgrenze gewinnt eine heimliche Attraktivität.

Bei der oberen Normalitätsgrenze lag das schon immer auf der Hand: Ihre Überschreitung in einer Reihe von Normalfeldern wie Einkommen, »Leistung«, »Intelligenz« bedeutet ja möglicherweise einen pionierartigen Vorstoß in eine Zone der »Avantgarde des Fortschritts«. Dass diese Attraktivität allerdings nicht ohne Ambivalenz ist, zeigte sich beim Risiko des »Durchdrehens« und des drohenden Absturzes ins untere Anormalitätsspektrum (Thema »Genie und Wahnsinn«, weniger extrem »Burnout«). Diese Ambivalenz wird durch den flexiblen Normalismus gesteigert, der die Normalitätsgrenzen hinausschiebt und flexibilisiert. Während die protonormalistischen Supernormalen als seltene Ausnahmen betrachtet werden, als eine Art Wunder der Natur und gleichzeitig stets tragisch gefährdete Heroen, die wie durch eine symbolische Mauer von den Normalen getrennt sind, übt die flexible Normalitätsgrenze auch auf viele Normale eine Anziehungskraft aus, die immer auch konkurrenzstimuliert ist (»mehr leisten als die anderen«, »überholen«). Diese Attraktion lässt sich exemplarisch im Sport und im Starwesen beobachten – dort zeigen sich auch exemplarisch die Tendenzen, supernormale Leistungen mit psychophysischen Dressurmethoden und dann auch mit psychophysischen Drogen (Doping) zu forcieren. Analoge Prozesse spielen sich auch bei den Versuchen ab, supernormale Intensitäten der Lust oder der Bewusstseinserweiterung zu erreichen (Sex und Drogen). Dieser typisch flexibel-normalistische Kampf um die Überschreitung der oberen Normalitätsgrenzen ist von einem spezifischen »thrill« begleitet, auf den das Kapitel VIII (Flexibler Normalismus und Postmoderne) zurückkommen wird.

==Dennoch aber gilt auch hier: ohne Normalitätsgrenzen kein Normalismus, auch kein flexibler.== Würden die Normalitätsgrenzen ins Unendliche ausgelagert, wie es 1968 die Pariser Mai-Parole »Es ist verboten zu verbieten« zu fordern schien (obwohl sie sich wörtlich auf den Normativismus, nicht auf den Normalismus, bezog), so würde alles normalisiert. Wenn aber alles normal wäre, dann gäbe streng genommen auch die Statistik kein Kriterium mehr ab für verschiedene, messbare Grade von mehr oder weniger Normalität. Wir befänden uns in einer Situation jenseits und außerhalb jedes Normalismus, in einer »transnormalistischen« Situation. In einer solchen Situation müssten andere Kriterien als statistische für den Umgang mit solchen Singularitäten (individuellen Besonderheiten) entwickelt werden, die normalistisch als »extrem anormal« aufgefasst werden. Es wird im Schlussteil auf solche transnormalistischen Vorstellungen zurückzukommen sein. Dazu gehört das Konzept einer »je individuellen Normalität« von Kurt Goldstein und Georges Canguilhem, das etwa auch für extreme Behinderungen postuliert wird – in einer solchen Fassung wird der Normalitätsbegriff von Verdatung und Statistik und damit vom Vergleich im Massenfeld völlig gelöst – er wird folglich antinormalistisch definiert und, vom kulturell bis auf weiteres herrschenden Normalismus aus gesehen, ad absurdum geführt.

Demgegenüber muss auch der flexibelste Normalismus an Verdatung und Statistik, folglich am gradualistischen Vergleich des Einzelfalls im Massenfeld, als entscheidendem Kriterium festhalten. Er muss an Normalitätsgrenzen festhalten, die allerdings so weit entfernt »wie nur irgend möglich« von der Mitte zu situieren sind, woraus sich das Problem ergibt, wo die Grenze zum »extrem Seltenen« platziert werden soll. In der Praxis stellt sich dieses Problem auf exemplarische Weise im Normalfeld der Behinderung. Je normalistischer eine Mentalität, umso mehr wird sie auf Messung dringen und dann ein scheinbar rein mathematisches Kriterium entscheiden lassen wie es IQ und »2 σ« (2 Sigma = zwei Standardabweichungen) sind.

Ein solches Verfahren steht jedoch – bildlich gesprochen – immer noch mit einem Bein im Protonormalismus, was auch für Sarrazin gilt. Entschieden flexibel-normalistisch ist erst die Lösung vom Kriterium 2 σ und die Suche nach einer »absoluten« Normalitätsgrenze. Für eine solche Grenze gilt, dass »schlechthin niemand bezweifeln kann«, dass das entsprechende Phänomen bzw. Verhalten »weit jenseits« jedes noch so weit gedehnten Normalspektrums liegt. Als solche absolute Normalitätsgrenzen gelten je nach Normalfeld höchst spektakuläre und symbolisch aufgeladene Ereignisse, Handlungen und die zugrunde liegenden »Veranlagungen«. Im Normalfeld der Sexualität sind das Vergewaltigung, Kindesmissbrauch und Pädofilie. Die unter Umständen mörderische Gewalttätigkeit gegen Wehrlose ist selbstverständlich auch normativ sanktioniert – die stets aufgeworfene Frage der Zurechnungsfähigkeit und zwanghaften »Veranlagung« (wofür psychiatrische Experten zuständig sind) zeigt jedoch, dass es gleichzeitig und vermutlich vor allem um Anormalität geht. Es ist die Kategorie der »Gefährlichkeit«, die eine extreme Anormalität bezeichnet, in der sich eine Wahrscheinlichkeit von extremen Normverstößen (»Wahnsinnstaten«) verbirgt. Auch der populäre Begriff einer »Wahnsinnstat« signalisiert den normalistischen Kontext.

Das gleiche gilt für andere Normalfelder wie Erlebnisintensität (extrem harte Drogen) oder wie Politik und Religion (»Terror«) – die absolute Normalitätsgrenze kulminiert schließlich im »Amok«, der sich keinem speziellen Normalfeld zuordnen lässt. (Während der Krise stellte der Fall Breivik im Juli 2011 ein Muster von Überschreitung selbst der äußerst denkbaren flexiblen Normalitätsgrenze dar – gleichzeitig dramatisierte er die normalistische Frage nach dem Normalfeld: Ist Breivik politischer Extremist oder ist er Psychopath bzw. Psychotiker?)

Aus dem normalistischen Kontinuitätsprinzip, das auch im flexiblen Normalismus volle Gültigkeit besitzt, ergibt sich ein Paradox: Die absolute Grenze sollte zum einen »weit entfernt« vom Normalspektrum liegen – dennoch löst ihre Überschreitung symptomatischerweise jedesmal sofort eine Debatte über die »abschüssige Bahn« aus, auf der man aus der Normalität schrittweise bis in die extreme Anormalität abrutschen kann. Gab es keine »Frühwarnsignale«? Hatte der spätere Amokläufer bestimmte »Ballerspiele« mit größerem Fanatismus als andere (»Normale«) gespielt? War er in der Schule »leistungsschwach« (also kognitiv »schwach normal«)? War er darüber »pathologisch frustriert« (also »anormal«)? War er »Waffennarr«? War er kommunikativ isoliert (also »anormal«)? War er sexuell verklemmt (also »anormal«)? War er sonst irgendwie »auffällig geworden« (also »anormal«)? Solche Fragen spiegeln in ihrer häufigen Rat- und Sinnlosigkeit die Denormalisierungsangst der Fragesteller, die sich aus dem normalistischen Kontinuitätsprinzip ergibt: Selbst der Amoklauf liegt auf dem normalistischen Kontinuum.

Aus dem Gradualismus des normalistischen Kontinuums erklärt sich schließlich auch, dass jedes Ereignis der Überschreitung einer absoluten Normalitätsgrenze den Protonormalismus bei seinem ständigen Konflikt mit dem flexiblen Normalismus in eine scheinbar günstige Position versetzt: Wenn es doch »graduelle Vorstufen« für Kindesmissbrauch, Terror und Amok geben muss, dann fordert das Prinzip »Sicherheit zuerst« eben die Platzierung engerer Normalitätsgrenzen.

4. Der Sport als reales Modell einer normalistischen Kultur universeller Verpunktung (Ranking)

Die Weltranglisten individueller oder kollektiver (Mannschaften) Spitzensportler stellen den bekanntesten und populärsten Fall von normalistischer Verpunktung, Konkurrenz und Verstarung dar. Obwohl sie nur das supernormale Segment – das aber umso intensiver – auf die äußeren und inneren Bildschirme der Kultur projizieren, entwerfen sie stets indirekt ein sportliches Ranking der gesamten Population: Nicht nur schließen sich an die Spitzen-Ligen kontinuierlich weitere Ligen bis zu den gänzlich »normalen« Kreisklassen und darüber hinaus zum »Massensport« aller Schulklassen an, aus denen die »Talente gefischt werden« – vor allem erlauben sie den Massen der bloß passiven Zuschauer per Identifikation ebenfalls das imaginäre Mitlaufen im weltweiten Massenmarathon. Wenn also die Spitzenligen mit ihrer Dreiteilung (Champions League, Mittelfeld, Abstiegszone) eine Quasi-Normalverteilung suggerieren, so multipliziert der normale Zuschauer diese Kurve auf die Gesamtpopulation, in deren »Mittelfeld« er sich selber situiert. Diese Quasi-Normalverteilung der gesamten Population ist jedoch kontrafaktisch imaginär, weil die wirkliche Verteilung eher paretoförmig (mit großem Sockel von »Flaschen«) sein dürfte.

Das bleibt im kulturellen Unbewussten, weil der medialisierte Sport in seinen meisten Dimensionen basale Kategorien des Normalismus geradezu modellsymbolisch inszeniert: die Masse, die Atomisierung, die Kontinuität eines Feldes, die Spezialisierung, die Konkurrenz, die »Leistung« und die »Motivation« – und all das strukturiert durch Verpunktung, Verdatung und Ranking. Auch das Normalwachstum ist durch das Spiel der Rekorde sportlich abgebildet: Wenn der einzelne Wettkampf bzw. die einzelne Wettkampfsaison die Quasi-Normalverteilung ritualisiert, symbolisiert das Höherrücken der Rekorde den »Fortschritt« der gesamten Streuung und also das Normalwachstum. (Auch hier dürfte sich aber eine Tendenz zur Abflachung der Kurve erweisen, der mit Doping entgegengewirkt wird.) Wie eng die kulturelle Symbiose zwischen Sport und Normalismus ist, erweist sich nebenbei in den statistischen Spielereien, mit denen die medialen Inszenierungen sportlicher Ereignisse bis zum Überdruss garniert werden.

Wegen der beherrschenden Stellung des Autos in normalistischen Kulturen spielen die Autorennen, allen voran Formel 1, eine besondere symbolische Rolle (Komplexe Einholen und Überholen, Pole-Position usw.). Insgesamt dient der Sport (konkret in verschiedenen Sportarten) als eines der basalen Kollektivsymbole einer normalistischen Kultur. So reproduzieren wichtige kulturelle Institutionen wie die medialisierte Popmusik aufs genaueste die sportlichen Klaviaturen (Ranking in den Charts oder anderen medialen Formaten der »Suche nach Superstars«). Das Internet erlaubt die Universalisierung solcher normalistischen Spiele (Crowdranking). Wie sich zeigen wird, werden die globalen Probleme und Aporien des Normalismus als Kämpfe um »Abstiege« und »Aufstiege« verschiedener Länder aus der oder in die 1., 2. usw. »Liga« beredet. Die BRICS-Länder (Brasilien, Russland, Indien, China, Südafrika) »holen auf«, die Mittelmeerländer sind vom »Abstieg« aus der 1. oder sogar aus der 2. »Liga« bedroht, während Deutschland seit der 3. Phase der Krise (ab 2010) »Rekorde« jeglicher Art »hinlegt«. Begreiflicherweise ist der Sport auch einer der wichtigsten Lieferanten für die Kollektivsymbolik des Normalismus: Ob es um »Steilvorlagen« und »Befreiungsschläge«, um »Selbsttore« oder »gute Aufstellungen« (Fußball) – ob um »Hürden«, »Frühstarts« oder »Endspurts« (Leichtathletik) geht: Sportliche Bilder erklären suggestiv die verschiedensten Bereiche der Kultur. Sie prägen darüber hinaus wichtige kulturelle Rituale wie etwa politische Wahlkämpfe: Es genügt, die Fernsehkommentare der Spitzenpolitiker nach Wahlen zu betrachten, um zu sehen, dass sie einfach die entsprechenden Rituale von Sportlern bzw. Sporttrainern kopieren (»großartiges Team«, »Endspurt etwas zu spät begonnen«, »das Quäntchen Glück gefehlt«, »jetzt die nächste Herausforderung«).

Insbesondere hat sich eine regelrechte kulturelle Symbiose zwischen Sport und flexiblem Normalismus herausgebildet: Neben Film und Popmusik ist der Sport das wichtigste Feld für Prozesse der Verstarung, und die Stars dienen als Vor-Bilder flexibel-normalistischer »Charaktere«: in ihrem hedonistischen und permissiven Lifestyle, besonders auf sexuellem Gebiet, aber auch in ihren kurvenreichen Karrieren, in denen es exemplarisch um Überschreitung von Normalitätsgrenzen mit ihrer ganzen Ambivalenz und ihrem Absturzrisiko geht. Schließlich leistet der Sport einen kaum zu überschätzenden Beitrag zur Reproduktion eines »normalen« Nationalismus: Bis zu den Höhepunkten von Olympiaden und Weltmeisterschaften erscheint die Konkurrenz unter Nationen als Urmodell aller Konkurrenzen und stabilisiert so die Nation als »imaginäre Gemeinschaft« (Benedict Anderson) letzter Instanz. Dabei zeigen gerade große Krisenzeiten wie die seit 2007 das Potential des Nationalismus, als Gegentendenz und Versicherung gegen die verstärkte normalistische Atomisierung zu wirken.

5. Der Konflikt zwischen Protonormalismus und flexiblem Normalismus und seine Spiegelung in der Kollektivsymbolik

Protonormalismus und flexibler Normalismus sind Idealtypen, die in der historischen Realität nur annähernd verwirklicht sind. Nicht nur ist die chronologische Grenze von 1945 als Datum des Wechsels von einer kulturell beherrschenden Stellung des ersten zu der des zweiten eine grobe symbolische Markierung – diese Grenze gilt zudem ausschließlich für den kleinen Teil der Welt, den man den »reichen Westen« nennt und ist zudem nach Ländern und einzelnen Jahrzehnten zu differenzieren. Immer geht es nur um eine kulturell beherrschende Stellung des flexiblen Normalismus innerhalb einer Gemengelage, in der gleichzeitig größere oder kleinere Segmente des Protonormalismus weiterexistieren oder zeitweise sogar wieder anwachsen können. Ferner ist auch nach Subkulturen in einem Land zu unterscheiden: So vertreten etwa in den USA die sogenannten christlich-fundamentalistischen Milieus ein militantes Programm der Rückkehr zum Protonormalismus. Ebenso signalisiert in Deutschland der Bestsellererfolg des (ersten) Buches von Sarrazin, das sich ebenfalls als eine Art Manifest für die Rückkehr zum Protonormalismus erweist, die Möglichkeit einer erneuten »Machtergreifung« der kulturellen Vorherrschaft durch diese Strategie in der Zukunft. Auch unter dem vorwiegend flexibel verfassten Normalismus bestehen also die Konflikte weiter.

Diese Konflikte werden in der Öffentlichkeit nur selten zu theoretisch deutlich definierten Alternativen zugespitzt. Viel typischer ist dagegen ihre symbolische Konfrontation durch Gegensatzpaare wie »hart« gegen »weich«, »Null« (gegen eine relative Größe), »schwarz/weiß« gegen »bunt« (bzw. »Regenbogen«), »kantig« gegen »offen«, »kompromisslos« gegen »kompromissbereit«, »eng« gegen »locker«.

Wie man an »harten Schnitten« und »kantigen Charakteren« protonormalistische Taktiken erkennt, so an »weichen Drogen«, »weichen Landungen« und »weichen Umschuldungen« (in der Krise) flexibel-normalistische. Ebenso ist klar, dass mit »Null-Lösungen« (»Null Toleranz«, »Null Schulden«, »Null Einwanderung«) keine flexiblen Normalisierungen möglich sind. Eine typische Darstellung der »Buntheit« einer flexibel-normalistischen Bevölkerung war auf dem Cover des Buches *Otto Normalabweicher* von Kaube zu sehen. »Bunt« ist auch das Symbol jedes multikulturellen Konzepts und jeder flexiblen Einwanderungspolitik (wobei die Buntheit der Hautfarben assoziiert wird). Dem entspricht auch das Kollektivsymbol des »Bazars«.

Insbesondere auf die exponentielle Steigerung von Kommunikationen durch Internet und soziale Netzwerke bezogen, signalisieren die Kollektivsymbole des »Schwarms« und der »Wolke« flexibel-normalistische, wenn nicht transnormalistische Vorstellungen. Dazu gehören die älteren Bilder der »Durchlässigkeit« und der »Mobilität«. Das »Netz« selbst ist doppeldeutig: Es kann eine streng hierarchische, »vertikale«, mit dem Protonormalismus kompatible, wie auch eine »horizontale«, »frei wuchernde«, »rhizomatische« (Deleuze/Guattari) Struktur symbolisieren.

In der zeitlichen Dimension (etwa im Zusammenhang mit der Krise) kennzeichnet der Begriff des »Floating« flexible Normalisierungen – ähnlich wie (unregelmäßig-spontane) »Schlangenbewegungen«.

Wie bereits mehrfach zu beobachten war, werden manche Strukturen des Normalismus eher indirekt in der medialen Kollektivsymbolik abgebildet und diskutiert als in systematischen, etwa universitären Theorien des Mainstreams. »Eher« ist dabei im doppelten Sinne zu lesen: sowohl was ausdrückliche Formulierung betrifft wie zeitlich. Das gilt etwa für das heimliche Ideal einer »freien Durchschüttelbarkeit« aller individuellen »Kügelchen« im flexiblen Normalismus. Es wird in medialer Kollektivsymbolik als »Flickenteppich« (»Patchwork«), »Salatschüssel« (früher »Schmelztiegel«) oder als »Mix« formuliert: »Patchworkfamilie«. Protonormalistisch steht dem das Konzept deutlich getrennter, intern relativ homogener Teil-Blöcke innerhalb der Bevölkerung, auch innerhalb des Normalspektrums, entgegen. Verbinden sich solche Teilblöcke mit Territorien, die durch eine Normalitätsgrenze getrennt sind, so entstehen »Ghettos«, »Slums«, »Parallelgesellschaften« oder andere Enklaven, die »Normalitätsklassen« markieren (dazu Abschnitt VIII.3.).

6. Zwei Typen »normaler Persönlichkeiten« und »normaler Charaktere«

Der Unterschied zwischen Protonormalismus und flexiblem Normalismus erweist sich auch in der Subjektivierung, und hier besonders stark – bis zur Polarisierung. Dem protonormalistischen engen Normalspektrum und den massiven und abschreckenden Normalitätsgrenzen entsprechen »Charaktere«, die ihr Verhalten möglichst automatisch auf eine solche enge Kurvenlandschaft einstellen. Der Typ einer solchen »normalen Persönlichkeit« ist in mehreren klassischen Studien beschrieben worden: von Adorno und Horkheimer als »autoritärer Charakter«, von David Riesman als »außengeleitete« (»other-directed«) Persönlichkeit, von Michel Foucault als »diszipliniertes«, »dressiertes« und »normalisiertes« (d. h. normiertes, standardisiertes) Individuum. Gemeinsam ist diesen Konzeptionen die Prägung und Lenkung der Person durch eine äußere, »überich«-artige Instanz, deren Vorgaben »internalisiert« und vom Subjekt in die eigene Identität verwandelt werden. Zu den wichtigsten solcher Vorgaben gehören die protonormalistischen: das Normalspektrum und die Normalitätsgrenzen. Der Internalisierung dieser Vorgaben entspricht als Modell der Persönlichkeit ein maximal »stabiler Charakter«, der die Grenzen der verschiedenen Normalfelder (Sex, Soziales, Politik) nicht nur sämtlich quasi automatisch respektiert, sondern diese verschiedenen Normalitätsgrenzen darüber hinaus bündelt (nach dem Modell des Rutenbündels, des *fascio*, des faschistischen Ursymbols) zu einer einzigen, massiven »Charaktermauer«, deren körperliches Realsymbol Klaus Theweleit als den »Körperpanzer des soldatischen Manns« beschrieben hat. Einem solchen »stabilen Mann« steht protonormalistisch die »stabile Frau« diskontinuierlich gegenüber, und zwar als die totale »Mutter«.

Dieser Typ eines kompromisslos »stabilen Charakters« mit »Außenlenkung« ist mit dem flexiblen Normalismus unvereinbar. Damit dieser funktionieren kann, müssen die Subjekte sich selber zu normalisieren imstande sein (und zwar im Sinne eines flexiblen

Einpendelns). Sie müssen also ihre jeweilige Platzierung in den verschiedenen Normalfeldern (ob nah beim Durchschnitt in der Mitte oder mehr oder weniger entfernt von ihm in den Toleranzzonen oder gar an der Normalitätsgrenze) nach taktischen Kalkülen, insbesondere Risikokalkülen, häufig aber auch mit einer gewissen Spontaneität (»Bockprinzip«) »frei« wählen können. Dabei gilt es allerdings stets, die Gesamt-Normalität zu berücksichtigen, die nicht gefährdet werden darf. Das geschieht typischerweise durch einen »Mix« zwischen einem einzigen oder wenigen Normalfeldern mit Risikoverhalten auf der einen Seite (z. B. Extremsport oder Extremtourismus, Rave-Wochenenden mit Drogenkonsum, SM-Sex o. ä.) und einer Mehrzahl von Normalfeldern mit Selbstplatzierung im normalen Spektrum auf der anderen Seite (z. B. Beruf, dominante Partnerschaft, Politik usw.). Diese Fähigkeit zur Selbst-Normalisierung setzt eine gegenüber Riesman neuartige Spielart von »Innenlenkung« voraus, die der medialen Kurvenlandschaft nicht nur nicht widerspricht, sondern auf sie angewiesen ist. Diese flexibel-normalistische Art von Innenlenkung wird insbesondere durch psychotherapeutische Trainingsprogramme im weitesten Sinne (counseling, Selbsterfahrung, Kreativität usw.) erworben. Auf dem Feld der Sexualität wird die duale Polarität durch Gender-Mixe flexibilisiert (»Softis« und »Powerfrauen«). Seit die Massenmedien (einschließlich des Internets) diese Art »Therapiekultur für die Normalen« (Robert Castel) in zahlreichen Formaten simulieren, ist sie allgegenwärtig geworden. Eine hauptsächlich ökonomisch akzentuierte Spielart dieser flexibel-normalistischen Persönlichkeit ist das Modell des »Selbst-Managements«, in der die Chancen-Risiken-Klaviatur des flexiblen (ökonomischen und monetären) Normalwachstums auf das gesamte Leben der Person ausgeweitet wird (Ulrich Bröckling, Thomas Lemke).

Blick auf Sarrazin (4)

Deutschland schafft sich ab erweist sich als protonormalistisches Manifest, indem es die tragende Argumentationslinie einer intelligenzgenetischen und demografischen Krise mit nahezu allen wichtigen Normalfeldern kombiniert und dabei jeweils protonormalistische Therapien favorisiert. Das gilt auch für das Normalfeld der Typologie von »Charakteren« (Persönlichkeitstypen). Auffällig ist die Kombinationsformel »stabile und begabte Kinder« (S. 248, ähnlich S. 11, 114, 122). Wenn man »Begabung« nach Sarrazins Glauben am besten mit IQ-Batterien messen kann, liegt »Stabilität« offensichtlich auf einer anderen »Dimension«, wie sich an weiteren Kombinationen zeigt: mit »Bürgertum« (ebd.) oder mit »intakter Familie«: »Es gibt Grenzen des Intellekts oder der Persönlichkeit [!, J.L.], die eben nicht zu überwinden sind, und es gibt Deprivationen, die man durch staatliche Politik nur begrenzt ausgleichen kann. Dazu gehört die bei den Bildungsfernen häufig fehlende Sozialisation in intakten Familien« (S. 233) – auch mit »Willensstärke«: »Ungefestigte Menschen, die nicht planen, nicht mit Geld umgehen, nicht kochen können und denen es an Willensstärke fehlt, die brauchen Suppenküchen […]« (S. 121). Die »Willensschwäche« war um 1900 ein viel beredetes Problem; man hielt sie für ein Symptom von »Entartung« im Erbgang – sie konnte aber, anders als in Sarrazins Vereinfachung, gerade auch mit hoher Intelligenz gekoppelt auftreten. Die Therapie war allerdings die gleiche, die auch der Epigone empfiehlt: »Sekundärtugenden« (S. 170, 232) und darunter insbesondere »Disziplin« als Training des »Willens«. (Marcel Proust, wie Sarrazin Sohn eines protonormalistischen Arztes, hatte bekanntlich schwer darunter zu leiden.) Im heutigen Deutschland zielt diese Therapie dagegen zunächst besonders auf Hartz-IV-Empfänger: »Entscheidend ist, dass sie [d. h. »eine Gegenleistung«] ausnahmslos eingefordert wird und die Anforderungen in Bezug auf Pünktlichkeit, Disziplin und Arbeitsbereitschaft dem regulären Arbeitsleben möglichst nahe kommen. Wer seinen Pflichten gar nicht nachkommt oder nur unpünktlich und unzuverlässig, dem würde die Grundsicherung gekürzt oder gestrichen. Dies müsste allerdings konsequent und schnell und nach sehr strengen Maßstäben erfolgen« (S. 183). Dabei ist der »Charakter« gleich an ein weiteres Normalfeld, die Arbeit, gekoppelt. Ebenso an das Normalfeld der Bildung: Der langjährige Direktor von Salem, Bernhard Bueb, stellt fest: »Disziplin ist das ungeliebte Kind der Pädagogik, sie ist aber das Fundament aller Erziehung. Disziplin verkörpert alles, was Menschen verabscheuen: Zwang, Unterordnung, verordneter Verzicht, Triebunterdrückung, Einschränkung des eigenen Willens«. All das wird wohlgemerkt als notwendig proklamiert. Es sei kein Gegensatz gegen »Zuwendung«, glaubt Sarrazin: »Hier werden Forderungen gegeneinander ausgespielt, die zwei Seiten ein und derselben Medaille sind, nämlich Führung, Leistungsforderung und Disziplin einerseits, Zuwendung andererseits. Jeder Jäger weiß von seinem Hund und jeder Reiter von seinem Pferd, dass er seinem tierischen Freund, der seine Führung erwartet, nichts abfordern kann, wenn er ihm keine Zuwendung zuteil werden lässt. Er weiß aber auch, dass sich das Pferd nicht von selber dressiert und der Hund nicht von alleine apportiert« (S. 201).

Wenn Foucault das Modell der »Dressur« als Basis der »Disziplinargesellschaft« beschrieb, dann wird es hier in naivster Überzeugung für Menschentiere empfohlen – die Naivität dieses Glaubens verdankt sich eben einer protonormalistischen »Persönlichkeit«, die sicher nicht angeboren, sondern ihrerseits kulturell adressiert sein dürfte.

Wenn die bei Sarrazin empfohlene Persönlichkeit also eindeutig protonormalistischen Typs ist, so wird dieser Befund scheinbar (nur scheinbar) relativiert durch seine »islamkritische« Polemik. Denn diese Polemik richtet sich explizit gegen den »autoritären« (S. 266) Charakter von Muslimen und insbesondere gegen deren pauschal unterstellte Frauenfeindlichkeit. Hier liegt tatsächlich eine paradoxe Überkreuzung vor, auf die zurückzukommen sein wird. In der Tat stammt ein Teil der muslimischen Einwanderer aus niedrigen Normalitätsklassen, in denen teilweise bis in die jüngste Zeit nicht einmal protonormalistische, sondern schlicht vornormalistische Sexualverhältnisse vorherrschten. Dabei handelt es sich also um ein auffälliges und ernsthaftes Problem des globalen Normalismus mit seinen fünf hierarchischen Normalitätsklassen (s. u. Abschnitt VIII.3.). Die Anklage der »türkisch-muslimischen« patriarchalischen und »autoritären Persönlichkeit« dient also der Selbstvergewisserung des protonormalistischen Mannes, trotz bzw. gerade wegen seines Kampfes gegen den flexiblen Normalismus der wahrhaft normale Mensch zu sein.

7. Wiederkehr des Protonormalismus in der Krise?

Da es sich bei einer mehrdimensionalen Megakrise wie der von 2007 ff. im herrschenden kulturellen Bewusstsein um eine Krise der Denormalisierung handelt, verstärkt eine solche Krise die Denormalisierungsangst großer Teile der Bevölkerung. Weil die flexiblen Normalisierungsmaßnahmen oft aus wenig transparenten »Mixen« bestehen, finden Forderungen nach »klaren Entscheidungen« zunehmend Gehör: Null Schulden, Null Defizit, Null Toleranz, Null Einwanderung, niedrige Einheitssteuer mit dem Bierdeckel, in der Kindererziehung »klare Grenzen setzen« statt (flexibler) »Kuschelpädagogik«. Man sehnt sich nach der »harten« D-Mark zurück und misstraut dem mutmaßlich »weichen« Euro.

Solche protonormalistischen Restaurationsforderungen sind über das gesamte kulturelle und politische Spektrum verteilt und kristallisieren sich nicht etwa nur bei den sogenannten »Rechtspopulisten«. Kann man in Deutschland eine Schnittmenge von *Bild* und *Spiegel* als repräsentativ für die »Mitte« betrachten, dann zeigen sich die protonormalistischen Tendenzen bei den Themen Einwanderung und Pädagogik deutlich auch in dieser Mitte, wofür der koordinierte Vorabdruck von *Deutschland schafft sich ab* in diesen Leitmedien symptomatisch war. Gleichzeitig setzen beide Medien ihre flexible Linie in den Normalfeldern Sex, Gender-Mainstreaming und Behinderung fort (symptomatisch auch das Thema Depression, über die Burnout-Fälle von Stars).

Wie bereits mehrfach ausgeführt, dient der Normalismus nicht ansonsten autonomen Personen (Subjekten) zur lediglich kognitiven Orientierung. Er prägt vielmehr Subjekte bis in ihre »Tiefe« hinein – er produziert normalistische Subjektivitäten und also auch normalistische Subjekte (Personen, »Charaktere«). Dabei unterscheiden sich idealtypisch protonormalistische und flexibel-normalistische Subjektivitäten (»Charaktere«) erheblich voneinander.

Die Krise von 2007 ff. ist historisch insofern ohne Vergleich, als sie (in den »reichen« nördlichen Ländern) in eine seit Jahrzehnten, also über mehrere Generationen, habituell gewordene flexibel-normalistische »Landschaft« hineinschlägt. Dadurch verstärkt sie die Spreizung zwischen den beiden idealtypischen Spielarten des Normalismus, und zwar bis hinunter auf die Ebene der Subjekte selber. Welche katastrophalen Folgen dieser Einschlag und dieser Spagat in ganz kurzer Zeit auslösen können, zeigt in symptomatischer Weise der Fall Griechenland: Wie im Abschnitt IX.5. ausführlich dargestellt werden soll, zerstörte die vom IWF und der EU dem Land auferlegte »Schocktherapie« (Naomi Klein) in kürzester Zeit die soziale Quasi-Normalverteilung und denormalisierte schlagartig die meisten Dimensionen des Alltags. Die Bevölkerung erlitt eine Serie von Denormalisierungs-Schocks, wodurch die auch in Griechenland dominierenden flexibel-normalistischen Subjektivitäten extrem ver-un-sichert, massenweise in ohnmächtige Wut versetzt, in vielen Fällen psychisch krankgemacht und in extremen Fällen in den Suizid getrieben wurden. Diese Folgelasten der Krise für die flexibel-normalistische Subjektivität können als typisch gelten, sie zeigen sich bereits in anderen Ländern und verheißen auch für die übrigen nichts Gutes, falls die baldige Normalisierung ausbleibt.

Man kann geradezu von einer spezifisch normalistischen Spielart des »posttraumatischen Stress-Syndroms« (PTSS) sprechen: Von ihm ist die flexibel-normalistische Persönlichkeit durch die große Krise bedroht. Angeblich würden protonormalistische Persönlichkeiten ein »dickeres Fell« haben. Sie sind aber in der Krise von 2007 ff. vor allem in den jüngeren Generationen seltener geworden und wegen ihrer Minderheitenposition in der Tendenz vermutlich besonders »verhärtet«. Die Krise schafft ihren Sprechern aber eine Situation, in die Offensive zu gehen (mit einer deutlich notständischen Tendenz): Sarrazin repräsentiert diesen Typus auch in der »Mitte«.

VI. Fünf exemplarische Kapitel aus der Geschichte des Normalismus

1. Auguste Comte und das normalistische Kontinuitätsprinzip

In einer Reihe von Abschnitten wurde bis hierhin die grundlegende Bedeutung des Kontinuitätsprinzips für jede Spielart des Normalismus entwickelt. Historisch wurde dieses Prinzip bereits früh im 19. Jahrhundert erkannt und formuliert, und zwar von dem Begründer der Soziologie und des Positivismus, Auguste Comte (1798–1857), im Anschluss an den Mediziner François-Joseph-Victor Broussais (1771–1838). Comtes Verallgemeinerung einer Einsicht von Broussais kann als einer von mehreren Gründungsakten des theoretischen Normalismus betrachtet werden – und dieses Ereignis kam spektakulär genug zustande. Denn nichts anderes als der Wahnsinnsanfall eines Genies führte zur Formulierung des normalistischen Kontinuitätsprinzips. 1826 hatte Comte seine berühmten öffentlichen Vorlesungen vor der Pariser intellektuellen Elite (einschließlich des Wahlparisers Alexander von Humboldt) über die »positive Philosophie« begonnen. Nach der dritten Vorlesung dreht das Genie durch (als solches *Durchdrehen* hat Comte die Krise später selbst ganz distanziert beschrieben), schreibt Briefe wie der wahnsinnige Nietzsche, wandert wie Büchners Lenz halluzinierend durch die Wälder und schlägt seiner Caroline vor, zusammen mit ihm wie Jesus auf dem Wasser zu wandeln. Mithilfe des berühmten Physiologen Blainville, der im *Cours de philosophie positive* einen Ehrenplatz erhalten wird, schafft Caroline ihren Auguste nach Charenton zu dem nicht weniger berühmten Psychiater Esquirol, der eine »Manie« diagnostiziert. Luzide durchschaut Comte die Schädlichkeit der »Therapie« aus kalten Duschen und Aderlässen, so dass er wiederum mithilfe Blainvilles die Anstalt verlässt – gegen den erklärten Rat Esquirols, der »N.G.« in die Papiere einträgt: »non guéri«, »nicht geheilt«. Bei der anschließenden kirchlichen Heirat mit Caroline beschimpft der Bräutigam die Pfaffen und unterschreibt mit »Brutus Bonaparte Comte«. Er fällt dann von der »Manie« in die »Melancholie«, also Depression, bis zu einem Selbstmordversuch in der Seine. Etwa zweieinhalb Jahre nach dem Ausbruch kann Comte die Vorlesungen wieder aufnehmen, unter denen sich nun auch Broussais in Person, Fourier (der Mathematiker) und Esquirol selber befinden.

Comte ging später wiederholt in seinen theoretischen Schriften auf seinen Wahnsinnsanfall ein, den er als »Experiment der Natur« betrachtete, etwa so:

> Nun hat mir der gesamte Ablauf dieser ausnahmeartigen Schwankung [oscillation exceptionnelle] meine jüngste Entdeckung über das Hauptgesetz der menschlichen Evolution auf doppelte Weise zu verifizieren erlaubt. Ich durchlief seinerzeit nämlich sämtliche wesentlichen Entwicklungsphasen, zunächst rückwärts, dann wieder vorwärts.[15]

Mit den Entwicklungsphasen sind die bekannten »fetischistischen«, »theologischen«, »metaphysischen« und »positiven Stadien« gemeint, deren Stufung und Abfolge Comte in der Entwicklung jedes Wissens entdecken zu können glaubte (wie von der Astrologie zur Astronomie, von der Alchimie zur Chemie usw., jeweils mit magischen und religiösen Vorstufen). Er sei also bis zum »Fetischismus« ›regrediert‹, wie man später formuliert hätte. »Meine Spontaneität stellte die normale Existenz wieder her«. Insgesamt deutete er seine manisch-depressive Phase als Überschreitung einer Normalitätsgrenze zuerst nach *oben* (durch ›Überhitzung‹ und ›exzessives Tempo‹ des Denkens), danach nach *unten* (durch extreme Verlangsamung und Einschlafen des Denkens in der Depression). Diese Erkenntnis glaubte er aus Broussais' Traktat *De l'irritation et de la folie* (*Über Erregung und Wahnsinn*) ziehen zu können, an dessen gründliches Studium er sich nach dem Ende seines Wahnsinns schon 1827 umgehend begab. Man könnte Comtes Lektüre dieses Broussais-Texts an der Grenze des Wahnsinns also tatsächlich als Gründungsereignis des Normalismus bezeichnen, wenn es so etwas wie den punktuellen Ur-Sprung eines epochalen Wissenssystems überhaupt geben könnte.

---

[15] Auguste Comte, »Système de politique positive«, in: ders., *Sociologie* (ed. J. Laubier), Paris 1963, S. 90.

Jedenfalls lassen sich Comtes Aha-Erlebnisse bei der Lektüre leicht mutmaßen. Über die Entstehung des Wahnsinns las er dort:

> Zum einen die zu weit getriebenen intellektuellen Anstrengungen, zum anderen die heftigen und vor allem andauernden Leidenschaften bewirken Tag für Tag, da sie der Innervation keine Ruhe gönnen und ihr nie ein Absinken zum Normaltyp gestatten, eine Entzündung, deren Hauptherd im Nervenapparat der drei wichtigsten Körperhöhlen [Gehirn, Brust, Magen, J.L.] liegt.[16]

»Leidenschaften« meinten vor allem sexuelle Lüste, denen der junge Comte sich intensiv hingegeben hatte. Wenn nach Broussais vor allem das Gehirn in ununterbrochene neue »Erektion« (»érection«) versetzt wird, »bevor noch die letzte auf den Normalgrad absinken konnte, wird die Reizung überstark und die Entzündung tritt ein [...].« (Bd. 2, S. 291) Wenn Broussais diese »Explosion« (Bd. 2, S. 451) vor allem als Geschwindigkeitsüberschreitung der Nervenbewegung, als Durchdrehen im Wortsinne, zu fassen sucht, so muss das dem genialen Polytechnicien unmittelbar eingeleuchtet haben: »Denn das bedeutet, dass der hypernormale Modus der Bewegung im Gehirn [mouvement intra-cérébral] derartig schnell ist, dass nichts ihn stoppen kann.« (Bd. 2, S. 454)

Um das Wesentliche zusammenzufassen: Die »fixe Idee« bekommt bei Broussais eine neue Bedeutung: Es gilt nicht mehr, in einer Art Menü von Wahnsinnssorten die richtige »Manie« oder »Melancholie« herauszufinden – bildlich gesprochen: wie in einem bestimmten ›Kästchen‹ – vielmehr liegt den Symptomen nun eine Kurve der »Irritation« zugrunde, die Broussais von John Brown (1735–1788) übernahm. Diese Kurve ist dreiteilig und kontinuierlich gedacht: Sie besitzt im mittleren Bereich ein »normales« Spektrum, sowie zwei »anormale« Zonen *oben* und *unten* (Supernormalität und Subnormalität), wobei jeweils eine Normalitätsgrenze überschritten wird. Die gesamte Kurve ist kontinuierlich und deshalb Raum dynamischer Prozesse, so dass ein Individuum aus dem Normalbereich über die Normalitätsgrenzen geraten kann (Denormalisierung). Dieser Prozess ist, wie Comte es erfahren zu haben

---

[16] Fr.-Joseph-Victor Broussais, *De l'irritation et de la folie*, 2. Aufl., 2 Bde., Paris 1839, Bd. 2, S. 292.

glaubte, prinzipiell reversibel (Normalisierung). Unheilbaren Wahnsinn bzw. unheilbaren Schwachsinn erklärte Broussais als Erblast oder als Chronifizierung. Comte war überzeugt, dass ein längerer Aufenthalt in Esquirols Anstalt ihn chronisch wahnsinnig gemacht hätte, so dass eine Normalisierung unmöglich geworden wäre.

Broussais glaubte mit der Medizin seiner Zeit noch an eine subtile, häufig als »Äther« bezeichnete Flüssigkeit in Nerven und Gehirn, durch die Informationen transportiert und transformiert würden. Abstrahiert man von dieser spekulativen Substanz, dann besteht eine weitgehende Analogie zwischen seinem Modell und dem Stress-Modell bei Hans Selye. Diese Analogie erklärt sich aus der Übereinstimmung in der normalistischen Denkweise – auch Selyes Vorstellung einer Gesamt-Normalität des Organismus als Kombination von einzelnen Dimensionen war bei Broussais vorweggenommen: Er nannte diese Gesamt-Normalität »Konsens«.

Die wesentliche Einsicht, die Comte aus seinem Wahnsinnsanfall und dessen Deutung mithilfe von Broussais gewonnen zu haben glaubte, war eben das Kontinuitätsprinzip: Wahnsinn und umgekehrt »Ennui« (viel eher das Äquivalent der heutigen »Depression« als einer bloßen »Langeweile«: vgl. »boreout«) liegen auf dem gleichen Kontinuum wie die geistige Gesundheit. Die Ambivalenz dieser Einsicht (gleichzeitig große Denormalisierungsangst und Versicherung gegen sie) hat Comte ebenfalls prototypisch für Millionen späterer »normaler Persönlichkeiten« erlebt.

Für Comte war die Analogie dieser Klaviatur mit dem »gesellschaftlichen Organismus« evident: Auch die Gesellschaft besteht aus einzelnen Dimensionen (Wissenschaft, Wirtschaft, Politik, Kultur), die jeweils eigene Normalspektren und Normalitätsgrenzen besitzen und deren »Gleichgewicht« (»Konsens«) gestört wird, wenn in einzelnen dieser Dimensionen Normalitätsgrenzen überschritten werden. In der Politik waren die Revolutionen, von denen Comte in Frankreich drei erlebte, die deutlichsten Symptome solcher »Überhitzungen« und »Störungen« (Denormalisierungen). Comte war kein Reaktionär: Er wollte vielmehr den »Fortschritt« dadurch normalisieren, dass die Dynamik in einem mittleren »Korridor«, wie man heute sagt (Normalspektrum), zwischen »beiden Extremen« gehalten würde. Das sollte durch die Gründung einer »positivistischen Religion« (mit Wissenschaftlern als Priestern und Heiligen) abgesichert werden. Es zeigt sich in dieser abstrusen

Idee die Stärke der Denormalisierungsangst, die versichert werden musste. Im Zusammenhang des Normalismus ist festzuhalten, dass es sich bei dieser »positivistischen Religion« (die in Argentinien und Brasilien tatsächlich eine Rolle spielen sollte), im Kern um eine normalistische Religion handelt, die explizit und wörtlich auf »Normalität« zielt. Genauer noch ist Comtes »Religion« ein Symptom des Protonormalismus: Statt sich auf statistische Durchschnitte zu verlassen, legte Comte etwa die Zahl der Fabriken, Ingenieure, Wissenschaftler usw. ein für allemal numerisch fest (implizit wollte er damit auch die Bevölkerungszahl festlegen: Tatsächlich war Frankreich das erste Land, in dem sich bereits im 19. Jahrhundert das Zweikindersystem (und also eine allgemein verbreitete Verhütung) durchsetzte.

Ohne dass Comte das konkret ausformuliert hätte, liegt seinem Modell der Normalisierung am Ende der chaotischen Epoche der modernen revolutionären Dynamik sehr deutlich die Vorstellung der »großen logistischen Kurve« zugrunde: Der Revolutionsperiode entspricht die exponentielle Steilung, und dem »positiven« Endstadium die Einmündung in die »Zielgerade«. Comtes »Religion« ist also der Musterfall einer protonormalistischen Utopie.

2. Adolphe Quételet und das Postulat sozialer Normalverteilungen

Auguste Comte misstraute der Sozialstatistik seines belgischen Zeitgenossen Adolphe Quételet (1796–1874), obwohl dessen Übertragung der physikalischen Wahrscheinlichkeitsrechnung und Statistik auf das Gebiet der Anthropologie und Soziologie eigentlich einen Musterfall der schrittweisen »Positivierung« der Wissenschaften darstellte und insofern mit Comtes Normalismus parallel ging. Aus heutiger Sicht rücken Comte und Quételet eng zusammen. Quételet ging von der Astronomie aus, in deren Praxis die 1795 von Gauß entdeckte Normalverteilung eine wichtige Rolle bei der Positionsbestimmung von Sternen spielte. Die voneinander abweichenden Messungen waren, wie sich zeigte, nicht »chaotisch«, sondern gesetzmäßig verteilt: je näher an der korrekten (mittleren) Position, umso häufiger wurde der entsprechende Wert gemessen, und zwar symmetrisch auf beiden Seiten der »Abweichung« – je weiter entfernt, umso seltener. Bei wachsender Anzahl der Messungen glich sich die Streuung der Werte immer enger an die mathematische Formel der Normalverteilung an. Unter Gesichtspunkten der Kausalität erklärte man sich diesen Befund so: Den Fehlern (weshalb die Normalverteilung im Anfang oft auch als »Fehlerkurve« bezeichnet wurde) lag keine starke Ursache zugrunde, sondern eine Menge verschiedener kleinster Ursachen technischer Art, die sich in der Masse ausglichen. Dementsprechend ging man nun davon aus, dass bei allen »Massenobjekten«, wo statt einer starken Kausalität eine solche Menge kleinster Ursachen vorläge, die Normalverteilung zu erwarten sei.

Ein früher Fall von erfolgreicher Übertragung betraf das Zielen der Artillerie: Angenommen man zielte auf einen Kirchturm, dann musste man die Richtung in die Mitte der symmetrischen Abweichungen von Fehleinschlägen einstellen. Quételets frühe Karriere berührte neben der Astronomie in der Tat auch das Militär (er war seit 1836 Professor für Astronomie an der École militaire in Brüssel). Seine entscheidende Hypothese bezog sich aber auf den anthropologischen und sozialen Bereich. Um herauszufinden, ob man eine »soziale Physik« entwickeln könnte, mussten in einem ersten Schritt anthropologische und soziale Massendaten beschafft werden. Mit seinem Interesse an solchen Daten stand Quételet damals keineswegs allein. Von spezialistischen Wissenschaftlern unterschied er sich aber durch sein starkes politisches und organisatorisches Engagement, wodurch er zum wichtigsten Initiator der modernen statistischen Büros und Volkszählungen wurde: Nach Vorarbeiten in Belgien und benachbarten Ländern (auf solchen Reisen besuchte er 1829 auch noch Goethe) organisierte er 1853 den I. Internationalen Statistik-Kongress in Brüssel, der eine Art Manifest für regelmäßige Volkszählungen in allen beteiligten Ländern und weitere Massenverdatungen sowie deren Publikation beschloss.

Bevor die internationale statistische Bewegung solche neuen Massendaten produzierte, hatte Quételet seine »soziale Physik« mit dem von militärischen Rekrutenmessungen erhobenen Datenmaterial begonnen. Insbesondere war es eine seinerzeit unter Statistikern schon legendäre schottische Massenmessung von Rekruten, auf die Quételet seine zentrale These gründete, dass Körpermaße normalverteilt seien. Damit begann die systematische Benutzung militärischer Musterungen zur Verdatung, die zur legendären IQ-Messung der Rekruten der USA bei deren Eintritt in den Ersten Weltkrieg 1917 und darüber hinaus bis zur Bundeswehr führen sollte, auf deren Daten Sarrazin teilweise fußt.

Quételet war eigentlich ein halber Autodidakt (wenn er auch bei Laplace gehört hatte), und seine Bedeutung lag gerade darin, dass er in seinen Publikationen, die verschiedene Quellen kompilatorisch zusammenfassten, die Transformation des statistischen Materials in die populäre normalistische Kurvenlandschaft exemplarisch vollzog. So gelang es ihm, mehrere klassische Normalfelder zu kanonisieren: außer den Körpermaßen und weiteren biometrischen Daten die Meteorologie, die Fertilität und Mortalität, die Kriminalität, den Wahnsinn, den Suizid, die »Schönheit« und (im Vorgriff auf die protonormalistische Intelligenzforschung) geistige Leistungen unter besonderer Berücksichtigung von Genialität. Dabei favorisierte er den »mittleren Menschen« (»homme moyen«, im Sinne des Medians der Quasi-Normalverteilung). Wenn er sich außerdem durchaus auch für das Normalwachstum interessierte, so wiederum (selbst bei den Genies) für eine mittlere Lernkurve, deren *peak* er relativ früh (in den zwanziger Jahren des Lebens und teils schon früher) ansetzte. Protonormalistisch (und völlig übereinstimmend mit Comte) war sein Wertungsmaximum beim Durchschnitt und seine darauf gegründete Propagierung von Mitte und Maß, von Gleichgewicht und Stabilität. Wie Comte wollte er den »Fortschritt« mäßigen, regulieren und normalisieren.

3. Francis Galton, die differentielle Geburtenrate und die Eugenik

Darwins jüngerer Vetter Francis Galton (1822–1911) bildet so etwas wie einen entscheidenden Knotenpunkt in der theoretischen wie praktischen Entwicklungsgeschichte des Normalismus: Zum einen fasste er die verschiedenen vorherigen Entwicklungsstränge (vor allem den verdatend-statistischen und biometrischen Strang wie auch den wachstumsbezogenen, vor allem demografischen) zusammen und erweiterte sie durch eigene wichtige Innovationen (Erblichkeitsspekulationen, Intelligenz-, Genie- und Zwillingsforschung). Zum anderen wurde er dadurch zum bis heute bewunderten »Vater« des anglophonen Strangs des Normalismus. Thilo Sarrazin erkennt Galton in seinem Bestseller ausdrücklich als entscheidenden Ursprungsautor seines gesamten Denksystems an. Aus begreiflichen Gründen muss Sarrazin allerdings verschweigen, dass Galton nicht bloß nebenbei der geniale Erfinder des Fingerabdrucks und des Serienfotos war, sondern auch der der »Eugenik«

(»eugenics«). Es wird sich zeigen, dass diese Erfindung eine konsequente Folgerung aus der Entdeckung der Regressionskurve des Fortschritts und der differentiellen Geburtenrate war, die auch Sarrazins alles beherrschende Sorge ist. Der enge Zusammenhang zwischen Normalismus und Eugenik ergibt sich bei Galton daraus, dass er dem Normalismus die erste umfassende und systematische protonormalistische Interpretation gab. Nicht weniger als bei Auguste Comte ist auch bei Francis Galton der Protonormalismus die Antwort auf eine sowohl theoretisch begründete wie praktisch erfahrene Denormalisierungsangst.

Denn nicht weniger als Comte erlebte auch Galton im Trinity College von Cambridge das ›Überdrehen‹ der Gehirnakrobatik und deren Kollaps mit der Gefahr, die Grenze zum Wahnsinn zu überschreiten. Er schildert die Episode in seiner Autobiografie[17] wie folgt:

> Während meines dritten Jahrs in Cambridge erlitt ich einen totalen gesundheitlichen Zusammenbruch [broke down], mußte das Examen aufgeben und nach Hause zurückkehren. Ich litt unter unregelmäßigem Pulsschlag und einer Reihe von Gehirnsymptomen von alarmierender Art. Eine Fabrik [mill] schien in meinem Kopf zu hämmern. Ich konnte fixe Ideen [obsessing ideas] nicht mehr loswerden, zeitweilig konnte ich kaum noch ein Buch lesen, und der Anblick einer gedruckten Seite tat mir weh. [...] Es war, als ob ich versucht hätte, eine Dampfmaschine zu höheren Leistungen zu zwingen, als für die sie gebaut war, indem ich am Sicherheitsventil herumgedreht und den Mechanismus dadurch überspannt hätte [straining]. (*ML*, S. 79)

Das Kollektivsymbol der komplexen Maschine dient hier wie überall im Normalismus dazu, die panische Denormalisierungsangst, die insbesondere die Angst ist, dass das Hochleistungs-Gehirn *durchdrehen* möchte, zu artikulieren. Vermutlich spielte dabei auch eine Rolle, dass Galton sich als Kind einer genialen Familie (Großvater Erasmus Darwin, Vetter Charles Darwin) wusste – er würde später obsessiv über geniale Familien, ihren Erbgang und ihre »Re-

---

[17] Francis Galton, *Memories of My Life*, London 1908 (im folgenden *ML*; Übers., auch im folgenden, J.I..).

gression« forschen. Auch Galtons andere ›fanatische‹ Theorien über die Züchtung von Übermenschen und Herrenrassen gegen die aus der differentiellen Geburtenrate entspringenden Regressionstendenzen stehen in diesem Zusammenhang. Im Kontext dieser Hochzüchtung ist zwar von der tragischen Einsamkeit der Genies und der stets drohenden Regression zum Mittelmaß durch ihre Nachkommen die Rede, explizit aber selten vom Risiko des Durchdrehens in Anormalität (Wahnsinn). Dass diese Angst aber auch bei Galton stets präsent war, zeigt ihre ›verschobene‹ Artikulierung in der Autobiografie. Der junge Galton sollte nach dem Wunsch seiner vielgeliebten Mutter Mediziner werden und musste zu diesem Zweck mit sechzehn Jahren ein Praktikum am Birmingham General Hospital absolvieren, wo er in eine der Höllen des Frühkapitalismus geriet und die vielfältig von den Maschinen zerquetschten ebenso wie die bei Demonstrationen zerschlagenen Arbeiterkörper schreien und sterben sah. In den Frauensälen umheulten ihn die »Hysterikerinnen« in »Schauspielen reiner Panik« (*ML*, S. 37). In diesem Kontext riskiert Galton die folgende Artikulierung seiner sicherlich höchst persönlichen Denormalisierungsangst:

> Arme Menschheit! [Poor humanity!] Ich habe oft das Gefühl, dass das feste Plateau der Vernunft [the tableland of sanity], auf dem die meisten von uns wohnen, von enger Ausdehnung ist, von steilen Abgründen ohne Geländer auf allen Seiten umgeben, wo wir an jeder Stelle herabstürzen können. (*ML*, S. 38)

Dieses Bild illustriert äußerst prägnant das schmale Normalspektrum und die scharfen Normalitätsgrenzen des Protonormalismus. Dabei verführte eine Art ambivalente Neugier, ein »Wille zu wissen«, was bei der Überschreitung der Normalitätsgrenze passiert, das Genie zu höchst anormalen Experimenten:

> Die folgenden Experimente über die Reichweite menschlicher Leistungsfähigkeit [experiments on Human Faculty] sind es wert, erwähnt zu werden; sie werden hier erstmals publiziert. In den Tagen meiner Jugend fühlte ich irgendwann eine leidenschaftliche Begierde, meinen Körper dem Geist zu unterwerfen, und beschloss unter anderen asketischen Übungen [disciplines], dass mein Wille dadurch den Automatismus ersetzen sollte, daß er

automatische Akte beschleunigen oder verlangsamen würde. Jeder Atemzug wurde diesem Prozess unterworfen mit dem Ergebnis, dass die normale Atmung [the normal power of breathing] gefährlich gestört wurde. Es schien, als würde ich ersticken, wenn mein Wille aussetzen würde. Ich durchlebte eine fürchterliche halbe Stunde, bevor schließlich schrittweise, langsam und unregelmäßig die verlorene Kraft zurückkehrte. (*ML*, S. 276)

Die Annahme, es gebe ein Normalfeld für eine Eigenschaft namens »Willensstärke«, die normalverteilt sei und die man durch Training steigern könne, gehört zu den symptomatischen Annahmen des Protonormalismus. Eine Anormalität namens »Nervenschwäche« (»Neurasthenie«) galt zur Zeit Galtons für radikale Protonormalisten immer auch als »Willensschwäche«, die man durch Trainingsmethoden zur »Stärkung des Willens« heilen zu können glaubte. Galtons Experimente müssen in diesem Kontext gesehen werden. (Ein weniger bizarres, aber verwandtes Normalfeld wie das der »Willensstärke« ist das noch heute in Psychologie und Wirtschaft weitgehend herrschende der »Motivation«.) Schließlich experimentierte Galton sogar mit der Normalitätsgrenze zum Wahnsinn, die vermutlich eine besonders ambivalente Quelle von Denormalisierungsangst für ihn darstellte:

Ein späteres Experiment bestand darin, eine Vorstellung [some idea] von den allgemeinen Gefühlen des Wahnsinns zu erhalten. Die ausprobierte Methode bestand darin, alles, was mir begegnete, sei es Mensch, Tier oder leblos, mit den imaginären Eigenschaften eines Spions zu versehen [invest]. Nachdem ich den Plan entworfen hatte, startete ich zu meinem Morgenspaziergang von Rutland Gate und musste erleben, dass das Experiment nur allzu gut funktionierte. Als ich eineinhalb Meilen gegangen war und die Droschkenstation in Picadilly am Ostende des Green Park erreicht hatte, schienen sämtliche Pferde mich zu beobachten, teils mit gespitzten Ohren, teils unter Tarnung ihrer Spionage. Stunden vergingen, bevor diese unheimliche Empfindung nachließ, und ich habe das Gefühl, dass ich sie nur allzu leicht wieder in Kraft setzen könnte. (*ML*, S. 276)

Offensichtlich betrieb Galton diese Art Experimente (hier die Simulation einer Paranoia am eigenen Subjekt) als eine Art ›Imp-

Abb. 17: Galtons Kurvenlandschaft

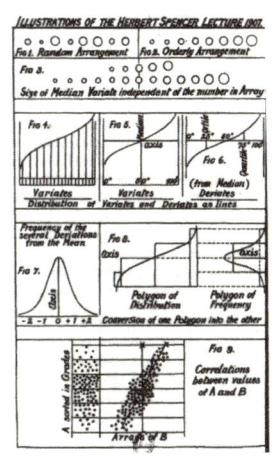

fung‹ gegen eine gefürchtete spontan eintretende und unumkehrbare Denormalisierung. Wenn Auguste Comte schrieb, dass er in seinem Wahnsinn zum Fetischismus regrediert sei, so ergänzte auch Francis Galton sein Wahnsinnsexperiment durch ein Fetischismus-Experiment, indem er eine Karikatur aus dem *Punch* für sich erfolgreich in ein Götterbild verwandelte (*ML*, S. 277).

Wie zu Beginn des Abschnitts vorweggenommen, ist mit dem Namen Galton ein fundamentales Ereignis in der Geschichte des Normalismus verbunden: die systematische Kombination mehrerer normalistischer Basiskurven, und zwar der Normalverteilung (Gaußkurve) und der »Ogive« der skalierten Leistungsprogression auf der einen und dem Normalwachstum und der Regressionskurve auf der anderen Seite.

Der systematische konzeptuelle Verbund eines umfassenden (Proto-)Normalismus wird in *Natural Inheritance*[18] am ausführlichsten entwickelt. All jene Kurven, die Galton später in der *Herbert Spencer Lecture*[19] von 1907 zum Pflichtstoff eines eugenischen Grundlagenwissens für die gesamte Bevölkerung machen wollte (Abb. 17, ebd., vor dem Titelblatt), sind hier einzeln und im Zusammenhang begründet. Im Anschluss an Quételet, auf den er sich

[18] Francis Galton, *Natural Inheritance*, London 1889 (im folgenden *NI*).
[19] Francis Galton, *Probability, the Foundation of Eugenics. The Herbert Spencer Lecture Delivered on June 5, 1907*, Oxford 1907 (im folgenden *HSL*).

ausdrücklich beruft, war Galton zunächst von selber erhobenen biometrischen Daten ausgegangen. Sein »biometrisches Labor« hatte er zunächst auf der Londoner Weltausstellung 1862, später an der Universität London auf Dauer betreiben können. Dort erhob er Daten wie Körpergröße, Gewicht, Stärke (mit dem »Dynamometer«). Diese Daten wurden per Korrespondenz durch Familiendaten ergänzt. Daraus wurde zunächst die Leistungskurve gewonnen (*NI*, S. 33). Zu diesem Zweck konstruierte Galton jeweils homogene, kontinuierliche und eindimensionale Skalen (z. B. Größe gemessen in inches usw.), deren Gesamtbereich er in hundert »centiles« einteilte, so dass Prozentanteile markierbar waren. Galton war zweifellos ehrlich davon überzeugt, dass die gewonnene Kurve der Leistungs-Varianten ohne nennenswerte Manipulation einer regelmäßigen »Ogive« angenähert werden könnte (Fig. 4 in Abb. 17), die bezüglich eines Mittelwerts (Median, »M«) und ihrer »Abweichungen« (»Deviations«, »D«) perfekt symmetrisch wäre. Seiner Ansicht nach verteilen sich die Leistungen in einem Konkurrenzfeld »normalerweise« also derart um die mittlere Leistung, dass die Abweichungen von »M« nach oben und unten zunächst in gleichmäßigen und kleinen Schritten und dann – an den Auslaufenden – in zunehmend größeren und wachsenden Schritten verlaufen. Symbolisch lässt sich diese Kurve an ihren beiden auslaufenden Ästen also mühelos an positive und negative Exponentialkurven anschließen.

Symptomatisch für Galton ist die Bevorzugung der vertikalen Version der Normalverteilung gegenüber der horizontalen. Darin kommt sein dynamisches Interesse an »Verbesserung« (»enhancement«: seither die ›fixe Idee‹ des anglophonen Normalismus) zum Ausdruck – anders gesagt der Zusammenhang zwischen Normalismus und Fortschritt. Auf seinen Afrikareisen glaubte Galton, den ungeheuren »kognitiven«, wie man heute sagen würde, Vorsprung der weißen vor der schwarzen »Rasse« festgestellt zu haben. Er führte den Unterschied in Übertragung der Theorie seines Vetters auf höhere biologische »Entwicklung« zurück. Die weiße und die schwarze »Rasse« waren für ihn der deutlichste Fall zweier separater Vererbungsgemeinschaften, die zu zwei separaten Normalverteilungen der physischen wie der mentalen (»Intelligenz«) Eigenschaften geführt hätten, wobei die eine sozusagen ganz »über« der anderen platziert gedacht war. (Hierin sollten Herrnstein und Murray ihm noch im Jahre 1994 folgen.) Ausgehend von dieser vermeintlichen Evidenz interessierte sich Galton dann insbesondere auch für Sondergruppen innerhalb der »weißen« Normalverteilung, die er ebenfalls auf Erbgemeinschaften zurückführte. Das war seine für die Eugenik bis zu Sarrazin grundlegende These der differentiellen Vererbungsgruppen und der differentiellen Geburtenraten. Zu einem kuriosen Befund inspirierte ihn sein Interesse an der Sondergruppe seiner Mutter (also auch seiner eigenen): Durch von ihm erhobene Familiendaten glaubte er bei Quäkern einen höheren Grad an Farbenblindheit festgestellt zu haben und führte ihn auf die dunkle Kleidung der Gruppe und die entsprechende sexuelle Selektion zurück. Wichtiger aber waren ihm die oberen und unteren Extreme der Normalverteilung, weil ein Fortschritt – also ein »Höherrücken« der gesamten Verteilung – ja nur durch Stabilisierung der höchsten Leistungen (»sports«) und Ausdünnung der niedrigsten erwartbar schien. Dabei musste er sowohl »oben« wie »unten« Tendenzen feststellen, die seine Denormalisierungsangst nährten.

»Oben« war das die Tendenz zur »Regression« von Höchstleistungen (»Genies«) zum Mittelmaß. Wenn die individuellen Eigenschaften (auch die seltenen »genialen« an der Spitze) sich aus einem Erbgang erklären, dann wird die Chance ihrer weiteren Steigerung, die ja nur durch Kombination mit zusätzlichen »Genies« gelingen kann, immer geringer. Die Wahrscheinlichkeit einer Kombination mit »niedrigerem« Erbgut wird schließlich überwältigend, so dass sich das Gesetz der »Regression« zum Mittelmaß (zur Normalität) ergibt. Diese Tendenz schien durch einen weiteren »dysgenischen« Faktor überwältigend zu werden: durch die differentielle Geburtenrate, also die geringe Fertilität »oben« und die hohe Fertilität »unten«.

In seinen späten *Essays in Eugenics*[20] erweist sich Galton als geschickter Taktiker, der immer wieder betont, man müsse der öffentlichen Meinung Zeit lassen, um die vielen »Vorurteile« zu überwinden. Er äußert sich daher sehr viel ausführlicher über die »Verstärkung des günstigen Erbguts« (*EE*, 24) als über die Schwächung des »ungünstigen«:

---

[20] Francis Galton, *Essays in Eugenics*, London 1909 (im folgenden *EE*).

Die Möglichkeit, die Rasse einer Nation zu verbessern, hängt von der Möglichkeit ab, die Produktivität des besten Erbguts [stock] zu verbessern. Dies ist viel wichtiger als die Produktivität des schlechtesten zu unterdrücken [repressing]. Beides erhöht den Durchschnitt, das eine durch Reduktion der Unerwünschten, das andere durch Vermehrung jener, die zu Lichtern der Nation werden [lights of the nation]. […] Ein Enthusiasmus zur Verbesserung der Rasse würde sich etwa darin ausdrücken, einer ausgewählten [select] Klasse junger Männer und Frauen entsprechende Zertifikate [diplomas] auszustellen, ihre Heiraten miteinander zu fördern, den Zeitpunkt der Heirat von Frauen dieser Hochklasse zu senken [!! von Sarrazin übernommen, J.L.] owie für die gesunde Aufzucht der Kinder Sorge zu tragen. […] In der Tat ist ein Enthusiasmus zur Verbesserung der Rasse so edel in seinem Ziel, dass er durchaus die Bedeutung einer religiösen Pflicht gewinnen kann [religious obligation]. […] Es gibt unter gebildeten Frauen zweifellos eine Tendenz, das Heiratsalter herauszuschieben oder sogar gar nicht zu heiraten. Sie scheuen das Opfer von Freiheit, Muße und der Chancen zum Studium und gebildeten Umgang. (*EE*, S. 24 ff.)

Wie sein später deutscher Nachfahre schlägt Galton in diesem Kontext konkret vor, das Heiratsalter gebildeter Frauen (*cultured women*) von 28–29 auf 21–22 Jahre zu senken (durch entsprechende Stimuli). Er quantifiziert die dadurch mögliche Steigerung der Fertilität auf ein Sechstel (also 16,67 Prozent).

Galton wird vom Neogaltonianismus sicherlich zurecht auch für den Vater der normalistischen Intelligenzforschung gehalten. Allerdings fasst er in seinen eugenischen Programmen mehrere Dimensionen (und darunter die Intelligenz) unter dem mehrdimensionalen Begriff eines »bürgerlichen Wertes« (»civic worth«; *EE*, S. 6 ff.) zusammen. Dieser »Wert« sei am besten an Karriereerfolg und dessen Monetarisierung zu messen. Galton kannte den IQ noch nicht und hätte diesem Messverfahren sicher begeistert zugestimmt.

Die Gültigkeit der Thesen über die Normalverteilung komplexer biometrischer wie insbesondere intelligenzbezogener Daten ist seit Galton oft genug schlüssig widerlegt worden (s. u. *Blick auf Sarrazin 6*). Insofern handelt es sich bei den auch heute noch überzeugten Galtonianern (wie exemplarisch Sarrazin) um einen Glauben im ebenso emphatischen, religiösen Sinn wie bei Comte:

Ich kenne kaum etwas, das so sehr die Vorstellung [imagination] zu beeindrucken geeignet ist wie die wunderbare kosmische Ordnung, wie sie durch das ›Gesetz der Fehlerhäufigkeit‹ [die Normalverteilung, J.L.] zum Ausdruck kommt. Dieses Gesetz wäre von den Griechen personifiziert und zur Gottheit erhoben worden, hätten sie es gekannt. Es herrscht in Heiterkeit [serenity] und vollständiger Selbstverhüllung inmitten des wildesten Durcheinanders. Je größer der Pöbel [the mob] und je gründlicher die scheinbare Anarchie, umso durchgreifender seine Macht. Es ist das oberste Gesetz des Nichtvernünftigen. [It is the supreme law of Unreason.] Wo immer eine große Zahl chaotischer Elemente ins Auge gefasst und nach ihrer Größenordnung aufgereiht wird, erweist eine unerwartete und wunderschöne [most beautiful] Form von Regelmäßigkeit ihre ständige latente Präsenz. Die Enden der so geordneten Reihe bilden eine fließende Kurve von unwandelbaren Proportionen, und jedes Element findet, so wie es an seinen Platz verteilt wird, eine prädestinierte Nische [preordained niche], präzise vorbereitet es aufzunehmen [to fit it]. (*NI*, S. 66)

Die Institutionalisierung dieser normalistischen Religion besteht in der Gründung und Propagierung der »Eugenik«. In der *Herbert Spencer Lecture* sprach Galton diesen Zusammenhang unmissverständlich aus:

Das Wort Eugenik wurde von mir in meinem Buch *Human Faculty* von 1883 geprägt und verwendet. […] Ich betonte darin die wesenhafte Bruderschaft [brotherhood] der Menschheit, wobei Vererbung für mich eine sehr reale Sache [a very real thing] war – ebenso wie der Glaube, dass wir geboren sind, um zu handeln und nicht abzuwarten wie arbeitstaugliche Faulpelze, die um Almosen jammern. Individuen sind in meiner Sicht endliche Bestandteile eines unendlichen Meeres von Sein, denen ausführende Gewalt auf Zeit übertragen wurde. […] Das unmittelbare ›Wohin?‹ liegt keineswegs vollständig im Dunklen, da wir durchaus ein bisschen Information über die Richtung gewinnen können, in die die Natur sich jetzt bewegt. (*HSL*, S. 7)

Für den internen Gebrauch unter bereits Überzeugten verfasste Galton sogar eine eugenische Utopie, in der radikaler Klartext geredet wurde – offenbar derartig radikal, dass er Teile davon wieder vernichtete. Wie bei Auguste Comte ist die Funktion auch dieser normalistischen Religion primär ver-sichernd gegen Denormalisierungsangst. Im Unterschied zu Comte spielt die Statistik bei Galton eine absolut dominierende Rolle. Insofern übertrumpfte er den Positivismus Comtes durch sein Messen und sein statistisches Rechnen, bei dem ihn sein Freund Karl Pearson mit seiner ausgefuchsten mathematischen Technik der Korrelationsanalyse unterstützte. Von den Signalen seiner Kurven schloss Galton auf Tiefen-Trends, die wiederum seine Denormalisierungsangst erhöhten, so dass er zu drastischen eugenischen Maßnahmen, ja zu einem »Dschihad« für die Verbesserung der Rasse aufrief:

> Wir hören als Nation auf, Intelligenz zu züchten [breed intelligence], wie wir es vor hundert bis fünfzig Jahren taten. Das geistig bessere Erbgut [mentally better stock] in der Nation reproduziert sich nicht mehr mit derselben Rate wie früher; die weniger Fähigen und weniger Energischen sind fruchtbarer als das bessere Erbgut. Kein Schema breiterer und besserer Erziehung kann auf der Intelligenzskala schwaches Erbgut auf das Niveau von starkem Erbgut bringen. Das einzige Heilmittel besteht darin […], die relative Fruchtbarkeit des guten und schlechten Erbguts in der Gemeinschaft [community] zu modifizieren. (*HSL*, S. 9)

Dazu müssten allerdings die moralischen Vorurteile überwunden werden wie früher die gegen Blitzableiter. Das könne durch Kurse in Normalismus und Eugenik für das Volk erreicht werden (und Galton skizziert in diesem Vortrag das Programm dafür).

> Wenn dann die gewünschte Vollständigkeit der Information erreicht sein wird, dann und erst dann wird der richtige Moment gekommen sein, jenen »Dschihad« [Jehad] oder Heiligen Krieg gegen die Sitten und Vorurteile zu proklamieren, die die physischen und psychischen [moral] Qualitäten unserer Rasse verschlechtern. (*HSL*, S. 30)

Der so sprach, litt zweifellos sein Leben lang unter akuter Denormalisierungsangst, die gerade auch seine Geschlechtlichkeit betraf. Nach langer Einsamkeit heiratete er mit 31 Jahren eine der Familie nahestehende Pastorentochter, ohne dass seine psychosomatischen

Leiden abgenommen hätten: »Ich litt häufig unter Schwindel – und anderen Schwächezuständen, die geistiger Anstrengung abträglich waren.« (*ML*, S. 154 f.)

Ein »verstauchtes Gehirn« (»sprained brain«), meinte er, könne schlimmer sein als ein verstauchtes Gelenk (ebd.). Der den Dschihad für die Fruchtbarkeit des guten Erbguts eröffnen wollte, zeugte selber kein einziges Kind.

Wie auch in den oben gegebenen Zitaten mehrfach belegt, war Galton wie viele Wissenschaftler seiner Generation völlig selbstverständlich und besten Gewissens Rassist. Die Minderwertigkeit der schwarzen Rasse stand für ihn außerhalb jeden Zweifels. Die fürchterliche Lektion der »durchgedrehten« Eugenik und des »durchgedrehten« Rassismus in den 1930er und 1940er Jahren hat er nicht vorausgesehen. Anders die Neogaltonianer seit den 1970er Jahren: Sie kennen die Lektion, ihre dennoch propagierte eugenische und rassistische Überzeugung hat ihre Unschuld verloren – daher ihre Tendenz zur polemischen Rechthaberei (s. den übernächsten Abschnitt VI.5.).

Blick auf Sarrazin (5)

Der chronologisch früheste wissenschaftliche Gewährsmann in *Deutschland schafft sich ab* ist Francis Galton. Darin erweist sich, dass er gleichzeitig auch der entscheidende theoretische Master Mind des gesamten Konzepts dieses Buches ist:

> Francis Galton war der Erste, der sich – aufbauend auf Darwins Theorie zur Entstehung der Arten – mit der Entwicklung und Vererbung der menschlichen Intelligenz befasst hat. Er war der Vater der frühen Intelligenzforschung. Diese Forschungen lösten Befürchtungen aus, dass eine unterschiedliche Fruchtbarkeit verschiedener Bevölkerungsgruppen auch dysgenische Wirkungen haben und die natürliche [! J.L.] Selektion quasi auf den Kopf stellen könnte. Diesen Befürchtungen lag ein einfacher logischer [! J.L.] Gedanke zugrunde: Wenn es richtig ist, dass Bevölkerungsgruppen mit unterschiedlicher Intelligenz eine unterschiedliche Fruchtbarkeit haben, dann hat eine unterschiedliche Fruchtbarkeit Auswirkungen auf das durchschnittliche Intelligenzniveau der betreffenden Bevölkerung. (*Deutschland*, S. 92 f.)

Zweifellos gab es in Darwins Denken bereits Elemente des sogenannten »Sozialdarwinismus«. Zum Beispiel gehörte die (frühnormalistische) Theorie von Thomas Malthus über die wachsende Kurvenschere zwischen Demografie und Nahrung zu den wichtigsten Inspirationsquellen der Idee von der ökologischen Nische. Dennoch war sich Darwin, wie Philipp Sarasin (der mit Thilo Sarrazin weder physisch noch geistig die geringste Verwandtschaft aufweist) dargestellt hat, des grundlegenden Unterschieds zwischen der natürlichen und der sprachlich-kulturellen Evolution in sehr viel höherem Maße bewusst als sein Vetter.[21] Galtons von Sarrazin weitergeführte Idee, man müsse die »natürliche« Evolution gegen ihre kulturelle »Auf-den-Kopf-Stellung« (»Dysgenik«) mittels einer »Eugenik« wieder stärken, ist nicht von Darwin, sondern von Spencer inspiriert. Sie ist zudem manifest selbstwidersprüchlich: Was ist die Eugenik anderes als eine durch und durch und sogar extrem kulturelle Veranstaltung?

Wie im übernächsten Abschnitt über den Neogaltonianismus zu zeigen sein wird, sind auch seine neueren Gewährsleute (für die Normalfelder Demografie, soziale Profile, IQ-Intelligenz, Bildung, Postulat einer »willensstarken normalen Persönlichkeit«) sämtlich geistige »Kinder« ihres »Vaters« Galton. Sarrazin lässt keinen Zweifel daran, dass er Galtons exemplarisch protonormalistische Ideen für direkt auf die Lage des heutigen Deutschland anwendbar hält. Denn er setzt die soeben zitierte Berufung auf Galton unmittelbar folgendermaßen fort:

> Die Schichtabhängigkeit des generativen Verhaltens in Deutschland ist als stabiler Trend empirisch belegt, belegt ist auch, dass zwischen Schichtzugehörigkeit und Intelligenzleistung ein recht enger Zusammenhang besteht. Unter seriösen [! J.L.] Wissenschaftlern besteht heute zudem kein Zweifel mehr, dass die menschliche Intelligenz zu 50 bis 80 Prozent erblich ist. Der Umstand, dass bei unterschiedlicher Fruchtbarkeit von Bevölkerungsgruppen unterschiedlicher Intelligenz eugenische oder dysgenische Effekte auftreten können, wird daher nicht mehr grundsätzlich bestritten. (*Deutschland*, S. 93)

---

[21] Philipp Sarasin, *Darwin und Foucault*, Frankfurt/Main 2009.

Wie im einzelnen gezeigt werden wird, liegen alle hier in Fußnoten genannten Belege ausschließlich innerhalb der galtonschen Tradition. Die Thesen dieser Tradition werden allerdings durchaus von sehr seriösen Wissenschaftlern bezweifelt. Entsprechend seiner popularisierenden Wirkungsabsicht bringt Sarrazin im Kontext seines Bekenntnisses zu Galton zwei suggestive Beispiele (ebenfalls in unmittelbarem Anschluss), erstens die evangelischen Pfarrerssöhne und zweitens »die Juden«:

> Ein Beispiel dafür liefert die evangelische Kirche. Seit der Reformation hat sie die intelligentesten Knaben für die geistliche Laufbahn ausgewählt. Evangelische Pfarrersfamilien waren traditionell sehr kinderreich, und diese Kinder hatten in geräumigen Pfarrhäusern bei guter Ernährung auch überdurchschnittliche Überlebenschancen. Bei den Katholiken hat das Zölibat eine Vermehrung dieses Teils der intelligenten Bevölkerung verhindert (jedenfalls soweit es beachtet wurde [haha, J.L.]). Ein erstaunlich großer Teil der deutschen wissenschaftlichen Eliten des 19. und 20. Jahrhunderts zählt deutsche Pfarrer zu seinen Vorfahren. Noch in den sechziger Jahren des letzten Jahrhunderts waren deutsche Professoren zum weit überwiegenden Teil evangelisch. (*Deutschland*, S. 93)

An solchen Stellen möchte man als »unseriöser« Wissenschaftler seine »Zweifel« denn doch für sich behalten und den Mantel des Schweigens über solche Argumentationen breiten. Aber als Kulturhistoriker und Normalismusforscher ist man schließlich dennoch gefordert (vor allem, wenn man an die in die Millionen gehenden Käufer des Buches denkt). Also ist zunächst festzustellen, dass es Galton war, der zuerst die These von der Vererbung überdurchschnittlicher Begabung in Pfarrersfamilien (neben Familien von Richtern, Politikern, Generälen und Künstlern) aufstellte (*HG*, S. 312 ff.). Gegen das Argument, das lasse sich durch Erziehung (*nurture*) und/oder Schiebung erklären, stellte schon Galton die These auf, dass nur angeborene »eminence« sich in statistisch relevantem Umfang und auf die Dauer im Konkurrenzkampf durchsetzen könne. Dabei führt auch er den Katholizismus als Gegenbeispiel an: Die Neffen der Päpste hätten trotz Nepotismus keine großen Leistungen erbracht (*HG*, S. 81; auch das sei unkommentiert gelassen).

Sarrazins zweites Beispiel ist für einen deutschen Galtonianer und zumindest indirekt deutschen Eugeniker (s. das obige Zitat über die »eugenischen oder dysgenischen Effekte«) noch gewagter:

> Bereits die frühe Intelligenzforschung hat bei Juden europäischer Provenienz einen um 15 Punkte höheren IQ festgestellt als bei den anderen Mitgliedern europäischer Völker und deren Nachfahren in Nordamerika. Dieses Ergebnis korreliert mit dem weit überdurchschnittlichen wissenschaftlichen und beruflichen Erfolg dieses doch recht kleinen Bevölkerungsteils. (*Deutschland*, S. 93 f.)

Wie sich erweisen wird, ist der Zusatz »europäischer Provenienz« bei »Juden« nicht bloß wichtig, sondern äußerst ambivalent. Es folgt eine Liste jüdischer Nobelpreisträger, Kulturgrößen usw., nach Möglichkeit mit normalistischen statistischen Prozentanteilen. Den Nichtlesern von *Deutschland schafft sich ab* (unter den Nichtkäufern wie sicherlich auch unter den Käufern) kann ein wörtliches Beispiel nicht erspart werden:

> In Deutschland hatten die Juden 1933 einen Bevölkerungsanteil von 0,8 Prozent. Sie konzentrierten sich aber in den großen Städten, vor allem in Berlin und Hamburg, und waren vorwiegend in den Bereichen Handel, Verkehr und Dienstleistungen tätig. Im Bankwesen, in der Wissenschaft, in den Medien, unter Ärzten und Rechtsanwälten waren sie weit überdurchschnittlich vertreten, weshalb ihr beruflicher und damit wirtschaftlicher Erfolg weit über dem Durchschnitt der Bevölkerung lag. In Berlin belief sich der jüdische Bevölkerungsanteil 1905 auf fünf Prozent, aber die Juden stellten 14 Prozent der Einkommensteuerpflichtigen und erwirtschafteten 31 Prozent des Einkommensteueraufkommens. 1928 stellten sie 80 Prozent der führenden Mitglieder der Berliner Börse. [/] Im Jahr 1910 waren an den deutschen Universitäten 19 Prozent aller Hochschullehrer jüdisch. In den Fachbereichen Jura und Medizin hatten jüdische Studenten einen Anteil von 25 Prozent, in Philosophie einen von 31 Prozent. Von 1905 bis 1931 gingen 32 Nobelpreise für wissenschaftliche Leistungen an deutsche Preisträger, zehn der Preisträger waren Juden. (*Deutschland*, S. 93 f.)

Man begreift, warum die NPD im sächsischen Landtag die Gründung eines »Thilo-Sarrazin-Instituts zur Erforschung von Demografie und positiver Bevölkerungspolitik« beantragte, das durch Streichung der Mittel für das Leipziger Simon-Dubnow-Institut für jüdische Geschichte und Kultur zu finanzieren sei (NPD-Pressemitteilung 15.12.2010), und warum der so Geehrte ihr mehrmals die Berufung auf sich gerichtlich untersagen lassen musste. Diese angeblich philosemitischen Ausführungen (es wird ja die *über*durchschnittliche Intelligenz und der *über*durchschnittliche Erfolg, besonders an der Börse, dargelegt!) sind von einem Teil der Buchkäufer eben leicht gegen den Strich lesbar – die Frage ist nur: wirklich gegen den Strich? Es genügt ja, »die Juden« (worunter Sarrazin sowohl gläubige Juden wie »nichtarische« Christen wie »nichtarische« Atheisten wie vermutlich »zu 50 Prozent« auch »Halbjuden«, sowohl Menschen mit deutscher Staatsangehörigkeit wie noch nicht nationalisierte Einwanderer, zusammenfasst) als eine besondere »Teilpopulation« (»Bevölkerungsgruppe« – so wie »die Türken« oder »die Araber«) zu definieren, um aus dem überdurchschnittlichen IQ die Folgerung seiner »dysgenischen Wirkung« für »Deutschland« zu ziehen. Diese Folgerung wurde bekanntlich gezogen, und zwar von einer radikal eugenischen, sich auf Galton berufenden Strömung. Sarrazin blendet diese Strömung gänzlich aus, ebenso wie die dramatische Veränderung der demografischen Daten »der Juden« in Deutschland – falls man nicht in folgender »Erklärung« eine Anspielung sehen möchte: »Erklärt wird die durchschnittliche höhere Intelligenz der Juden mit dem außerordentlichen Selektionsdruck, dem sie sich im christlichen Abendland ausgesetzt sahen.« (S. 95)

Wiederum ist der Zusatz »im christlichen Abendland« höchst zweischneidig – denn was ist mit den »Juden«, die im »Orient« blieben? Sarrazin muss in seinen angegebenen Quellen gelesen haben, dass »die Judenfrage« seit der Zeit Galtons ein Standardthema der »frühen Intelligenzforschung« war.[22] Exemplarisch waren die dazu präsentierten IQ-Daten im Vorfeld des berüchtigten Einwanderungsgesetzes der USA von 1924, das bestimmte »Rassen« wegen ihrer angeblich niedrigen Intelligenz und ihres angeblich niedrigen

---

[22] Vgl. Sander L. Gilman, »Sind Juden genetisch anders?«, in: Haller/Niggeschmidt (Hg.), *Mythos*, S. 71–85.

»Charakters« aussperrte, darunter Süd- und Osteuropäer, und unter den letzten eben auch die »Ostjuden«.

Hier also bricht die philosemitische Fassade des sarrazinschen Arguments unter einem sehr einfachen Gedankenexperiment endgültig zusammen: Was wären denn für Sarrazin die Konsequenzen gewesen, wenn bei »den Juden« nicht »höhere«, sondern »niedrigere Intelligenz« als bei der »deutschen« Mehrheitspopulation »gemessen« worden wäre? So wie er es heute für »die Türken« behauptet? Wenn »die Juden« etwa gar keinen Nobelpreisträger hätten vorweisen können? (Bloß geringe Geschichtskenntnisse reichen aus, um zu wissen, dass die »differenzierenden« Anti- wie »Philosemiten« der ersten Hälfte des 20. Jahrhunderts genau diese Konsequenz bezüglich der »dummen Ostjuden« behaupteten, von denen sie – in wie immer ehrlich gemeinter schützender Absicht – die »intelligenten Westjuden« scharf abgrenzten. Der Präzedenzfall zeigt, dass der Wurm bereits grundsätzlich in der Kombination von Protonormalismus und Biologismus steckt, wogegen kein immunisierendes Argumentations-Dribbling hilft.)

Galton starb fast genau 100 Jahre vor *Deutschland schafft sich ab*, und auch der angebliche »Missbrauch« der Eugenik durch viele protonormalistische deutsche Ärzte und Beamte im Dritten Reich liegt weit zurück. Sarrazins direkte Quellen stammen daher aus dem Neogaltonianismus seit den 1970er Jahren. Sie werden im übernächsten Abschnitt ausführlich behandelt.

4. Alfred Binet und der (flexible) Ur-IQ

In den Darstellungen der Entstehung des IQ erscheint Alfred Binet (1857–1911) neben Galton als zweiter Initiator und Inspirator der großen Karriere des amerikanischen Konzepts einer exakt messbaren »Intelligenz«. Ein Blick auf seine Biografie zeigt aber, dass dieser »amerikanische« Binet sich nur auf die letzten eineinhalb Jahrzehnte seines Lebens berufen kann, und dass zuvor ein sehr anderer Binet existierte, der sich mit Projekten wie dem *Fetischismus in der Liebe* (1887), dem *Tierischen Magnetismus* (1890), der *Psychologie von Rechen- und Schachgenies* (1894) beschäftigte, der in Charcots Salpêtrière den »Hysterikerinnen« zuschaute oder sich an Hypnose-Experimenten beteiligte und Dramen wie *Eine Lektion in der Salpêtrière*, *Die Obsession* und *Der entsetzliche Versuch* schrieb. Fast könnte es scheinen, als habe er in den *Veränderungen der Persönlichkeit* (1892) auch sich selbst im Auge gehabt. Dieser Eindruck eines grenzenlosen modischen Eklektizismus schwindet allerdings, wenn man den Rahmen des Normalismus berücksichtigt: Denn durch all die verschiedenen Projekte zieht sich ein roter Faden des Interesses an »Normalität« und »Anormalität«. Bis heute weltberühmt als Erfinder des IQ wurde Binet im Rahmen eines Projekts über *Die anormalen Kinder* (1907, mit Théodore Simon). Dabei ging es ganz praktisch um die Einführung separater Sonderklassen für »schwachsinnige« (»imbéciles«) Kinder im Frankreich der Dritten Republik und um entsprechende möglichst objektive diagnostische Kriterien.

Betrachtet man Binets Entwicklung im großen, so scheint sie von einer im weitesten Sinne hermeneutischen Betrachtung von Einzelfällen (extremer Anormalität) zur quantitativen Analyse eines Massenfeldes zu verlaufen, bei dem die Anormalitäten als Randzonen breiter mittlerer Normalspektren mit diesen in einem Kontinuum vergleichbar werden. Dieses Massenfeld war die Schule, und es eignete sich wie kein zweites kulturelles Feld für einen normalistischen Zugriff. Denn schon im traditionellen Schulsystem gab es Noten und damit die Basis für quantitative Vergleiche. Jede Schulklasse stellte eine Art Stichprobe und das gesamte auf Schulpflicht beruhende Schulsystem ein Normalfeld mit nationaler Erstreckung dar. Allerdings waren zu seiner normalistischen Beschreibung die intuitiven und individuell je nach Lehrperson völlig differierenden Notengebungen unbrauchbar. Diese Kriterien waren eben nicht vergleichbar, nicht standardisiert. Also musste ein standardisiertes Testverfahren entwickelt werden, was Binet zusammen mit Simon erfolgreich gelang – mit epochalen Konsequenzen.

Bevor seine Grundzüge weiter skizziert werden, ist noch einmal auf den scheinbar vollständigen Neuansatz dieses Verfahrens gegenüber Binets vorherigen Fragestellungen zurückzukommen. Wiederum erweist sich der Normalismus auch als Schlüssel zum Verständnis des Übergangs von den eher »exotischen« Anormalitäten zur Entdeckung des IQ: Es waren die Projekte der »Übermüdung und Überlastung der Intelligenz« (*La fatigue intellectuelle*, 1898, mit Victor Henri) sowie der »Suggerierbarkeit« (»suggestibilité«) der Kinder, die eine Art Brücke bildeten. Das Problem der »Überbürdung« der Jugend gehörte in den 1890er Jahren (auch in

Deutschland) zu den modischen Themen – es stand im Kontext der »Neurasthenie« (»Nervenschwäche«), die wiederum mit »Konzentrationsschwäche« und »Willensschwäche« verknüpft wurde.

Zu den von Binet kritisierten Ungereimtheiten der Einschätzung individueller Schülerintelligenz gehörte vor allem die fehlende Berücksichtigung des biologischen Alters der Schüler. Ein gegenüber dem Klassendurchschnitt zwei Jahre älterer Primus konnte keineswegs als der »Intelligenteste« gelten. So begründeten Binet und Simon den ==Begriff einer (»normalen«) »Alters-Intelligenz« (»intelligence de l'âge«)==, die dann als Standard zur Messung von Rückstand (Retardation) oder Vorsprung diente. Ein Kind konnte also als Resultat standardisierter Tests z. B. +1,5 Jahre oder -1,5 Jahre zu seiner Alters-Intelligenz klassifiziert werden. Dieser Begriff der »Retardation« verknüpfte also die Normalverteilung mit dem Normalwachstum und erlaubte gleichzeitig eine exakte Definition von »Anormalität« als bei Erreichen des Erwachsenenalters fixierter Retardation.

Die separaten Klassen für »anormale Kinder« nannte Binet offiziell »Förderklassen« (»classes de perfectionnement«), was nicht bloß taktischen Gesichtspunkten gegenüber den Eltern entsprang, sondern auf eine größtmögliche Kompensation der Retardation zielte. Entsprechend dem normalistischen Kontinuitätsprinzip hielt Binet die »anormalen« Kinder nicht weniger für lernfähig als die »normalen« – da ihre Retardation aber mit einer je individuellen »Abweichung« kombiniert zu sein schien, konnte sie nicht mit einer normalen Didaktik kompensiert werden. So wurde für die Förderklassen einerseits eine stark individuelle Didaktik (bezogen auf individuelle »Abweichungen«) entwickelt, und andererseits eine »geistige Orthopädie« (»orthopédie mentale«), d. h. ein Trainingsprogramm allgemeiner Motivation zum Aufholen der Retardation. Dazu zählten besonders auch quasi-sportliche Übungen, u. a. mit dem Dynamometer (das ja auch Galton so schätzte):

> Das Dynamometer löste einen allgemeinen Wettstreit aus; man setzte es ein Jahr lang einmal wöchentlich ein, und kein einziges Mal hat es die Schüler gelangweilt. Umso weniger als der Lehrer bei jeder Probe die Gesamtkurve der Anstrengungen auf ein großes Papier an der Wand aufmalte. Nichts war spannender als die Kurve ansteigen zu sehen – graduell immer weiter ansteigen zu sehen von Woche zu Woche […]. (Av, S. 122; s. Fußnote 23)

Das war ein exemplarischer Einsatz der »Fortschrittskurve« (»courbe du progrès«), die auch bei Gedächtnisübungen eingesetzt wurde. Sie kann als eine exemplarische Lernkurve und gleichzeitig als eine Version der Kurve des Normalwachstums gelten; insbesondere beschreibt Binet ihre graduelle Abflachung und Einmündung ins Nullwachstum:

> Natürlich handelt es sich nicht um unendliches Wachstum […]. Vielmehr werden die Fortschritte insgesamt durch ein Gesetz von bemerkenswerter Stabilität geregelt. Zu Beginn sind sie normalerweise [d'ordinaire] groß und nehmen dann schrittweise ab. Schließlich werden sie ganz klein und dann quasi gleich null trotz größter Anstrengung.[23]

Diese Einmündung ins Nullwachstum zeigc die je individuelle Leistungsgrenze.

Gegenüber Galton vertritt Binet eine deutlich flexiblere Auffassung von Intelligenz – insbesondere spielt die Vererbung bei ihm keine alles dominierende Rolle. Ganz entschieden widersetzt er sich dem noch von Sarrazin wiederholten protonormalistischen »Grenztheorem«, nach dem auch »die beste Schule ein dummes Kind nicht klug macht« (*Deutschland*, S. 215). Vielmehr betont er die Kontinuität zwischen »anormalen« und »normalen« Kindern statt der Diskontinuität. Der Fall Binet zeigt, dass der Gegensatz zwischen Proto- und flexiblem Normalismus im Sinne von Idealtypen zu verstehen ist. Zwischen den deutlich markierten und ideologisch stabilisierten historischen Gegenspielern ist Raum für individuelle Positionen, wobei Binet mit einer Reihe seiner Konzepte zu den zahlreichen flexibel-normalistischen Tendenzen der Jahrhundertwende von 1900 zu zählen ist. Diese Tendenzen dominierten klar in so verschiedenen Strömungen wie der Psychoanalyse und dem Behaviorismus, die dann in den USA trotz ihrer großen theoretischen Gegensätze in die flexible »Therapiekultur für die Normalen« einmündeten, wobei eben der Normalitätskomplex symbolisch die Rolle einer gemeinsamen »konvertiblen Währung« spielte.

---

[23] Zitiert nach Guy Avanzini, *Alfred Binet*, Paris 1999 (Textauswahl mit Kommentar), S. 116.

5. Der Neogaltonianismus in der Anglophonie und in Deutschland (einschließlich Sarrazin)

Der Einfluss der galtonschen Eugenik wuchs – verstärkt durch die IQ-Messung – nicht nur im deutschen, sondern auch im heimischen englischen Sprachraum bis in die 1930er Jahre kontinuierlich an. Wie gefährlich nahe die anglophonen Galtonianer ihren deutschen Kollegen standen, beweist die Episode des bei »Kriegsausbruch« Anfang September 1939 notgedrungen abgebrochenen VII. Internationalen Genetikerkongresses in Edinburgh. Die deutsche Delegation war dort geradezu als Pioniergruppe betrachtet worden, als sie wegen der Eskalation vorzeitig abreisen musste. Ihre ausstehenden Beiträge wurden in englischer Übersetzung verlesen, so auch ein Papier des Humangenetikers Otmar von Verschuer (1896–1969), das zum Teil auf Forschungen seines Doktoranden und Assistenten Josef Mengele (1911–1979) über die Vererbung der Lippen-Kiefer-Gaumenspalte beruhte. (Von Verschuer, führender deutscher Eugeniker und Rassist, der mit Mengeles »Forschungen« in Auschwitz in engem Kontakt stand, dennoch aber von 1951 bis 1965 als Professor in Münster seine eugenischen Forschungen weiter betreiben konnte, war seit 1952 Vorsitzender der Deutschen Gesellschaft für Anthropologie und gleichzeitig Mitglied des Editorial Board der apartheidtreuen Zeitschrift *Mankind Quarterly*, auf die in Kürze anlässlich von Sarrazins Hauptquelle Lynn zurückzukommen sein wird.) Wie Karl Heinz Roth in seiner historischen Rekonstruktion des Kongresses von 1939 formuliert: »Der Name dieses Assistenten sagte dem internationalen Auditorium damals noch nichts. Es applaudierte dem offensichtlich gelungenen Nachweis der komplizierten Beziehungen zwischen Haupt- und Nebengenen und den Manifestationsschwankungen.«[24] Tatsächlich öffnete der VII. Weltkongress Perspektiven auf die künftige Kombinierbarkeit von Phänotyp-Statistik und Biochemie der Gene, und die deutschen Kollegen schienen eine bewunderte

---

[24] Karl Heinz Roth, »Schöner neuer Mensch. Der Paradigmawechsel der klassischen Genetik und seine Auswirkungen auf die Bevölkerungsbiologie des ›Dritten Reiches‹«, in: Heidrun Kaupen-Haas/Christian Saller (Hg.), *Wissenschaftlicher Rassismus. Analysen einer Kontinuität in den Human- und Naturwissenschaften*, Frankfurt/Main u. New York 1999, S. 346–424, hier S. 349.

Avantgarde zu sein, was man nicht zuletzt auf die Förderung solcher Forschungen durch die deutsche Regierung zurückführte, deren eugenisches Selbstverständnis ja kein Geheimnis war. Der von den heutigen Neogaltonianern behauptete »extremistische deutsche Sonderweg« in der Humangenetik und Eugenik existierte jedenfalls bis 1939 in keiner Weise. Sarrazins »wissenschaftlicher« Hauptgewährsmann Richard Lynn bestätigt, dass die deutschen Zwangssterilisierungen sich völlig im Rahmen der in den USA und Schweden praktizierten hielten (»in entire fairness«[25]). Das wird zusätzlich durch das eugenische »Manifest« belegt, das Herman Muller auf dem VII. Weltkongress vorlegte und das u. a. auch von Julian Huxley (dem Bruder des Schriftstellers) und sozialistisch eingestellten Teilnehmern wie J.B.S. Haldane unterzeichnet wurde: Lynn zählt es heute zu den kanonischen Dokumenten der Eugenik (*Eu*, S. 48). Die deutschen Teilnehmer reisten von Edinburgh zurück und ein Teil von ihnen begann danach direkt mit dem Projekt T 4 (»Euthanasie« der »Schwachsinnigen« mittels Vergasung).

Die normalistische Genetik und die normalistische Intelligenzforschung gehören zu den sicherlich am engsten mit politischen Kontroversen verlöteten Wissenschaften. Dafür war nicht nur der VII. Weltkongress vom August 1939 symptomatisch, sondern auch die Galtonrenaissance in den USA (und in England) seit den 1970er Jahren. Diese Renaissance lief nicht zufällig parallel mit der Emanzipationsbewegung der Afroamerikaner in den USA und mit deren Erfolgen. Seither ist die anglophone *scientific community* tief gespalten in der sogenannten »Nature-Nurture«-Debatte. Während die Neogaltonianer die überwiegende Vererbung von Intelligenz behaupten (zu »50 bis 80 Prozent«, wie Sarrazin sie zitiert), hat die kritische Intelligenzforschung die quasi religiösen Dogmen und die Zirkelschlüsse der »nature«-Fraktion demontiert. Auch international bekannt wurde die »Bell-Curve-Debatte« von 1994 ff., in der die neogaltonianische These von der erheblich geringeren »Intelligenz« der Schwarzen im Vergleich mit den Weißen, wie sie von Herrnstein und Murray vertreten worden war, ein weiteres Mal zerpflückt wurde.

---

[25] Richard Lynn, *Eugenics. A Reassessment*, Westport/London 2001 (im folgenden Lynn, *Eu*), hier S. 28.

Für die neogaltonianischen Denkfiguren und Argumente in der Anglophonie soll hier Richard Lynn (bis zur Emeritierung Professor an der nordirischen University of Ulster in Coleraine) als exemplarisch behandelt werden – für deren deutschen Abklatsch Detlef Rost (Professor an der Universität Marburg). Diese Auswahl begründet sich sowohl aus dem synthetischen Anspruch beider Autoren wie aus dem Umstand, dass sie besonders prägnante Gewährsleute für *Deutschland schafft sich ab* darstellen. Aus diesem Grunde wird der entsprechende »Blick auf Sarrazin« hier ausnahmsweise in die historische Darstellung integriert.

Unter Sarrazins einschlägigen Quellen zur »Intelligenz« und ihrer Erblichkeit herrscht folgendes statistisches Ranking: 1. Herrnstein/Murray (*The Bell Curve*) 10 Fußnoten (darunter ausführliche und fundamental zustimmende: Fußn. 78, S. 419), 2a. Richard Lynn 8 Fußnoten, darunter sehr ausführliche und fundamental zustimmende (S. 418, Fußn. 65; S. 419, Fußn. 89; S. 443, Fußn. 50), 2b. Detlev Rost 8 Fußnoten, 2c. Christopher Caldwell ebenfalls 8 Fußnoten.

Sarrazins Gewährsmann Lynn ist exemplarisch dafür, dass selbst missionarische Galtonianer und Eugeniker in bestimmten anglophonen scientific communities als integrale peers der »normalen Wissenschaft« anerkannt sind. Dabei lassen Publikationen wie *Eugenics. A Reassessment* von 2001 oder *Dysgenics* von 1996 nun wirklich nicht den geringsten Zweifel am »Mut« seines Autors offen, sich weiter in Galtons Sinne für die Verbesserung der Rasse zu engagieren – und zwar nun auch mit Mitteln der Gentechnik, wobei er hofft, dass China dem Modell Singapurs unter Lee Kuan Yew folgen und endlich einen »Eugenic World State« durchsetzen werde (Lynn, *Eu*, S. 307 ff.). Lee habe es erfolgreich geschafft, durch entsprechende »incentives« die Geburtenrate der Collegegirls von Singapur spektakulär zu heben. Die Übereinstimmung mit den von Sarrazin für Deutschland angeregten incentives ist verblüffend.

In einer weiteren Publikation[26] verteidigt Lynn sowohl das einseitige »Intelligenz«-Konzept im Sinne des IQ wie das »Rasse«-Konzept im Sinne eines je separaten Genpools von »Rassen«. Beides zusammen ergibt die Erblichkeit von »Intelligenz« zu »80 Pro-

---

[26] Richard Lynn, *Race Differences in Intelligence. An Evolutionary Analysis*, Augusta/Georgia 2006 (im folgenden Lynn, *Race*).

zent« (*Race*, S. 26; dies also die Quelle für Sarrazin an den Stellen, wo er kurz und bündig »80 Prozent« postuliert). Unter Lynns zehn fundamentalen »Rassen« dürfte Sarrazin besonders die Zuordnung von Deutschen und Türken zu zwei verschiedenen Fundamentalrassen interessiert haben, weil sie nicht bloß stark verschiedene physische Eigenschaften postuliert, sondern eben auch eine zu Ungunsten der Türken stark differierende »Intelligenz«. Der durchschnittliche IQ von »Deutschen« (als Population von »Europäern«) sei 100 (*Race*, S. 24), der von »Türken« (die zu den »Südasiaten« gehören sollen) sei lediglich 90 (*Race*, S. 82). Dabei ist ein entscheidendes Argument Lynns für die genetische Stabilität seiner »Rassen« sein Befund, dass Einwanderer (bzw. eingeführte Sklaven) in ihrer neuen »Umwelt« ihren alten IQ behielten, sofern sie Endogamie praktizierten. Für Sarrazin ist diese These allerdings alarmierend: Denn soweit die türkischen Einwanderer sich endogam fortpflanzen, ziehen sie Deutschland mit ihrem Defizit von 10 IQ-Punkten je nach Bevölkerungsanteil stark nach unten (je mehr sie werden, umso stärker) – soweit sie sich »mischen«, ziehen sie das deutsche Erbgut ebenfalls nach unten. Zur »Griechenlandkrise« von 2010 ff. passt übrigens Lynns Befund, dass »Türken und Griechen genetisch ganz ähnlich« wären und Griechen (noch vom Neolithikum her?) nahe an »Iranern« lägen (*Race*, S. 19). Man müsse die Griechen daher aus dem »europäischen« IQ ausklammern, weil sie ihn nach unten zögen. Gleiches gilt für Portugal, was Lynn auf die Vermischung mit schwarzen Sklaven auf den Plantagen der Algarve seit dem 15. Jahrhundert zurückführt (ebd.).

Das ausführlichste Material und die ausführlichsten Begründungen der Thesen beziehen sich, wie bereits erwähnt, auf die (in der Tat erstaunlich zahlreichen) IQ-Erhebungen bei Afroamerikanern. Dabei ergab sich folgendes Problem: Obwohl der IQ der schwarzen US-Bürger mit 85 weit unter dem der weißen liege, sei er erheblich höher als der der in Afrika Gebliebenen (67 – also ein »Gewinn« von 18 Punkten!). Das darf nicht auf kulturelle Ursachen zurückgeführt werden – und nun kommt ein typischer (nicht »unintelligenter«) Zirkelschluss: Weil die Ursache genetisch sein muss (Dogma), kann man die Differenz rein genetisch erklären, falls man annimmt, dass die Afroamerikaner 25 Prozent weißes Blut aufgenommen haben. Also haben sie 25 Prozent weißes Blut aufgenommen (*Race*, S. 45). (Seine Objektivität selbst gegenüber Francis Galton beweist Lynn übrigens auf Seite 30, wo er nachweist, dass der große Vorgänger die Intelligenz der Schwarzafrikaner erheblich *über*schätzt habe.)

Auch für Sarrazins bereits erwähnte Ausführungen über »die Juden« lohnt es sich, seinen Gewährsmann Lynn zu konsultieren: Gestützt auf IQ-Material aus Israel vertritt er die These eines zwischen europäischen und orientalischen Juden erheblich differierenden IQ (103 gegen unter 95), den er auf die Mischung der europäischen mit Europäern zurückführt, während die orientalischen (ursprünglichen) Juden zusammen mit den Türken (Pointe für Leser Sarrazin!) zu den weniger intelligenten »Südasiaten« zu zählen seien (*Race*, S. 93 ff.).

Schließlich stammt auch Sarrazins feste Überzeugung von der IQ-»Intelligenz« als vererbter wichtigster Quelle von ökonomischem Erfolg aus dem hier durch Lynn repräsentierten Neogaltonianismus: »In Lynn und Verhanen 2002 [vgl. *Deutschland*, S. 419] haben wir den IQ für alle 185 Nationen der Welt mit über 50000 Einwohnern geschätzt [! estimated]. Diese nationalen IQs sind determiniert [are determined] durch die rassische Zusammensetzung der Bevölkerung. […] Wir stellten fest, dass die nationalen IQs zu 0.62 mit dem realen BSP per capita im Jahre 1998 und zu 0.63 mit dem BIP korreliert sind. […] Nationale IQs tragen daher erheblich zum Nationaleinkommen bei.« (*Race*, S. 177)

In dem von Sarrazin zitierten Sammelband *The Bell Curve Debate* (S. 419)[27] wird Lynns offen rassistischer Neogaltonianismus nicht bloß argumentativ zerpflückt, sondern auch sein institutioneller Background als anglophones Analogon von NPD-»Stiftungen« beschrieben: Lynn erweist sich als Chefideologe des rassistischen, der Apartheid in Südafrika und in den USA verpflichteten *Pioneer Fund* und dessen Organs *Mankind Quarterly*.[28]

---

[27] Russell Jacoby/Naomi Glauberman (Hg.), *The Bell Curve Debate. History, Documents, Opinions*, New York 1995 (im folgenden *TBCD*).

[28] Vgl. die ausführlich dokumentierte Darstellung von Charles Lane: »Tainted Sources« (*TBCD*, S. 125–221). Siehe oben (im vorletzten Abschnitt) die NPD-Intervention im sächsischen Landtag für die Gründung eines »Thilo-Sarrazin-Instituts«. Das war die Idee eines deutschen *Pioneer Fund*. Die NPD wird Sarrazins gerichtlich erwirkte Verbote, sich auf ihn zu berufen, augenzwinkernd zur Kenntnis genommen haben – die Wissenschaft von Richard Lynn, *Pioneer Fund* und *Mankind Quarterly* dürfte ihr bestens bekannt sein. Übrigens übernimmt Sarrazin in seinem Buch auch die zentrale Formel des nazilastigen »Heidelberger Manifests« von 1982: »Maschi-

Damit steckt Sarrazin in einer klassischen Zwickmühle: Entweder hat er seine Quellen nicht sorgfältig gelesen und sich damit als unseriöser Kompilator erwiesen – oder er hat sie ganz gelesen und sich damit, da er sie für die einzigen »seriösen« Orientierungsmarken erklärt und ihre Kritiker verschweigt, als parteiischer Neorassist geoutet.

Zwischen dem anglophonen Neogaltonianismus und Sarrazin sind die deutschen Neogaltonianer zu platzieren, für die hier Detlef Rost stehen soll, der Sarrazin gemeinsam mit Heiner Rindermann (ebenfalls Lynn-Adept, vgl. Sarrazin, S. 213) in der *FAZ* bestätigte, seinen Forschungsstand korrekt wiedergegeben zu haben (»Was ist dran an Sarrazins Thesen?«, 7.9.2010). In seinem jüngsten Kompendium[29] verteidigt Rost, gestützt auf den absoluten Rekord von circa 2500 Titeln Bibliografie (von mir »geschätzt«, J.L.), die These von der exakten Messung von »Intelligenz« durch IQ-Batterien sowie die von der dominanten Vererbung solcher »Intelligenz«. Zunächst aber geht es ihm um »g«. Dieser »Faktor« meint »general intelligence« und wurde von Spearman noch zu Lebzeiten von Galton erfunden. Kurz gesagt unterstellt er, dass allen verschiedenen Äußerungen möglicher menschlicher Intelligenz, also gerade auch allen sprachlichen und sprachbasierten, aber auch etwa handwerklichen, musikalischen, künstlerischen, medizinischen, politischen, militärischen und sonstigen denkbaren, ein gemeinsamer »Faktor« zugrunde liege, der mit »Fähigkeit zum schlussfolgernden Denken, zum Planen, zur Problemlösung, zum abstrakten Denken, zum Verständnis komplexer Ideen, zum schnellen Lernen« identisch sei (S. 2; so die »berühmte« Definition des *Wall Street Journal* vom 13. Dezember 1994 in der *Bell-Curve*-Polemik) und daher korrekt mit IQ-Batterien, besonders »progressiven Matrizen«, gemessen werden könne. Im Kontext des Normalismus postuliert »g« ein einziges Normalfeld »Intelligenz« – gegenüber der von mindestens einer ebenso starken Richtung von (ebenfalls durchaus normalistischer) Intelligenzforschung vertretenen Ansicht, dass die schwierig fassbaren »intelligenten« Phänomene (seit der Erfindung der Sprache

---

nen zu den Menschen statt Menschen zu den Maschinen« (bei Sarrazin: S. 258). Sein Bestseller ist im Grunde ein erweitertes »Heidelberger Manifest«.

[29] Detlef Rost, *Intelligenz. Fakten und Mythen*, Weinheim/Basel 2009 (alle Verweise auf Rost beziehen sich auf diesen Titel).

durch Adam und der des Feuers durch Prometheus) – wenn überhaupt – dann zu mehreren, voneinander unabhängigen Normalfeldern zu zählen seien. Typisch für den Neogaltonianismus, und damit für Lynn, Rost und Sarrazin, ist eine Art »Sprachblindheit« im mehrfachen Sinne – sie testen zwar auch »verbale Intelligenz«, aber schriftlich und analog zu »mathematisch-logisch-abstrakten« Aufgaben (oft auch einfach nach Quizfragenart), die sie für einen »Indikator« und »Prädiktor« von MINT-Intelligenz halten (Mathematik, Ingenieurwissen, Naturwissenschaften, Technik). Ein symptomatischer Fall ist der Unterschied der Geschlechter. Lynn hatte, wie er stolz mitteilt, das »Paradox« gelöst, dass Frauen trotz ihres erheblich geringeren Gehirnvolumens und trotz möglicherweise abweichender Lateralisierung in allen IQ-Tests gleich gut oder besser als Männer »punkten« (seine hier nicht verratene Lösung s. S. 216 [Lynn, *Race*]: Männer sind nach Auflösung des Paradoxons klar intelligenter). Rost gibt eine andere Lösung des Paradoxons: das »angemessenere Arbeitsverhältnis« von Frauen (S. 176 f.) – im logischen »reasoning« (und das indiziert bekanntlich »g«) seien jedoch die Männer überlegen.

Auf der Basis von »g« ergibt sich dann die Normalverteilung (Abb. S. 152) mit den klaren Normalitätsgrenzen zum »Schwachsinn« – und die Komplimente an Galton (S. 25, 224) sowie an Herrnstein/Murray (S. 188 f., 190 f., 251) erweisen sich als »gute Prädiktoren« für die schließliche These der dominanten Vererbung der so begründeten »Intelligenz« (S. 179 ff., 223 ff.).

Die These der dominanten Vererbung von »Intelligenz« und insbesondere der nach »Rassen« differentiellen Vererbung widerspricht völlig dem flexiblen Normalismus, für den die kulturelle Plastizität, die dominante Lernfähigkeit und die Pluralität der Intelligenzen selbstverständlich sind. Selbst für den Protonormalismus stellt diese Genetikthese einen radikalen Fall dar. Denn die genetische Determination ist die absolut »stabilste« und »robusteste« Spielart der Normalitätsgrenze, die sich überhaupt denken lässt. Obwohl die Polygenesiethese heute völlig widerlegt ist, bedeutet die Annahme von »Rassen« mit verschiedener »g-Intelligenz« eine tiefe Diskontinuität zwischen »meiner Rasse« und den anderen. Alle Denormalisierungsangst vor »Ansteckung«, »Mischung« und »Entartung« wird von der Spannung zwischen der kulturell produzierten Diskontinuität und der realen Kontinuität (besonders im *sex appeal*) mobilisiert. Sarrazin entschied sich auf dringende Bitten seines Verlags, »Rasse« in seinem Text durch »Ethnie« zu ersetzen. Um also den Ton des Originals ganz zu hören, müsste man »Rasse« restituieren.

Leon Kamin vergleicht das ominöse »g« zurecht mit dem »Phlogiston« der frühen Chemie – man könnte auch den »Äther« nennen und zu »g« noch die ominöse »fluide Intelligenz« von Cattell, die natürlich ebenfalls von Rost und Sarrazin als unbestreitbar geglaubt wird, hinzufügen. Wenn Rost als Argument für die empirische Existenz von »g« die Masse der dazu publizierten Papers anführt, muss man ihn daran erinnern, dass es seinerzeit noch mehr Publikationen für das Phlogiston und für den Äther gab.

6. Kulturwissenschaftliche Anmerkungen zum IQ

In einem von ironischer Intelligenz funkelnden Essay hat Hans Magnus Enzensberger den IQ-Glauben ein für allemal abgefertigt.[30] Er stützt sich dabei wissenschaftlich auf Autoren wie Stephen Gould und auf Evidenzen eines poeta doctus. In exemplarischen kleinen Kapiteln werden Galton und seine berühmten Nachfolger jeweils bis zu ihren nur noch als abstrus zu bezeichnenden Extremkonsequenzen verfolgt. Insbesondere gilt das für Hans J. Eysenck (neben Lynn und Rost ebenfalls einer der Hauptgewährsmänner von Sarrazin, der hier deshalb ausgespart werden konnte). Ebenso wie in meinem Kapitel wird Binet vor seinen Nachfolgern in Schutz genommen. Vor allem aber ist der Essay ein Plädoyer gegen das Phantasma einer engen IQ-»Intelligenz« (»g«) und für eine plurale Theorie der Intelligenz – in die ironisch angebliche Aspekte von »Dummheit« unbedingt einzuschließen seien! – Ergänzend nun einige vom Normalismus ausgehende Gesichtspunkte:

Die fachwissenschaftlichen Widerlegungen des »g«-IQs, der dominanten Erblichkeit beliebig interpretierter IQs sowie von deren Fixität sollen hier nicht wiederholt werden. Niemand bestreitet, dass der IQ irgendetwas misst, wenn auch kaum exakt. Seit dem Flynn-Effekt, besonders aber seit neuesten Tests unter Einsatz von parallelen Beobachtungen des Gehirns ist zudem evident, dass das den Messungen zugrunde liegende Etwas individuell und histo-

---

[30] Hans Magnus Enzensberger, *Im Irrgarten der Intelligenz. Ein Idiotenführer*, Frankfurt/Main 2007.

risch stark variabel ist. Die einfachste Erklärung dieser Variabilität ist natürlich die aufgewendete Lernzeit (Trainingszeit). Sarrazin und seine neogaltonianischen Gewährsleute müssen sich fragen lassen, warum sie ihre Intelligenz damit strapazieren, diese einfachste Erklärung zurückzuweisen oder stark zu relativieren. In einer Debatte über den Flynn-Effekt schlug Patricia Greenfield vor, den Aufstieg der Bildmedien, zunächst des Films und des Fernsehens, dann auch des Computers und insbesondere der Computerspiele als eine wichtige Ursache des steigenden IQs insbesondere bei den »progressiven Matrizen« zu betrachten. Sie nannte unter anderen das frühe Spiel »Tetris« als Trainingsmöglichkeit für IQ-Tests mit Knobelaufgaben, und insbesondere auch für »mental speed«[31]. Dieser Zusammenhang ist derart naheliegend, dass man das als IQ gemessene Etwas geradezu (symbolisch) als »Tetris-Intelligenz« (»TI«) eingrenzen könnte. Damit wären mehrere Aspekte erklärt:

1) Diese TI ist nicht generell, sondern speziell. Ihre Spezialität ist »computer-ähnlich« und insofern »prädiktiv« für Grundrechenarten, einfache Mathematik und ähnliche Aufgaben. Witzigerweise ist es gerade jene spezielle Intelligenz, die am einfachsten durch den Computer implementierbar und damit historisch im weiteren Verlauf überflüssig geworden ist.

2) Diese TI ist hochgradig durch Lernen (Trainingszeit) plastisch und daher höchstwahrscheinlich – wenn überhaupt – in geringem Grade vererbbar (falls man nicht zum Lamarckismus zurückkehren möchte).

3) Die lernabhängige Plastizität dieser TI ist ihrerseits hochgradig von der »Motivation« abhängig. Das bestätigen sogar Rost und Rindermann, wenn auch bloß in einem eingeklammerten Nebensatz: »(daneben spielen natürlich auch Persönlichkeitsmerkmale wie Motivation, Fleiß, Arbeitshaltung, Selbstdisziplin und Gewis-

---

[31] Patricia Greenfield, »The Cultural Evolution of IQ«, in: U. Neisser (Hg.), *The Rising Curve. Long Time Gains in IQ and Related Measures*, Washington D.C. 1998, S. 81–123. James Flynn nahm an der Debatte teil. Er hat sich inzwischen zu Greenfields kultureller Erklärung »bekehrt« (s. *Der Spiegel* 10.9.2012, S. 128 ff.). Damit ist Sarrazins »Wissenschaft« definitiv kollabiert – denn Flynn begann als gläubiger Neogaltonianer, besitzt aber den Mut, die Falsifikation durch seine Daten anzuerkennen.

senhaftigkeit eine Rolle)«³². Auch solche »Persönlichkeitsmerkmale« (»personality traits«) sind für Galtonianer vererbt. Aber immerhin liegen sie auf einer völlig anderen »Dimension« als die TI. In der Tat braucht man »Motivation, Fleiß« usw., um sich auf IQ-Tests vorzubereiten (heute kann man die »Batterien« aus dem Netz runterladen und auswendig lernen oder sich gleich einen persönlichen Trainer leisten, wie es in den USA gang und gäbe ist). Genauer noch braucht es »Motivation, Fleiß« usw. der Eltern, um die Kids für die IQ-Tests zu präparieren. Und diese »Persönlichkeitsmerkmale« divergieren bei den Eltern. Die per IQ-Test gemessene TI erweist sich also zum erheblichen Teil als Funktion der »disziplinären Persönlichkeitsmerkmale« der Eltern. Beweist das aber die Vererbung von »Motivation, Fleiß« usw.? Sarrazin, Rost und Rindermann scheinen das zu glauben, womit sie der typisch protonormalistischen Tendenz folgen, alle angeblich »stark korrelierten« Merkmale zu einem dicken *fascio* (»Rutenbündel«) zu bündeln. Tatsächlich sind diese von Sarrazin emphatisch propagierten »Sekundärtugenden« (S. 170, 232) sicherlich noch viel mehr erlernt als selbst die TI. Dabei meint »erlernt« nicht bloß ein Trainieren im Sinne des Behaviorismus, sondern vor allem auch ein frühkindliches »Subjektivieren« im Sinne der Psychoanalyse (z. B. über Drohungen der Eltern mit Liebesentzug).

④ Der enorme Aufwand des IQ-Testens ist überflüssig, weil zwar die frühe Verpunktung der TI ein guter »Prädiktor« für Schulerfolg sein mag (soweit die Schulaufgaben eben TI erfordern) – man fragt sich aber, was die ganze Messerei zusätzlich zu dem mit der jeweiligen TI gegebenen und also von der Messerei unabhängig eintretenden Schulerfolg bringen soll. Die ohne IQ-Testen auskommenden europäischen Schulen lassen auch so höhere oder geringere TI erkennen und ermöglichen folglich auch so u. U. individuelle Fördermaßnahmen. Damit erweist sich die eigentliche Funktion des IQ-Messens ausschließlich als angeblicher »Beweis« für die genetische Fixität von »Intelligenz«. Dafür ist der Aufwand ziemlich teuer. (Zu Sarrazins Maßnahmen gehört die jährliche obligatorische Messung von Staats wegen: *Deutschland*, S. 252.)

⑤ TI ist ein ausgesprochen irreflexiver Teilfall von Intelligenz. Soll heißen: TI kennt keine Reflexion auf das jeweils Gedachte,

---

[32] Heiner Rindermann/Detlev Rost, »Was ist dran an Sarrazins Thesen?«, in: *FAZ* 7.9.2010, S. 29.

also keine »Metaierung« (keinen zwischenzeitlichen Wechsel auf eine Metaebene, keine »Beobachtung zweiten Grades«). Beispiele für solche Metaierung sind Staunen (»Was soll dies Spielchen eigentlich? Warum soll ich das eigentlich weitermachen?«), Kritik (»Ist eigentlich ein völlig idiotisches Spielchen!«), Ironie (»Wenn ich jetzt trotzdem weitermache, werde ich garantiert ein Genie!«). Man muss nur an die großen Ironiker (wie Voltaire, Lessing, Heine oder Karl Kraus) denken, um die Fähigkeit zur Ironie (französisch nicht umsonst »esprit«, also Geist schlechthin, Intelligenz schlechthin genannt) als einen der besten »Indikatoren« von Intelligenz zu begreifen. Ich habe bei keinem IQ-Forscher auch nur ein Quäntchen ironischer Intelligenz gefunden. Sie haben stattdessen TI und können Korrelationen berechnen – genauer gesagt: können entsprechende Computersoftware einsetzen und deren TI nutzen.

6) Vergleicht man intelligente Tiere mit Menschen, so scheint der Unterschied der jeweiligen Intelligenz eindeutig: Während viele Tierarten, zum Beispiel alle schnellen Raubtiere, aber auch bestimmte Insekten und Vögel offenbar eine Art von »Tetris-Intelligenz« besitzen (man denke an Bienen, Ameisen oder Zugvögel), gibt es für die komplexe Lautsprache allenfalls Vorstufen bei den Primaten. Und hier zeigt sich ein ungemein bedeutender empirischer Befund, der den Grundannahmen auch der neorassistischen Vertreter der Vererbung von Intelligenz diametral widerspricht. Nach deren Annahmen müssten verschieden »intelligente« Sprachen (im Sinne von TI: also Sprachen mit und ohne kompliziertes Flexionssystem), da per TI genetisch im Gehirn fixiert, different vererbbar sein – während sich empirisch nur eine allgemeine Disposition zur Erlernung jeder beliebigen, einschließlich jeder beliebig »schwierigen« (also TI-differenten) Sprache (eine ganz allgemeine »Kompetenz« im Sinne Chomskys) bei allen Menschenkindern vererbt. Diese strikt universelle sprachliche Basiskompetenz ist das wahre und einzige »g«. Ich begreife schlechthin nicht, wie jemand täglich die Evidenz kleiner eingewanderter Türken, die perfekt zweisprachig sind (es gibt sie, wenn auch als Minderheit), vor Augen haben und dennoch weiter an die genetisch differente und fix vererbte »Intelligenz« glauben kann. (Jetzt fehlt nur noch, dass als Antwort käme: Das sind die Ausnahmen mit einem individuell hohen IQ, der durch einen Anteil »europäischen Blutes« zustande gekommen sein muss.)

Die (zunächst mündliche) Mehrsprachigkeit, die – richtig gefördert – gerade eine bei Einwandererkindern verbreitete Fähigkeit werden kann (vgl. dazu die Publikationen von Gerlind Belke und den von ihr ausgewerteten Autorinnen[33]), ist fraglos ein Ausweis hoher Intelligenz. Mit TI dürfte sie »schwach korreliert« sein: Während alle TI-Aufgaben, selbst sehr komplexe, längst perfekt computerimplementiert sind, erweisen sich die Übersetzungsprogramme noch immer als jedem eingewanderten Kind fürchterlich unterlegen. Darin zeigt sich die notwendige Reflexivität selbst jeder Alltagssprache.

7) Reflexive Intelligenz erweist sich demnach wesentlich als kulturell-historisches Ereignis statt als genetisch programmiertes Produkt. Malcolm Gladwells Buch über zeitgenössische »Computergenies« wie Bill Joy, Bill Gates, Steve Ballmer, Eric Schmidt und Steve Jobs rekonstruiert die jeweiligen glücklichen Konstellationen von Geburtsjahrgang, frühem kostenlosem oder billigem (!) Zugang zu den seinerzeit besten Computern, hoher Motivation und entsprechend zeitlich absolut exorbitanter frühzeitiger Trainingszeit (d. h. Programmierzeit: »mindestens 10.000 Stunden«). Natürlich müsse eine überdurchschnittliche inventiv-intelligente Disposition, keineswegs ein »Spitzen-IQ«, vorausgesetzt werden. Vielmehr sei Termans seinerzeitiger Versuch, die höchsten IQs in den USA zu finden und sie als »Prädiktoren« großer Erfindungen einzusetzen und entsprechend zu fördern, kläglich gescheitert.[34] Sarrazin, Rost und Lynn schwören weiter auf Terman.

---

[33] Gerlind Belke, *Mehr Sprache(n) für alle. Sprachunterricht in einer vielsprachigen Gesellschaft*, Neufassung Hohengehren 2012.
[34] Malcolm Gladwell, *Outliers. The Story of Success*, London 2008 (zur Kohorte von Joy usw., S. 35 ff.; zu Terman und seinen »Termites« S. 73 ff., S. 89 ff.).

VII. Fünf exemplarische Kapitel Normalismus von andauernder Aktualität, gerade auch in der Krise

1. Demografie und Sex

Die Demografie gehörte zu den frühen Feldern der Verdatung (Tauf- und Sterberegister der Pfarreien) und dann auch einer systematischen statistischen Analyse, in Deutschland mit dem Namen des Pfarrers Johann Peter Süßmilch (1707–1767) und seinem Werk von 1740 über die stabilen demografischen Trends verbunden. Diese Analysen wurden im größeren Kontext der von Foucault so genannten »Biopolitik« entwickelt, durch die der moderne Staat westlichen Typs den »Reichtum« seiner Masse von Menschen und Sachen zu optimieren versuchte. Es schien evident zu sein, dass Optimierung gleich Wachstum, und zwar auch der Bevölkerung, wäre. Der fundamentale »Wille zum Wachstum« des modernen Okzidents (s. dazu im Schlusskapitel den Abschnitt X.2.) richtete sich also auch auf die Bevölkerung, und man versuchte, Wachstumsraten und Wachstumsfaktoren empirisch zu erfassen. Das bis heute bekannteste Resultat solcher Bemühungen schien allerdings jedem demografischen Wachstumsoptimismus den Boden zu entziehen: Es war die berühmte Formel des Pfarrers Thomas Robert Malthus (1766–1834) aus dem Jahre 1798, nach der die spontane demografische Wachstumsrate »geometrisch« wäre (also eine Spielart der symbolischen Quasi-Exponentialkurve), die der Nahrungsbasis aber nur »arithmetisch« (linear). Die darin implizite Kurvenschere würde also notwendiger- und grausamerweise durch Hunger, Krankheit und Krieg jede Öffnung der Schere zyklisch wieder schließen, so dass die Menschheit durch Gottes Willen insgesamt auf ein Wachstum nahe Null beschränkt bleiben müsse. Die katastrophischen zyklischen Schließungen der Schere könne man nur und solle man durch Beschränkung der Heiraten und Zeugungen verhindern.

Das 19. Jahrhundert sollte Malthus gründlich widerlegen. Auf der Basis von Industrialismus (Wachstum von Kapital und Lohnarbeit) und Szientismus (vor allem Fortschritt der Medizin und der Hygiene, aber auch der Agrochemie) begann ein (symbolisch) »geometrisches« (quasi-exponentielles) Wachstum der Bevölkerung und gleichzeitig ihrer Nahrungsmittel, das selbst dem zweifellos großen Elend des Proletariats standhielt. Dieses Wachstum war allerdings extern nach Ländern und intern nach Klassen differenziert und dephasiert. Wie das Beispiel Galtons und des Galtonianismus im vorigen Kapitel zeigte, setzte sich eine neue Spielart von Malthusianismus trotz der empirischen Widerlegung seines Urhebers fort. Diese Spielart fürchtete nicht mehr ein Wachstum überhaupt – sie wollte es im Gegenteil fördern. Sie fürchtete ein bloß quantitatives Wachstum, in dem sich eine qualitative Regression verbergen könnte (ein der differentiellen Geburtenrate geschuldetes negatives Wachstum von »Intelligenz«).

Galtons Sorge bezog sich auf die interne differentielle Geburtenrate zwischen sozialen Klassen – vor allem seit der 2. Hälfte des 20. Jahrhunderts hat sich diese Sorge globalisiert: Mit Phasenverzögerung begann auch in den Ländern der südlichen Hemisphäre ein quasi-exponentielles Bevölkerungswachstum, kollektivsymbolisch bekannt als »Bevölkerungsexplosion«.

In der Zwischenzeit (beginnend in Frankreich) hatte sich die Wachstumskurve in den nördlichen Ländern des Okzidents allerdings wieder abgeflacht (zweifellos durch einen sozialen »Willen«, dem technisch immer bessere Verhütungsmethoden, bis zur Pille, entsprachen). Damit schien auch die Sorge um ein bis in die befürchtete Katastrophe anhaltendes quasi-exponentielles Wachstum empirisch überholt. Auf dem eng mit Intimität und Religion verbundenen und daher wenig transparenten Normalfeld schien sich dennoch spontan das Normalwachstum einzustellen. Auf dieser empirischen Basis, die sich auf zunehmend genaue globale Daten (UNO) stützen konnte, entstanden die Theorien der »demografischen Transition«, deren Grundmodell die große quasi-logistische Kurve des Normalwachstums ist (s. o. Abb. 5).

Am Beispiel der Verhütungstechniken und ihrer wachsenden Anwendung erweist sich exemplarisch die Kopplung von Demografie und Sexualität. Demografisches Wachstum (ob positiv oder negativ) beruht auf den Zyklen der biologischen Reproduktion, die wiederum auf den Kopplungen zwischen anscheinend gänzlich privaten, spontanen und kontingenten Sehnsüchten und Lüsten einerseits und religiösen und sozialen Normativitäten anderseits beruhen. Die Rede von einer »sexuellen Revolution« nach dem Zweiten Weltkrieg und besonders seit der Erfindung der Pille und der 1968er Kulturrevolution ist mit der These einer zuvor herrschenden »viktorianischen Repression« des Sex im Westen verbunden. Dieser These hat Michel Foucault widersprochen, indem er auf die geradezu obsessive Beschäftigung mit dem Sex – gerade auch in den Humanwissenschaften und ihren Anwendungen – bereits seit dem 18. Jahrhundert hinwies. Er sah schon damals eine Tendenz zur »Normalisierung« (normalisation: mit starker Komponente von Standardisierung) am Werk, die nach dem Zweiten Weltkrieg lediglich ihre »Taktik« geändert habe. Damit ist zwar die basale Kontinuität des Normalismus zurecht betont, der Umschwung vom Proto- zum flexiblen Normalismus aber dennoch erheblich unterbewertet. Wer könnte auch die massive »Repression« der Sexualität im 19. und in der ersten Hälfte des 20. Jahrhunderts übersehen? Foucaults vier »Strategien« bezüglich des Sex in dieser Zeit (Hysterisierung des weiblichen Körpers – durch Fixierung der Frau auf die Mutterrolle, Pädagogisierung des kindlichen Sexes – durch Kampf gegen die Masturbation, Sozialisierung des Fortpflanzungsverhaltens – durch das Ideal hoher Fertilität, Psychiatrisierung der »perversen« Lust – vor allem der Homosexualität sind nichts anderes als Spielarten des Protonormalismus mit dem Ziel, das sexuelle Normalspektrum zu verengen und in massive Normalitätsgrenzen zu zwängen. Nicht bloß die Sozialisierung des Fortpflanzungsverhaltens, sondern alle vier »Strategien« dienten der Kopplung der Sexualität an die Demografie, die Foucault insgesamt als »Biopolitik« mit dem Ziel einer stabilen »Biomacht« bezeichnet. Eigenartigerweise fehlt bei Foucault der Komplex der Verhütung, der bei allen vier »Strategien« eine geheime gemeinsame Komponente bildet. Während Masturbation und »Perversionen« das Sperma von der Eizelle »weglenkten« (*deviance*), führten viele Psychiater die »Hysterie« auf den coitus interruptus zurück.

Bekanntlich implizierte der Protonormalismus auf dem sexuellen Normalfeld besonders extreme Erscheinungen von »Fassaden-Normalität«: So waren Verhütung und Prostitution statistisch »normale« Begleiterscheinungen der protonormalistischen Sexualität, wurden aber öffentlich tabuiert oder als anormal beredet. Mit etwas Übertreibung ließe sich sagen, dass der größte Teil der Literatur dieser Zeit (vom Realismus über den Naturalismus und Surrealismus bis zur »klassischen Moderne«, etwa bei Proust, Joyce und Thomas Mann, und bis zur Neuen Sachlichkeit) die sexuelle Fassaden-Normalität behandelt und anklagt.

Wenn es also auch zutrifft, dass die Wende zum flexiblen Normalismus keinen Bruch mit dem Normalismus überhaupt bedeutete, so handelt es sich doch um einen tiefgreifenden Strategiewechsel (und nicht bloß um eine andere »Taktik«), wie sich exemplarisch in der Ausdehnung des sexuellen Normalspektrums und der Beseitigung und/oder Verflüssigung der massiven Normalitätsgrenzen erweist. Exemplarisch und symbolisch richtungweisend war dabei zum einen die Inklusion und Integration der Homosexualität ins Normalspektrum, zum anderen die Normalisierung der seriellen »Partnerschaften« (einer Spielart der »wachsenden Schlange«) und der damit verbundenen Ersetzung der protonormalistischen monogamen Normalfamilie durch die flexible »Patchwork-Familie«.

2. Soziale Profile

Seit den ältesten Zeiten der in Klassen (Kasten, Stände) geteilten Hochkulturen ordnen die Menschen ihren jeweiligen eigenen Platz wie den der anderen mithilfe einer vertikalen Symbolik ein: zwischen »ganz oben« und »ganz unten«. Die entsprechenden Hierarchien waren auf der Basis sehr verschiedener Kriterien strukturiert – typisch war aber, dass das konkrete Individuum in seine »Etage« durch familiale Filiation hineingeboren wurde. Mobilitäten zwischen »Etagen« waren sehr beschränkt und Ausnahmen. Zudem lagen die »Etagen« keineswegs auf einer eindimensionalen kontinuierlichen »Leiter« (»Skala«), vielmehr waren sie oft quasi parallel oder in »Sprüngen« vorzustellen. Auch waren die Individuen gar nicht gleichermaßen selbständig, sondern »klumpten« familial (besonders natürlich die Frauen und die Hausklaven beiderlei Geschlechts). Nach Kriterien des Normalismus waren solche »vormodernen« Vertikalmodelle demnach vor allem extrem diskontinuierlich und also mit Normalismus vollständig unvereinbar.

Erst die Abschaffung der Geburtsstände und die Schaffung eines »freien« Arbeitsmarkts durch die Amerikanische und Französische Revolution – also erst die »Atomisierung« der Individuen schuf die Voraussetzung für eindimensionale Verdatungen der gesamten Bevölkerung eines Landes unter »vertikalen« Aspekten. In der Soziologie wird die »Atomisierung« als »soziale Mobilität«, bezogen auf freie Individuen, behandelt. Je größer diese individuelle soziale Mobilität, umso kontinuierlicher sollte die Gesamtverteilung ausfallen. Dabei war die operationalste Dimension von Anfang an die monetäre, also das monetär gemessene »Einkommen« (verdatet durch die Steuerbehörden). Auch dabei wurde das idealtypische Modell erst im Laufe eines längeren historischen Prozesses erreicht: die kontinuierliche Anordnung aller Personen nach ihrem jeweiligen monetären »Einkommen« zwischen »ganz oben« und »ganz unten«.

Die marxsche Verelendungstheorie, die einen wachsenden »Absturz« von Individuen der Mittelklassen nach unten ins Proletariat prognostizierte, implizierte also – normalistisch gefasst – eine extrem bodenschiefe Verteilung (pyramidale Form) bei gleichzeitiger krasser Diskontinuität zwischen oben und unten: Nach dieser Prognose würde am Ort der Mitte ein Loch klaffen. Das marxsche Proletariat ist also eine radikal »abgehängte« und dennoch zahlenmäßig riesige »Unterschicht«. Damit war der Prozess der Proletarisierung und »Verelendung« als eine wachsende, schließlich katastrophische Denormalisierung gefasst. Diese Tendenz bewahrheitete sich empirisch nicht, wie die »Revisionismen« um 1900 feststellten: Vielmehr schmolzen die monetär gemessenen mittleren Strata (mittlere Ingenieure, mittlere Beamte und Angestellte, hohe Facharbeiter, kleine Unternehmer) nicht ab, sondern wuchsen sogar. 1896 untersuchte Vilfredo Pareto die Einkommensverteilung in Italien und stellte die Pareto-Verteilung fest, die zwar die marxsche extreme Bodenschiefe, aber weder die marxsche klaffende Diskontinuität noch aber auch den Glockenbauch einer Normalverteilung zeigte. Dabei besaßen die oberen 20 Prozent 80 Prozent des Gesamtvermögens. Pareto glaubte, das sei ein universales Prinzip und deswegen nicht änderbar.

In der Zeit der Konsumgesellschaft und des Wohlfahrtsstaats nach dem Zweiten Weltkrieg schien Pareto allerdings ebenfalls empirisch widerlegt zu werden, und es entstanden nun soziologische Theorien, die eine Tendenz zur Quasi-Normalverteilung postulierten. Diese Theorien entwarfen die Modelle einer »sozialen Zwiebel« oder eines »sozialen Rhombus« (wie im Renault-Logo). Es ist leicht zu sehen, dass diese Modelle nichts anderes bedeuten als Quasi-Normalverteilungen (wenn man die Modelle in der vertika-

168 Fünf exemplarische Kapitel Normalismus von andauernder Aktualität

len Mittelachse teilt und die linke Seite zur rechten hinüberaddiert). Damit postulierten diese Modelle aber eine endgültige soziale Normalisierung: Eine soziale Normalverteilung wäre das Modell sozialer Normalität schlechthin und scheinbar die perfekte Alternative zu Marx: Zwar wäre auch hier die schmale Spitze extrem reich, aber ihr entspräche unten keine abgehängte arme Mehrheitsmasse, sondern eine zur oberen Spitze symmetrische schmale untere Spitze von Armen, während die große Mehrheit eine komfortable Mittelposition einnehmen könnte und die gesamte Verteilung an keiner Stelle diskontinuierlich wäre. Die gleichermaßen sehr wenigen Reichen wie Armen wären als normal akzeptabel und dem Stress des Kampfes für alternative Gesellschaftstypen vorzuziehen.

Zwei Tendenzen der Denormalisierung haben dieses Modell seither geschwächt und schwächen es weiter: Zum einen wächst die Bodenschiefe der Verteilung seit der Krise Mitte der 1970er Jahre (sogenannte »Ölschockkrise«) kontinuierlich wieder an (Stichwort »Zweidrittelgesellschaft« – also ein »abgehängtes«, diskontinuierliches großes unteres Drittel, keineswegs eine schmale Spitze, sondern ein breiter Sockel). Zweitens war die soziale Quasi-Normalverteilung u. a. ein Produkt der Ausklammerung – und zwar der Ausklammerung der unteren Normalitätsklassen, was im folgenden Kapitel erörtert wird. Hier genüge als Vorwegnahme die Feststellung, dass die »Zwiebel« bloß in den »reichen Ländern« der Ersten Welt ein empirisch angenähertes Modell darstellt, im Rest der Welt aber nicht – und grob gesehen umso weniger, je weiter die Reise nach Süden geht. Der »Bauch« einer Mittelklasse wird zunehmend kleiner und schiebt sich zunehmend von der Mitte (vom Median) weg nach oben, bis er lediglich noch einen Anhang an die reiche Spitze bildet, unter dem direkt der »long tail« der Armut beginnt, die bis zu 80 Prozent der Bevölkerung umfasst. Dieser »Schwanz« ist zudem tendenziell »abgehängt« (diskontinuierlich angefügt) – wie in dem prognostischen Modell des marxschen Proletariats.

Normalistisch gesehen, herrscht also in den unteren Normalitätsklassen eigentlich radikale Denormalisierung. Diese sozusagen chronische Denormalisierung der »unteren Dritten Welt«, wie man auch sagen könnte, strömt seit der Entkolonisierung und seit der großen Arbeitsmigration nach dem Zweiten Weltkrieg in die oberen Normalitätsklassen ein und verstärkt seit den zyklischen Krisen ab Mitte der 1970er Jahre ein wachsendes »abgehängtes

Prekariat« aus Billiglohnarbeitern, informellen Arbeitern und Arbeitslosen. Mit der Krise von 2007 ff. droht eine Art Explosion dieses abgehängten Prekariats, deren Vorboten sich (bis 2012) bereits in Ländern wie Spanien, Griechenland, aber auch in den USA, andeuten. Dabei entstehen tendenziell stark bodenschiefe und zudem diskontinuierliche Verteilungen, die sich »unteren Normalitätsklassen« annähern. Das bedeutet katastrophische Denormalisierung.

3. Politische Profile

Zu den Axiomen der deutschen Politik gehört es seit geraumer Zeit, dass erstens »Wahlkämpfe nur in der Mitte gewonnen werden können«, und dass zweitens »nur eine Mitte regierungsfähig ist«. Oft wird gefragt, wer die »Mitte« am besten repräsentiert – nie oder selten, wieso ein Symbol für Räume oder Gebäude (man denke etwa an den Dachfirst des Parthenon als Symbol einer architektonischen Mitte) eine politische Dimension erhalten konnte. Dass (wie heute in Deutschland) die »Mitte« das höchste und gleichzeitig edelste Ziel der Politik ist, das war nicht immer so und ist auch heute in vielen Ländern nicht der Fall. Es zeigt sich, dass die »Mitte« bloß das isolierte Element eines Kollektivsymbols ist, welches mindestens die weiteren Elemente »links«, »rechts« und »Extreme« umfasst. Nicht immer war dabei die Position der Mitte die positivste – seit der Französischen Revolution funktionierte das Schema in vielen Ländern (und auch im Deutschland der Weimarer Republik) wie ein symbolischer »Bürgerkrieg« zwischen den beiden Seiten – und in dieser Spielart galt die Mitte als negativ, als Zone feiger Neutralität oder als Zone des Verrats von Überläufern. In Frankreich hat sich diese Spielart bis heute weitgehend erhalten. (Man kann also den Typ des »symbolischen Bürgerkriegs« als U-Form und umgekehrt den normalistischen Typ als »Schnittmengen«-Typ – ∩ – kennzeichnen.)

Vor diesem historischen Hintergrund erweist sich die heute in Deutschland (und ebenso in Italien) gängige Spielart des Kollektivsymbols als einleuchtende Symbolik einer »normalisierten« Politik in einem sehr genauen Sinne. Wenn man die idealtypische Verteilung der Parteien bzw. ihrer »Flügel« als einen Bogen von »linksextrem« über »linker Flügel«, »linke Mitte«, »rechte Mitte«, »rechter

Flügel« bis »rechtsextrem« auffassen kann, dann sollte die jeweilige Stärke von der Mitte aus symmetrisch in Richtung der beiden »Extreme« abnehmen. Ein solcher Bogen wäre aber nichts anderes als eine Quasi-Normalverteilung. Die 5-Prozent-Klausel erweist sich also als eine Institution zur Stimulierung politischer Normalität. Die Grenzen zu den »Extremen« funktionieren als politische Normalitätsgrenzen (in Deutschland institutionalisiert durch eine »Beobachtung durch den Verfassungsschutz«). Der Bereich zwischen diesen Normalitätsgrenzen bildet dann das politische Normalspektrum. Am Beispiel der »Normalisierung« der Grünen wurde die Verwandlung einer zuvor »fundamentalistischen« und damit womöglich »extremen«, also »nicht-normalen«, in eine »normale« Partei medial durchgespielt. Dieses Phänomen wiederholt sich in gesteigerter Form ab 2011 mit der Piraten-Partei. Jedenfalls ist diese neue Partei bisher (2012) nach normalistischen Kriterien noch überwiegend »anormal«. Im Kontext unserer Überlegungen ist also zu konstatieren, dass eine latente »Anormalität« offensichtlich auf große Teile der jüngeren Generation der »digital natives« nicht abschreckend, sondern hoch attraktiv wirkt – was wiederum die Diagnose einer hochgradig flexibel-normalistischen Orientierung dieser Generation erlaubt.

Zur politischen Normalität zählt so erstens ein breites Normalspektrum und zweitens die konvexe Glockenform für das Gesamtprofil der Kurve. Also gibt es zwei Denormalisierungen: Die Schrumpfung der Mitte und die Umbiegung der Kurve zur konkaven Glocke (U-Form) durch ein Anwachsen der »Extreme« über die Stärke der »linken« bzw. »rechten Flügel« hinaus. All das gehört zum derartig selbstverständlichen Textbuch der politischen Rhetorik, dass die normalistische Grundstruktur eigens herausgearbeitet werden muss. Da die Krise von 2007 ff. multiple Denormalisierungen ausgelöst hat und weiter auslösen wird, bestand und besteht auch eine Tendenz zu politischen Denormalisierungen. In Deutschland gehörte dazu die vernichtende Wahlniederlage der SPD 2009, die nichts anderes darstellte als einen »Crash« der »linken Mitte«. International erweist sich die Denormalisierung in der Entstehung und im Wachstum sogenannter »populistischer« Parteien (zunächst hauptsächlich »rechtspopulistischer«, aber nach dem Schema prognostizierbar auch »linkspopulistischer«, die dann tatsächlich zuerst in Griechenland und in den Niederlanden emergierten). Diese »Populismen« mussten ins Spektrum zwischen »extrem« und »linker/rechter Flügel« als neue Größe eingebaut werden, wo sie diese »Flügel« zu überflügeln drohen. Je dramatischer solche Denormalisierungen, umso näher stehen sie bereits dem Kontext notständischer Tendenzen (dazu Kapitel IX.). Ein deutliches Symptom vollständiger Denormalisierung des Parteiensystems stellten die griechischen Wahlen von 2012 mit ihrer U-Form und ihrem Kollaps sowohl der linken wie der rechten Mitte dar – im Unterschied zu Spanien und Frankreich 2011/2012, wo das Spiel des Wechsels zwischen linker und rechter Mitte zunächst stabilisiert werden konnte (trotz deutlicher Tendenzen zur U-Form auch in Frankreich).

Wenn das politische Spektrum wie in Deutschland als politische Quasi-Normalverteilung funktioniert, beerbt es gleichzeitig vornormalistische Kollektivsymbole wie »Mitte und Maß«, »Gleichgewicht«, »Sicherheit« und »Konsens«.[35] Gesondert ist dabei der Komplex des »Konsenses« zu behandeln, da er eine normalistische Genealogie besitzt. Unter Konsens wird heute fast immer eine breite politische Übereinstimmung, typischerweise die Übereinstimmung einer großen Mehrheit von Individuen innerhalb einer Population verstanden. Diese Bedeutung von Konsens soll »interpersonaler Konsens« heißen. Daneben gab es im 19. Jahrhundert eine andere Bedeutung, die später mit der heutigen verschmolz: Bei Broussais und Comte meinte, wie in Kapitel VI. bereits erwähnt, Konsens das gute Kofunktionieren der verschiedenen Organe eines »Organismus« – bei Broussais des physischen und bei Comte dann des sozialen. Hier wäre vom »organisch-funktionalen Konsens« zu sprechen. Der normalismustheoretische Blick erlaubt also festzustellen, dass der heutige »demokratische Basiskonsens« neben seiner statistischen Komponente (typischerweise Zweidrittelmehrheit von Wählern und Wählerinnen im Spektrum rechts und links von der »Mitte«) auch eine strukturfunktionale Komponente besitzt – die Kompatibilität zwischen verschiedenen Normalfeldern (»Teilsystemen«). Dabei spielt die Kompatibilität zwischen Politik und Massenmedien die entscheidende Rolle. Insofern

---

[35] Vgl. dazu Herfried Münkler, *Mitte und Maß. Der Kampf um die richtige Ordnung*, Berlin 2010, das sich explizit auf die Normalismustheorie bezieht (S. 63, 109 ff., 224 f.). Während Münkler die Kontinuität mit vornormalistischen Vorstellungen von »Mitte« betont, vernachlässigt er den auf Verdatung gegründeten Neuansatz des Normalismus.

heißt Konsens die möglichst reibungslose »Passung« zwischen Politik und Medien, die eine statistische Mehrheit produziert, wobei diese Mehrheit umgekehrt dann die entsprechende »Passung« legitimiert. Eine Krise wie die von 2007 ff. führt zu Friktionen im Konsens, bis hin zu krassen Diskontinuitäten zwischen politischen und medialen Vorgaben und statistisch abgefragten Mehrheiten (etwa bei den Euro-»Rettungsschirmen«, als sie Ende 2011 Billionenhöhen erreichten).

4. »Leistung«

Zu den am breitesten akzeptierten »X-Gesellschaften« als Umbenennung von Kapitalismus-Szientismus gehört die »Leistungsgesellschaft«. Sie unterstellt, dass die Verteilungen in Normalfeldern wie »Einkommen«, »Lebensstandard« und »Status« weitgehend analog zu denen in einem postulierten Normalfeld »Leistung« verliefen und vermutlich durch dieses determiniert seien. Damit ergibt sich aber das Problem einer unabhängigen Messung von »Leistung«. Die einfachste Lösung wäre die monetäre Messung, also die Gleichsetzung mit »Einkommen« – aber sie wäre nicht unabhängig und also zirkulär. Dieses Problem wurde in der Krise von 2007 ff. durch die sogenannte Bonus-Debatte dramatisch sichtbar: Erhebliche Zweifel wurden laut, ob die Boni von Managern und Tradern tatsächlich ihre »Leistung« widerspiegelten. Diese (teils exorbitanten) Boni stellen aber bloß die Spitze des Eisbergs »Leistungsmessung« dar. Wie lässt sich »Leistung« unabhängig von monetären Daten verpunkten? Es gehört zu den basalen Instrumenten der »amerikanischen« Spielart des Normalismus, die »Leistung« möglichst auf der gesamten Skala zwischen Maximum und Minimum kontinuierlich zu verpunkten. Dementsprechend werden nach Möglichkeit in allen statusrelevanten Kontexten, und besonders in Betrieben aller Art, »leistungsbezogene« Entlohnungssysteme bevorzugt, die – je nach Beschäftigungsart – auf Verpunktungssystemen beruhen, deren Idealtyp die Geschwindigkeit darstellt, mit der eine Aufgabe erledigt wird (Arbeitstempo). Diese Geschwindigkeit scheint eine von der Monetarität zunächst unabhängige, mehr oder weniger exakt messbare, Dimension zu sein, die zum Beispiel den Akkordlöhnen in der Industrie zugrunde liegt. Kulturell ist das Arbeitstempo eng mit dem linearen »Fortschritt« und also mit dem Normal-

[Randnotiz links: Verdatung von Leistung]

wachstum verbunden: Mit der Zeit wird das Tempo gesteigert. Ebenso eng ist die Verbindung mit der Konkurrenz und der konkurrenzstimulierten »Motivation«. Diese enge Verflechtung von »Leistung«, Arbeitstempo, Konkurrenz und Motivation stellt eine wichtige Kopplung zwischen Kapitalismus und Normalismus dar, da eine Steigerung des Arbeitstempos die Profitmarge stärker als den Lohnanteil erhöhen kann, weshalb Systeme wie MTM (Minimal Time Measurement) von Arbeitern und Gewerkschaften mit Misstrauen betrachtet werden. Typisch für die protonormalistische »Bündelung« völlig verschiedener »Dimensionen« ist die Extrapolation des Arbeitstempos auf die »Intelligenz«, was sich in der für die IQ-Gläubigen entscheidenden Kategorie eines »mental speed« äußert. Das Tempo stellt zusammen mit der Technik einen von mehreren, teils opaken, Faktoren der »Arbeitsproduktivität« dar, die daher ebenfalls nur monetär gemessen werden kann.

Betrachtet man die gesamte Lebenszeit eines Individuums als eine einzige Leistungskurve, so müssen auch die Bildungs- und Ausbildungszeiten darin integriert werden. Sie werden im folgenden Abschnitt näher betrachtet. Es wird sich zeigen, dass auch dabei die normalistischen Verpunktungsinstrumente (Tempo, Konkurrenz, Motivation) leitend sind. Im Unterschied zur Arbeit ist die Bildung in geringerem Maße monetarisiert (in den USA stärker: durch Schul- und Studiengebühren und das Kredit- oder Stipendiensystem), so dass die »Leistung« hauptsächlich durch Noten und notenrelevante Punktsysteme auf der Basis von Tests und Prüfungen im weitesten Sinne gemessen wird.

==Insgesamt ergibt sich also im Normalfeld »Leistung« eine uneinheitliche, heterogene Verdatung, wobei die monetäre, die Unabhängigkeit von »Leistung« also infrage stellende Messung einen sehr hohen Anteil ausmacht.== Genau dieses Dilemma ist die wesentliche Ursache für den phänomenalen Aufstieg des IQ vor allem in den USA. Sollte es in jedem Menschenkopf ein Gencluster namens »Intelligenz« geben, das die wahre Ursache für alle Formen von »Leistung« wäre, und sollte die »Güte« dieses Clusters durch den IQ exakt messbar sein, dann gäbe es eine von der monetären unabhängige Dimension der Messung. Dann könnte die weitgehende Parallelität von »Leistung« und Einkommen als Doppeleffekte der gleichen Ursache IQ-»Intelligenz« erklärt werden, wie es im vorigen Kapitel in der Nachfolge von Galton bei Lynn, Rost und Sarrazin festzustellen war.

5. Kindliche Entwicklung und »Bildung«

Während – wie der Abschnitt zur Demografie in diesem Kapitel zeigte – das Modell des Normalwachstums für menschliche Kollektive umstritten ist, scheint dieses Modell für das individuelle Wachstum im Wortsinne (also das Wachstum der Körpergröße) nahezu idealtypisch zuzutreffen, was bereits Quételet feststellte. Von der Geburt an wächst das kleine Kind zuerst relativ langsam, der Wachstumswinkel vergrößert sich dann (symbolisch) quasi-exponentiell, flacht nach dem 15. Jahr wieder ab und mündet mit 19 Jahren in Nullwachstum. Diese Beschreibung setzt allerdings bereits Verdatung und statistische Normalisierung voraus: Sie bezieht sich auf Durchschnittsgrößen. Blickt man auf eine entsprechende Datenlandschaft von historischer, generischer und sozialer Spannweite und gar räumlich globaler Erstreckung, so fächert sich der Idealtyp in eine stark differenzierte Kurvenlandschaft auf: Sowohl das Tempo des Wachstums wie sein Maximum schwanken erheblich nach Geschlecht, Klasse, Kultur und historischer Phase. Insbesondere nahm das durchschnittliche Maximum im Laufe der Industrialisierung erheblich zu, was wegen der viel zu kurzen Zeiträume nicht genetisch verursacht sein kann, sondern offensichtlich mit insgesamt besserem durchschnittlichem Lebensstandard, vor allem besserer Nahrung, Wohnung und Pflege besonders für Reiche und Mittlere, aber sogar auch für die Armen, zusammenhängen dürfte. Normalwachstumskurven wie die in den »U-Heften« der deutschen Kindervorsorgeuntersuchungen (U1 bis U9) seit 1977 beziehen sich also auf eine zeitlich wie räumlich begrenzte Population. Sie sind aber exemplarisch für einen Korridor des Normalwachstums mit impliziten Normalitätsgrenzen nach oben und nach unten.

Die naheliegende Frage (seit Quételet, besonders aber seit Galton) war, ob den physischen Normalwachstumskurven (außer Größe vor allem Gewicht, Hüftumfang usw., kurz »Linie«) analoge psychische und mentale (kognitive) Normalwachstumskurven entsprechen. Wie die Abschnitte über Galton und den Galtonianismus sowie über die »Leistung« bereits ausführlich dargestellt haben, glaubt diese Richtung, die durch Messung des IQ charakterisiert ist, an eine sehr strenge und sehr enge Analogie, die sie in beiden Fällen für überwiegend genetisch determiniert hält. Das impliziert aber auch für das kognitive Wachstum ein differentielles durchschnittliches Maximum, das bei vielen Kindern und ganzen »Rassen« auf einem Niveau von 3, 5 oder höchstens 12 Jahren (des Durchschnitts) stoppen soll. Dieses Dogma ermöglicht es Sarrazin, in naiver Verdinglichung von »intelligenten«, »begabten« und »talentierten« versus »dummen«, »unbegabten« und »untalentierten« Kindern zu sprechen:

> Dass die Zahl der Geburten in Deutschland zwischen 1965 und 2009 auf die Hälfte gesunken ist und sich bis 2050 noch einmal halbieren wird, bedeutet auch, dass in Deutschland heute nur noch halb so viele und in weiteren zwei Generationen allein aus demografischen Gründen nur noch ein Viertel der talentierten Köpfe des Geburtsjahrgangs 1965 geboren werden wird. Natürlich vermindert sich dann auch die Zahl der Untalentierten entsprechend, aber die tragen ohnehin nichts zur Vermeidung von Engpässen in der wirtschaftlichen und gesellschaftlichen Entwicklung bei (*Deutschland*, S. 53).

> Die damit einhergehenden Wirkungen beschleunigen sich, wenn die Bestimmungsgründe der Partnerwahl nicht zufallsverteilt sind, sondern sich intelligente Frauen vorzugsweise mit intelligenten Männern verbinden, dümmere Frauen eher mit dümmeren Männern (*Deutschland*, S. 99).

Da zudem in Deutschland weitgehende Chancengleichheit bestehe, hätten sich die »Dummen« längst in der Unterschicht festgesetzt (ganz naiv wie ein Kaffeesatz vorzustellen) und wären die »Intelligenten« längst oben (S. 174), so dass besserer Unterricht nichts mehr grundsätzlich ändern könne – im Gegenteil wachse aufgrund der wegen des viel zu üppigen Hartz IV verstärkten differentiellen Geburtenrate die Dummheit bedrohlich weiter an: »Für einen großen Teil dieser Kinder ist der Misserfolg mit ihrer Geburt bereits besiegelt: Sie erben (1) gemäß den Mendel'schen Gesetzen die intellektuelle Ausstattung ihrer Eltern und werden (2) durch deren Bildungsferne und generelle Grunddisposition benachteiligt« (S. 175). Gegen die »Mendel'schen Gesetze« kann man nichts machen – also bleibt für die »dummen Kinder« nur eine Art Separierung in der Schule und ihre Disziplinierung für dumme Arbeiten.

Gegen diese Auffassung spricht, wie sich zeigte, bereits der sogenannte »Flynn-Effekt«, d. h. der Umstand, dass im Laufe des

20. Jahrhunderts nicht bloß die Körpergröße, sondern auch der durchschnittliche IQ (was immer er messen mag) erheblich anstieg – und definitiv zeigt der inzwischen mögliche Blick ins Gehirn mittels bildgebender Verfahren die überwältigende Bedeutung der Trainingszeit.

Wenn man die genetische These als längst definitiv widerlegt ausschließt, geht es bei der psychischen und mentalen Entwicklung also um »Lernkurven« im weitesten Sinne. Dabei stellt das biologische Substrat (der ganze Körper, dominant aber Nervensystem und Gehirn) lediglich Dispositionen für kulturelle Techniken parat: vor allem für die Sprachentwicklung, auf die dann andere, historisch äußerst plastische und variable Kulturtechniken wie Schrift und Kalkül aufbauen.

Blick auf Sarrazin (6): Eine »unseriöse Wissenschaft« in der Zwickmühle, oder: Wie light ist die »deutsche Bell Curve light«?

Sarrazin setzt die von PISA erfassten Unterschiede im schulischen Bildungsniveau mit IQ-Intelligenz gleich und unterschiebt ihnen dadurch auch seine Vererbungsthese. Dabei beruft er sich stereotyp auf eine »seriöse Wissenschaft«, die im vorliegenden Buch aufgrund der angegebenen Quellen inzwischen eindeutig als die neogaltonianische Theorie der bis zu »80 Prozent« genetisch fixierten »generellen Intelligenz (g)« identifiziert werden konnte: »Unter seriösen Wissenschaftlern besteht heute zudem kein Zweifel mehr, dass die menschliche Intelligenz zu 50 bis 80 Prozent erblich ist.« (*Deutschland*, S. 93, mit Quellenverweis auf Rost). – »Der Umstand, dass bei unterschiedlicher Fruchtbarkeit von Bevölkerungsgruppen unterschiedlicher Intelligenz eugenische oder dysgenische Effekte auftreten können, wird daher nicht mehr grundsätzlich bestritten« (S. 93, mit Quellenverweis auf Lynns *Dysgenics*!) – »Die Darwin'sche Evolutionstheorie […] und die empirischen Befunde zur Vererbbarkeit geistiger Eigenschaften, darunter auch der menschlichen Intelligenz, ergeben zusammen ein empirisch-logisches Gedankengebäude, gegen das man mit Anspruch auf wissenschaftliche Seriosität kaum etwas vorbringen kann« (S. 351, mit Verweis auf Darwins angebliche Bekehrung zu Galton).

Gestützt auf Lynn und Rost (sowie letztlich auf Galton) erklärt Sarrazin damit u. a. folgende Wissenschaftler für derartig »unseriös«, dass ihre vehemente, auf fachwissenschaftliche Argumente gestützte Bestreitung der neogaltonianischen Dogmen für ihn schlichtweg nicht zählt: Howard Gardner, Malcolm Gladwell, Stephen Gould, Patricia Greenfield, Jürgen Guthke, Leon Kamin, Charles Lane, David Layzer[36], Hervé Le Bras, Alan Ryan, Michel Tort, Eric Turkheimer, Peter Weingart[37]. Er erklärt darüber hinaus die gesamte Widerlegung der *Bell Curve* von Herrnstein/Murray durch diese und andere Wissenschaftler in der *Bell Curve Debate* für »unseriös«, ohne auch nur den Ansatz eines Gegenarguments zu formulieren. Auf keiner der 463 Seiten findet sich in Sarrazins Buch auch nur ein einziger Satz, der den von ihm zugrunde gelegten Neogaltonianismus korrekt als keineswegs monopolistisch anerkannt, sondern im Gegenteil als höchst »umstritten« kennzeichnen würde. Damit aber sitzt Sarrazin in der bereits festgestellten Zwickmühle: Entweder hat er die von ihm angeführten Quellen, zu denen nicht nur die krass neogaltonianischen und rassistischen Bücher von Herrnstein, Murray, Lynn und Vanhanen, sondern auch *The Bell Curve Debate*, die von Russell Jacoby und Naomi Glauberman gesammelten wissenschaftlichen Widerlegungen (u. a. von Gardner, Gould und Kamin) gehören, »unseriös« oberflächlich wahrgenommen – oder er hat sie tatsächlich gelesen und dann einseitig Partei für die rassistische Richtung ergriffen. Damit hat Sarrazin, wie ein chinesisches Sprichwort so schön sagt, einen enorm schweren Stein aufgehoben, der ihm krachend auf die eigenen Füße gefallen ist: Ab jetzt steht der Name Sarrazin exemplarisch für den »unseriösen« Erfolgsautor schlechthin. Umso mehr erweist sich der große Verkaufserfolg seines Buches als die »gemessene« Stärke eines kollektiven »Willens« und »Glaubens« an die differentielle Geburtenrate zwischen »Deutschen« und »Türken/Musli-

---

[36] Die mit der souveränen MINT-Intelligenz eines führenden Astrophysikers der Harvard-Universität formulierte *reductio ad absurdum* des gesamten IQ-Paradigmas mittels rein mathematisch-statistischer Beweisführung sollte Pflichtlektüre jedes »kognitiven Intelligenz-Psychologen« sein. Sie wurde in *TBCD* (S. 653–679) wieder abgedruckt, und Sarrazin behauptet also, sie gelesen zu haben. Sollte das zutreffen, ist sein eugenischer Glaube vom Typ »*credo quia absurdum*« – aber auch im umgekehrten Fall erreicht sein Glaube durchaus die Intensität eines muslimischen Fundamentalismus. Er bekennt sich ja im übrigen mutig zum »Fundamentalismus« der Aufklärung (S. 274) – so wie sein *Master Mind* Galton zum eugenischen »Jehad«.

[37] Vgl. dessen Beitrag in Michael Haller/Martin Niggeschmidt (Hg.), *Mythos*.

men« – und umso lauter schreit das Schweigen der deutschsprachigen universitären kognitiven Psychologie, das sich von der deutlich vernehmbaren Reaktion ihrer amerikanischen Kollegenschaft in der *Bell Curve Debate* ebenso deutlich unterscheidet.[38]

In seiner insgesamt neogaltonianischen Argumentation für eine »niedrigere Intelligenz« der »Türken/Muslime« finden sich jedoch zuweilen auch rein kulturalistische Behauptungen, die der Genetikthese direkt widersprechen. So heißt es zum Beispiel über das Schulversagen der Muslime: »Der relative Misserfolg kann wohl auch kaum auf angeborene Fähigkeiten und Begabungen zurückgeführt werden, denn er betrifft muslimische Migranten unterschiedlicher Herkunft gleichermaßen« (S. 287). Hier hätte Lynn den Widerspruch umgehend mit irgendeinem Sophismus zugunsten der Genetik aufgelöst. Sarrazin lässt ihn einfach stehen, so dass – wie bei einer »Kippschaltung« – abwechselnd genetische und rein kulturelle (Islam als lernfeindliche Kultur) Kausalitäten verwendet werden. Beide passen aber gleichermaßen in den protonormalistischen Rahmen, der sich damit als entscheidend erweist.

Diese Kippschalterschreibart unterscheidet *Deutschland schafft sich ab* von der durchgängig eindeutigen *Bell Curve* und bietet Sarrazins Apologeten das Argument, sein Buch sei ›bis auf einige zu starke Akzente auf der Genetik‹ insgesamt keineswegs mit der *Bell Curve* gleichzusetzen. Tatsächlich steckt man mit der Kippschal-

---

[38] Insofern hat der flexibel-normalistische Journalismus einen Teil der von der Academia – abgesehen vom Sammelband Haller/Niggeschmidt, siehe die vorige Fußnote – (und vom Fernsehen) versäumten Kritik geleistet. Insbesondere Frank Schirrmacher (»Ein fataler Irrweg«, *FAS* 29.8.2010; »Die Zustimmung beunruhigt mich etwas«, Interview mit Sarrazin *FAZ* 1.10.2010) hat einigermaßen detailliert an die eugenische Tradition und ihre wissenschaftliche Widerlegung besonders in der *Bell Curve Debate* erinnert und Sarrazin damit konfrontiert. Sarrazin umging Antworten und zog sich auf die auch in seinem Buch geäußerte Schutzbehauptung zurück, er unterstelle nirgends, dass statistische Korrelationen Kausalitäten implizierten. Als ob »Vererbung« nicht das Musterbeispiel einer Kausalität wäre. Insofern sind Schirrmachers Relativierungen, nach denen Sarrazin in vielem recht habe und kein Rassist sei, verfehlt. Der Protonormalismus ist genau jene »Kultur«, die bei einem bestimmten Grad von Radikalität den Rassismus als Stütze der Normalitätsgrenzen generiert. Dieser Grad ist bei Sarrazin erreicht, weshalb man das mit seinem Namen verbundene »Ereignis« ohne den Aspekt des Normalismus nicht begreifen kann.

tung zwischen klassischem genetischem Rassismus und kulturalistischem Neorassismus jedoch wieder nur in einer schon bekannten Zwickmühle: Warum soll die Migration aus der Türkei und Arabien gestoppt und nach Möglichkeit rückgängig gemacht werden – wegen des (angeblich fixen) niedrigen IQ, oder weil der Islam (angeblich ein für allemal und in allen seinen Spielarten) nicht modernisierbar und nicht pluralisierbar sei? Die zweite These läuft darauf hinaus, Muslimen pauschal die Lernfähigkeit abzusprechen – was aber wiederum nur genetische Ursachen haben könnte. Die kulturalistische Pauschalthese muss also intelligenzgenetisch und damit »naturwissenschaftlich« gestützt werden – warum? Was als bloße individuelle »Sturheit« erscheinen könnte, erweist sich im Rahmen des Normalismus als »logisch« im Sinne der sarrazinschen Auffassung von »Logik«: Der von ihm repräsentierte und bediente kollektive »Wille« lehnt den flexiblen Normalismus und dessen Lösungsstrategien (die sämtlich auf Lernen bauen: Inklusion, reziproke Integration) strikt ab. Also dürfen Türken/Muslime nicht lernfähig sein, also muss »der Islam« eine Religion der Lernunfähigkeit sein, und also wird diese These am besten »bewiesen«, wenn die islamische Lernunfähigkeit mit einem Defizit an Intelligenz derartig »hoch korreliert«, dass daraus mit den Dogmen von Herrnstein, Murray und Lynn ein angeborener Anteil von »50 bis 80 Prozent« abgeleitet werden kann. Sarrazins entscheidende Parteinahme wendet sich also gegen den flexiblen Normalismus und mobilisiert auf breiter Front Energien für die Rückkehr zum Protonormalismus. Darin besteht der springende Punkt seiner Popularität bei all jenen protonormalistischen »Persönlichkeiten«, denen »die ganze Richtung« des flexiblen Normalismus noch nie gepasst hat. Diese Verknüpfung zwischen genetisch radikalisiertem Protonormalismus und tiefliegendem Ressentiment gegen den flexiblen Normalismus hat Sarrazin wie folgt »zugespitzt«:

> […] beim Kitastreik im Sommer 2009 […; in Berlin, J.L.] wurden Forderungen laut, den Beruf des Erziehers an ein Hochschulstudium zu binden. Damit wäre der Gipfel einer verqueren Logik erreicht, die durch folgende Überspitzung auf den Punkt gebracht wird: Kinderlose beziehungsweise kinderarme akademisch ausgebildete Erzieherinnen verzichten auf eigenen, möglicherweise intelligenten Nachwuchs, um sich der frühkindlichen Erziehung von Kindern aus der deutschen Unterschicht

und aus bildungsfernen migrantischen Milieus zu widmen, die im Durchschnitt weder intellektuell noch sozial das Potential mitbringen, das ihre eigenen Kinder hätten haben können. Ist das die Zukunft der Bildungsrepublik Deutschland? (*Deutschland*, S. 245)

Hier ist die differentielle Geburtenrate und ihre angeblich »dysgenische« Wirkung direkt mit der Frontstellung gegen »überzogene« Frauenemanzipation durch Ausdehnung der tertiären Bildung sowie gegen weitere Anstrengungen zur Verbesserung der Bildung »bildungsferner Milieus« verbunden – beides flexibel-normalistische Maßnahmen. Seine »Logik« gewinnt das Argument wiederum aus zwei klassisch galtonianischen Annahmen: (Erstens:) »Die beste Schule macht ein dummes Kind nicht klug, und die schlechteste Schule macht ein kluges Kind nicht dumm« (*Deutschland*, S. 215) – Zweitens haben deutsche Frauen die primäre »Verantwortung«, möglichst viele »intelligente« Kinder zu bekommen, woran sie aber (ebenfalls nach Galton) durch ein zu langes Studium gehindert werden. Man begreift nun die »Logik« der Anklage gegen »den Islam«, der Frauenemanzipation im Wege zu stehen. Diese Anklage ist immer auch Ablenkung von den eigenen protonormalistischen Positionen.

VIII. Flexibler Normalismus und Postmoderne

1. Die »postmoderne Lage« und der Trend zur integriert-flexiblen Masse: »Pluralisierung« und »Individualisierung«

Der Begriff der Postmoderne scheint – ähnlich wie der der Normalität – zur Beschreibung der Situation seit spätestens 1989 sowohl unverzichtbar wie äußerst vage und widersprüchlich. Zunächst vor allem für kulturelle Tendenzen zu einem radikalen Stilpluralismus einschließlich einer Aufhebung der Grenze zwischen Elite- und Unterhaltungskultur verwendet, wurde er seit dem emblematischen Buch von Jean-François Lyotard[39] generell geschichtsphilosophisch erweitert und verschmolz dabei mit dem Begriff der »Posthistorie«. Lyotards Gegensatz zwischen »großen Erzählungen« (im Sinne von »Geschichten«) der Moderne und »kleinen« der Postmoderne bezieht sich auf legitimierende Mantelungen des jeweiligen kulturellen Wissens: Charakteristisch für die Moderne seien »Erzählungen« gewesen, die versucht hätten, das gesamte Wissen zu totalisieren, es auf ein einziges kollektives Subjekt zu beziehen (die Menschheit, das Volk, das Proletariat) und als seine Zeitlichkeit eine »Entwicklung« auf ein positives Endziel hin zu unterstellen (die Emanzipation, die Freiheit und die Gleichheit). Als Musterbeispiele werden die Fortschrittsmythen der Aufklärung und der Dialektik angeführt. Demgegenüber sei die postmoderne Lage durch eine radikale Fragmentierung und Pluralisierung nicht bloß des »positiven« Wissens, sondern auch aller legitimierenden »kleinen Erzählungen« gekennzeichnet. Dabei betont Lyotard als entscheidenden Verstärker dieser Tendenzen die Computerisierung und ihre ungeheure Intensivierung und Beschleunigung der Verdatung. Zu dieser These von der Pluralisierung der »Großen Erzäh-

---

[39] Jean-François Lyotard, *La condition postmoderne*, Paris 1979.

lungen« gehört auch die vom Ende der »großen« soziopolitischen und soziokulturellen Widersprüche, die in der Dialektik als »Antagonismen« bezeichnet werden: Aufklärung gegen Mythos, zur Welthegemonie strebende »große Nationen« gegeneinander, Klasse gegen Klasse (Herr gegen Knecht). Hier rücken Lyotard und Francis Fukuyama, der Autor des geschichtsphilosophischen Bestsellers *The End of History and The Last Man* von 1992 – bei aller Gegensätzlichkeit im theoretischen Konzept, in der kulturellen und politischen Tendenz in den gleichen übergreifenden Kontext von Postmoderne und Normalismus. Denn Fukuyama entwirft zwar zunächst eine (manche würden sagen: banale) »Große Erzählung« längs des klassischen hegelianischen »Antagonismus« von Herr und Knecht – aber nur, um im ihm zufolge nun absehbaren Endzustand der Geschichte, dem auf der ganzen Welt potentiell siegreichen »demokratischen Kapitalismus«, den Antagonismus als erloschen zu erklären. Die große »gute Nachricht« (»good news«) vom Kollaps des Kommunismus eröffne die Perspektive auf das »Ende der Geschichte« – also die Posthistorie. Für diese Epoche des »Letzten Menschen« soll ebenso wie für die Postmoderne der Rahmen eines freien Pluralismus des Wissens und der Lebensformen gelten.

Wie nun zu zeigen sein wird, bildet der flexible Normalismus so etwas wie einen von mehreren strukturellen Kernen der mit den Begriffen Postmoderne und Posthistorie gekennzeichneten aktualhistorischen Situation – und zwar einen solchen, der die verschiedenen Aspekte dieser Begriffe gleichermaßen betrifft. Wenn Lyotard die Datenexplosion und die Computerisierung aller kulturellen Bereiche als wesentlichen Katalysator der Postmoderne betont, so bedeutet das nichts anderes als deren Einbettung in die Geschichte des Normalismus – wenn er im Pluralismus der »kleinen Erzählungen« so etwas wie einen Generator von Innovation begrüßt, so ist das direkt anschließbar an den flexiblen Normalismus. Wenn Fukuyama seinerseits als größtes Problem der posthistorischen Lage ohne Antagonismus (im Anschluss an Nietzsche) die Langeweile und die Knappheit an Herausforderungen betrachtet, dann scheint »der letzte Mensch« ebenfalls auf einen möglichst bunten Pluralismus verwiesen. In beiden Fällen geht die Tendenz in Richtung einer auf den Verlauf normalistischer Kurven, ihrer riskanten Abweichungen sowie deren allfällige Normalisierungen reduzierten Geschichte.

Wie könnte denn das Paradox einer »posthistorischen Geschichte« in einem globalen »demokratischen Kapitalismus« vorgestellt werden? Natürlich würde das Normalwachstum weitergehen – in immer mehr und immer neuen zusätzlich zu erschließenden Normalfeldern. Idealtypisch bestände eine postmodern-posthistorische Aktualgeschichte also aus der Gesamtheit ihrer normalistischen Kurvenlandschaft: die Gesellschaft würde auf ihrem großen Bildschirm (konkretisiert in Milliarden miniaturisierten Allroundcomputern in der Westentasche) jederzeit den Iststand und den Verlauf sämtlicher normalistischer Kurven verfolgen und nach Abweichungen von den Idealtypen sowie von den prognostizierten Verläufen absuchen können. Solche Abweichungen würden Frühwarnungen auslösen – entweder bereits der zuständigen staatlichen und/oder privaten Institutionen (»Politiker warnen vor xyz«) – oder von findigen Individuen, deren Frühwarnungen sich multiplizieren. Die Frühwarnungen würden Denormalisierungsalarm auslösen, der wiederum die zuständigen Instanzen dazu veranlassen würde, die Weichen für Normalisierungen zu stellen. Das Ganze würde wie ein Computerspiel mit unmittelbarem Realeffekt, wie ein im »ernsten Leben« implementiertes »Fun-and-Thrill-Band« (s. den folgenden Abschnitt) funktionieren. Die Möglichkeit eines Kollapses des Normalismus durch Implosion oder Explosion wäre undenkbar, unsagbar und unwissbar. Ihre Denkbarkeit zu verstopfen, wäre die Aufgabe der apokalyptischen Kollektivsymbole und Mythen, durch die denormalisierende Ereignisse zur Unterhaltung imaginär aufgebläht würden. So wie bei Fukuyama der Systemkollaps undenkbar ist und als die einzige verbleibende ernsthafte Störung die Langeweile prognostiziert wird.

Die Subjekte einer solchen Postmoderne/Posthistorie würden sich idealtypisch der radikalen »Ich-AG« annähern, d. h. dem frei durchschüttelbaren gänzlich »autonomen« Massenatom bzw. Massen-»Kügelchen«. Der »Individualisierungs-Ansatz« (Ulrich Beck) beschreibt den bereits erreichten Stand dieser Tendenz. Dem Paradox der Langeweile entspräche das Paradox, dass die »ultimativen« Normal-Persönlichkeiten bei völlig entgrenzter »Individualisierung« im Durchschnitt immer kopienhafter erscheinen würden – so wie es im millionenfach kopierten Massenschlager heißt: »Du bist so anders als alle die andern«. Auch dieses Paradox würde realiter zur Aporie und zum Systemkollaps tendieren.

2. Die Rolle der Kultur: Kollektivsymbolik der Flexibilität, Pop-Kultur, Internet

Wie im Abschnitt V.5. dargestellt, kann von einer besonderen, prägnanten Kollektivsymbolik des flexiblen Normalismus nicht die Rede sein. Dieser Typ von Normalismus partizipiert zum einen an der allgemeinen normalistischen Kollektivsymbolik des Kügelchens (auch Lyotard beschreibt die postmoderne Gesellschaft als hochgradig »atomisiert«) – zum anderen entleiht er sich regelmäßig Kollektivsymbole der Computertechnik. Dabei dominieren das Symbol des »Netzes« in einer flexiblen Lesart (es gibt umgekehrt auch hierarchische und fixe Netze, die mit dem Protonormalismus kompatibel sind) sowie die Symbole der freien sportähnlichen oder explorativen Bewegung: *Surfen* und *Navigieren*. Kaum sehr viel älter als die Krise von 2007 ff. ist das Kollektivsymbol der *Wolke* (*cloud*), das sich parallel mit der Krise entwickelt und sich dabei als ein neues Leitsymbol des flexiblen Normalismus zu kristallisieren scheint.

Zu den gängigen Kennzeichnungen der postmodernen Lage gehört außer dem Ende der großen Teleologie (Lyotard) und dem Ende der Geschichte (Fukuyama) auch die These von der Aufhebung der Zweiteilung (Diskontinuität) der Kultur in Elite- und Massenkultur (Leslie Fiedler). Anders gesagt, heißt postmoderne Kultur demzufolge einheitliche, integrierte (kontinuierliche) Pop-Kultur. Bei Fiedler wie in Theorie und Praxis avantgardistischer Popmusik zielte diese Kultur paradoxerweise auf Subversion und damit auf eine neue Anti-Elite. Mehrheitlich setzte sich in den Massenmedien des Mainstreams aber ein kommerzieller Typ von Pop-Kultur durch, der etwa durch die Charts der großen Musiksender repräsentiert wird. Auch die Proliferationschance »normaler« (institutionsloser) Individuen im Internet (etwa die plötzliche Verstarung gestern unbekannter Popmusikerinnen auf YouTube) produziert (bisher) weder Avantgarde noch Subversion, sondern Mainstream wie die Charts. »Mainstream« ist nicht zufällig eine normalistische Metapher – tatsächlich lässt sich der Basisrhythmus dieser Kultur idealtypisch als flexibel-normalistisch begreifen, als flexibel-normalistisches *fun-and-thrill*-Band. Das ist zu erläutern.

Typische Situationen des kommerziellen Pop sind Tätigkeiten, die mit Popmusik »unterlegt« sind wie Computerspielen, Shoppen, Hausaufgabenmachen und nicht zuletzt Autofahren. Eine Zeitlang unterlegte der Musiksender *Eins live* seine »Stauschaus« für Autofahrer mit einem synkopierten Schlagzeugrhythmus, was sich wie ein improvisierter Rap anhörte. Diese Kombination legte die Grundstruktur auf verblüffende Weise frei: Das gesamte postmoderne Leben ist mehr und mehr mit einem ununterbrochenen Rhythmus der Massenmedien, dem ununterbrochenen »Flow« (Raymond Williams) der Stimmen, Töne und Bilder »unterlegt« – und dieser »Basso continuo sincopato« rhythmisiert auf flexible Weise die flexibel-normalistische Kurvenlandschaft. Am Beispiel des »*Eins-live*-Rap«: Die normale Autofahrt, etwa zur Arbeit oder zum Einkauf, mit größerem Radius zu kommerziellen Kontakten und Transaktionen, schwankt in ihrem Tempo zwischen Stillstand im Stau und Spitzengeschwindigkeiten, etwa bei Überholmanövern. Wie alle Normalfelder ist sie grob dreigeteilt in eine mittlere Normalzone und zwei Normalitätsgrenzen oben und unten: positiver *thrill* des freien Fahrens mit Hochgeschwindigkeit, etwa auf der Überholspur (Eustress), negative Frustration des Staus (Dysstress). Der positive *thrill* liegt besonders in der Beschleunigung bei Auflösung des Staus – dieser positive *thrill* ist stets zumindest halbbewusst mit dem negativen der Unfallangst als Spielart von Denormalisierungsangst gekoppelt, also mit der Angst vor dem definitiven Stillstand als Folge des *crash*, etwa durch Auffahrunfall in ein nicht rechtzeitig erblicktes Stauende hinein. Dass gerade jugendliche Schnellfahrer häufig ihr Autoradio, konkret einen Mainstream-Popsender wie *Eins live*, bei offenen Fenstern »auf volle Pulle« stellen, spricht für eine strukturelle Kopplung zwischen den im flexiblen Normalismus institutionalisierten normalen Fahrten und dem Kommerz-Pop auf der Basis fundamentaler rhythmischer Strukturanalogien. Eine »Stauschau« bildet lediglich ein kleines Segment des ununterbrochenen *flow* der Popmusik und des Entertaining einschließlich des Infotaining. Analog zu den wechselnden Fahrtgeschwindigkeiten und zu den *ups and downs* der flexiblen Lebenskurve wechselt auch das Tempo der Synkopen: zwischen einschläfernden Entschleunigungen von *chill-outs* oder Schnulzen und ekstatischen Beschleunigungen mit hohen *beats per minute* spielt sich der normale Basisrhythmus wieder ein als der Basso continuo eines ins Zivile flexibilisierten Marsches, mittels der Synkopierung insgesamt relativ rasch, beschwingt und alert. Wesentlich für die Gesamtbewegung ist die unbedingte Kontinuität und der normalistische *horror discontinuitatis* – und zwar gerade auch durch die kurztaktige Stückelung der Einheiten (Chart-Nummern, Reklamespots, Hörerspiele): Diese ununterbrochene Kette des *flow* mit durchlaufendem Rhythmus ist das extreme Gegenteil von wirklichen Zäsuren und wirklicher Montage, von Diskontinuität – in diesem Rhythmus ist Denormalisierung unsagbar oder besser: unfühlbar geworden.

Die Grundstruktur des *fun-and-thrill*-Bandes prägt nicht nur einzelne Sender, sondern große Teile der flexibel-normalistischen Kultur. In den Bildmedien, besonders im Fernsehen und im Internet, wird der akustische Rhythmus durch einen analogen visuellen Rhythmus erweitert, wie es exemplarisch die Videospots der Charts zeigen, die ebenfalls grob dreiteilig zwischen »romantischen« Entschleunigungen, den relativ raschen Schnitten einer normalen Fahrt und den »Explosionen« des *high speed* und *high thrill* wechseln. Man könnte die gleiche Grundstruktur bis ins »Leben selbst« mit seinem Rhythmus von Normalität zwischen depressiven Staus und rave-artigen Partys und Events verfolgen. Sogar im normalen Erwerbsleben, in dem die »Arbeit« zunehmend durch einen *flow* von »Jobs«, noch exakter von »Projekten«, ersetzt werden soll, scheint diese flexibel-gestückelte, insgesamt schlangenartige Kurve auf dem Vormarsch.

Hat das Internet diese Grundstruktur nicht bloß übernommen und multipliziert, sondern auch innoviert? Was insbesondere die Computerspiele betrifft, so handelt es sich lediglich um Multiplikation der Grundstruktur – wirklich neu ist aber die mittels der sozialen Netzwerke gegebene Möglichkeit, die Lebenskurven potentiell sämtlicher sieben Milliarden Menschen »Punkt für Punkt« in Gestalt kurzer Infos und insbesondere in Gestalt von Fotos und Videos, unterlegt mit Popmusik, »ins Netz zu stellen«. Diese Innovation ist fundamental normalistisch: Jede Lebenskurve besteht aus Staus, Entstauungen und High-Speed-Phasen, aus *ups and downs*, idealiter aus einer endlosen »Achterbahnfahrt« (»roller coaster«), einer endlos wachsenden Schlange (»Leben auf der Überholspur«), unter Umständen mit exponentiellen oder crashartigen Unterbrechungen (*drop-outs*), die in Depressionen übergehen können – alles unterlegt mit dem Basso continuo sincopato. In der Masse werden sich je nach Gesellschaft, Klasse und Zeit wachsende, sich seitwärts bewegende oder fallende Kurven herausbilden. Die Analogie zu Börsenkurven ist kein Zufall, sondern den normalistischen Rahmenbedingungen geschuldet.

3. Lackmustest Einwanderung: Globale Normalitätsklassen und »harte« Normalitätsklassengrenzen

Zu den medialen Binsenweisheiten über die postmoderne Lage gehört die Formel der »Globalisierung«. Im Kontext unserer Überlegungen stellt sich also die Frage: Wie verhält sich das Globalisierung genannte Phänomen zum Normalismus? Da fällt sofort ins Auge, dass Normalismus offensichtlich nicht auf dem ganzen Globus gleichermaßen funktioniert – die Frage muss demnach noch radikaler gestellt werden: Gibt es in den als »Dritte Welt« bezeichneten Regionen überhaupt Normalismus? Dass es dort ganz sicher keinen flexiblen Normalismus gibt, erscheint evident. Hält man sich an das Kriterium der Verdatung und der Statistik, dann scheint sowohl ihre »Auflösungsschärfe« wie vor allem ihre Verlässlichkeit von Nord nach Süd stark abzunehmen. Wenn die Krise im Fall Griechenland sogar bei einem westeuropäischen Land enorme Datenmanipulationen enthüllte, was ist dann von der Verlässlichkeit der den UNO-Organisationen präsentierten Daten- und Kurvenlandschaften der armen Länder in der südlichen Peripherie zu halten? Die Frage dürfte sich also zuspitzen: Wenn es dort sicher keinen flexiblen Normalismus gibt – wieweit gibt es überhaupt Normalismus, und sei es Protonormalismus?

Es ist wiederum zunächst die mediale Redeweise und Rhetorik, die die Richtung der Antwort anzeigt: Dort gibt es für die verschiedenen Grade von Normalität bzw. von Defiziten an Normalität ein populäres Kollektivsymbol, das wir alle sofort verstehen: das bereits erwähnte Kollektivsymbol der »Sportligen«. Man mag über den »Euro-Rettungsschirm« noch so verschiedener Meinung sein – doch wird schlechthin niemand behaupten, Griechenland könne »in der gleichen Liga wie Deutschland spielen«. Die Frage ist allenfalls, ob sich die südeuropäischen Mittelmeerländer überhaupt in der »2. Liga« halten können oder von weiterem »Abstieg« bedroht sind. Sogar in England und Italien geht in der Krise die Furcht vor einem »Abstieg aus der 1. Liga« um – ja sogar in Deutschland brachte der frühere baden-württembergische Ministerpräsident Lothar Späth dieses Gespenst in der Nach-Wiedervereinigungskrise ins Spiel:

> Wir sind abgestiegen in die Zweite Liga. Das ist das Ergebnis der deutschen Einheit. Wir müssen jetzt einen neuen Mannschafts-

geist entwickeln. Statt dessen sitzen acht Wessis in der einen und drei Ossis in der anderen Ecke. Die Wessis zeigen mit Fingern auf die Ossis: Wegen denen sind wir abgestiegen – solange bis wir in der Amateurliga landen. (nach *WAZ* 13.4.1993)

Es geht hier nicht darum, die schlitzohrige Taktik eines »Trainers« zu entlarven, der seine Mannschaft durch Übertreibung eines »Formtiefs« wieder zum Weltmeister machen will – es geht um die mit der Symbolik gemeinte Struktur verschiedener »Normalitätsklassen«, also von Zonen mit grundsätzlich verschiedenen Standards an Normalität bzw. an Defiziten von Normalität. Wie viele »Ligen« setzt Lothar Späth voraus? Wäre Deutschland in der Krise von 1992/93 wirklich in die »2. Liga« abgestiegen, dann müsste es hinunter bis Somalia vielleicht 20 Ligen geben. Dem widerspricht aber nicht bloß das Wissen von Sportkennern, sondern auch Späths Hinweis auf die »Amateurliga«. Offenbar legt er damit ein System von etwa 2 oder höchstens 3 Profi- und darunter von überschaubar wenigen Amateurligen zugrunde. Die Rede von drei »Welten« wurde längst zu vier oder fünf erweitert, weil die »Dritte Welt« offensichtlich nicht homogen ist. Zu einer solchen Differenzierung kann auch die Unterscheidung zwischen »Metropolen« und (mehreren) »Peripherien« (einschließlich »Semiperipherien«) dienen. Normalistisch ist die Aufteilung in 3, 5, 7 usw. symmetrisch um eine »Mitte« verteilte Klassen mit einer Quasi-Normalverteilung als Rahmen. Am plausibelsten erscheint für den Globus die Aufteilung in fünf Normalitätsklassen (fünf »Welten«): (1) Erste Welt, (2) Zwischenklasse zur 3. Welt, (3) obere 3. Welt = »Schwellenländer«, (4) durchschnittliche 3. Welt, (5) »ärmste Länder« (»least developed countries«).

Ganz offensichtlich gelten sehr verschiedene Standards für »Normalität«: Das beginnt wie erwähnt bei der Verlässlichkeit der Verdatung selbst: Je tiefer die Normalitätsklasse, umso größer der Anteil der »informellen Ökonomie«, also einer statistischen *black box*, und der routinemäßigen Korruption. Es erstreckt sich weiter auf Kennziffern wie die Kapital- und Investitionsstärke (intern und extern), das durchschnittliche Prokopfeinkommen und viele weitere von der UNO und ihren Unterorganisationen verdatete Dimensionen. Als exemplarisch können die in Kapitel VII. behandelten Normalfelder Demografie/Sex, soziale und politische Profile, »Leistung« und Bildung gelten. Die abwärts-hierarchische grobe Fünf-

teilung findet sich in vielen UNO-Statistiken wie auch in den fünf
»Entwicklungsgraden« nach Walt Rostow wieder. Sie entspricht
vor allem auch den Hierarchisierungen der Rating-Agenturen, die
in der Krise von 2007 ff. eine so entscheidende Rolle spielten.[40] In
der Tat kann man die Ratings der Staatsschulden, denen eine Zinsdifferenz entspricht, als einen der wichtigsten direkt normalistischen Mechanismen der Einordnung eines Landes in eine Normalitätsklasse auffassen. Die Staatsschulden können als »Sicherheitsnetz« des Kapitals betrachtet werden, das die hoch volatilen Entwicklungen der Aktien zu »stabilisieren« und zu »versichern« erlaubt, weshalb in akuten Krisenphasen wie 2007 ff. eine »Flucht«
in Staatsanleihen einsetzt. Umso riskanter sind dann Staatsanleihen
mit Ausfallrisiko, wie sie für untere Normalitätsklassen endemisch
sind und für höhere extremen Denormalisierungsalarm auslösen
(Mittelmeerländer und »Eurokrise« 2011 ff.). Eine Normalitätsklasse wäre dann ganz allgemein durch ihren Grad an »Risiko« gekennzeichnet – wobei es sich um fünf große Risikozonen handeln
würde, denen direkt Grade von Normalität bzw. von Defizit an
Normalität (Denormalisierung) entsprächen. Ein anderer Begriff
für den gestuften Grad an Risiko ist die in der Krise zum Schlüsselbegriff aufgestiegene »Wettbewerbsfähigkeit« (ein Synonym für
»Leistung«): Sie akzentuiert genauso wie das Rating rein ökonomisch die gestufte Kapitalstärke als entscheidend: Größe, Produktivität und Profitabilität des Kapitals.

Die Kategorie der Normalitätsklasse betont aber darüber hinaus
den wichtigen Umstand, dass es nicht einfach nur um Ökonomie
geht wie bei den Ratingagenturen, sondern dass immer auch kulturelle Faktoren eine mit-entscheidende Rolle spielen. So kann zum
Beispiel ein Land wie Saudi-Arabien trotz seiner positiven wirtschaftlichen Daten nicht in die 1. (und nicht einmal in die 2.)

---

[40] Die Ratings der Staatsschuld sind nur einer von mehreren (zu aggregierenden) Faktoren der Konstitution von Normalitätsklassen, wobei die drei
Stufen (A,B,C) mit ihren Unterstufen auch nicht mechanisch zu Normalitätsklassen zugeordnet werden können. Am deutlichsten signalisiert ein
Nicht-Rating (wie für etwa 50 Länder, darunter Afghanistan, Algerien,
Kongo, Mali, Nicaragua, Simbabwe, Somalia, Sudan) die 5. Klasse. Eine
Herabstufung zu C (»Ramsch«, Fall Griechenland) symbolisiert auf jeden
Fall den »Abstieg« aus Klasse 1 und 2 und ist durch andere Faktoren nicht
zu kompensieren.

Normalitätsklasse »aufsteigen«, solange dort die Frauen nicht einmal Autos lenken dürfen. Dieses Beispiel zeigt die oft ausschlaggebende Bedeutung einer kulturellen, etwa religiösen, Markierung (zum Beispiel »Islam«) für die Einordnung in eine Normalitätsklasse. Es wird zu zeigen sein, dass Sarrazin und seine Anhänger den Islam explizit oder implizit als eine »anormale« Religion betrachten.

Die Einordnung in Normalitätsklassen erfolgt also nirgendwo institutionalisiert, sondern medial durch stereotype Kategorisierungen, besonders durch Symbole. Wiederum lieferte die Krise von 2007 ff. dafür große Mengen an illustrativem Material: So muss man die Rede, nach der ein Land »notorisch über seine Verhältnisse lebe«, in den folgenden normalistischen Klartext übersetzen: Dieses Land bietet seinen Menschen Normalitätsstandards einer höheren als seiner »eigentlichen« Klasse (Musterfall Griechenland, das mit Normalitätsstandards der 1. Klasse »gelebt« habe, während es offensichtlich nicht in die 1., sondern in die 2. oder gar 3. Klasse gehöre – so wie Rumänien und Bulgarien).

Natürlich würde das Konzept der fünf Normalitätsklassen eine sehr ausführliche Begründung erfordern, für die hier der Platz fehlt, so dass nur grobe Umrisse skizziert werden können. Wenn man die Nähe der Massenverteilung einer Population zur Normalverteilung als einfachstes Kriterium ihres Normalitätsgrades betrachten kann, dann hängt dieser Grad also von der Gestalt und der Position des »Mitte-Bauches« auf der Verteilungskurve ab. Grob gesagt, wird dieser »Bauch« zwischen der 1. und 5. Normalitätsklasse ein immer schmalerer »Buckel« und schiebt sich dabei immer weiter an das obere Ende, während das untere Extrem immer größer und »dicker« wird und schließlich die übergroße Mehrheit der Population umfasst, so dass die Gesamtverteilung immer »schiefer« wird. In den unteren Normalitätsklassen besteht also eigentlich gar keine Normalität. Dieses globale normalistische Ungleichgewicht ist die nie versiegende Quelle der Migrationsströme von unten nach oben in die 2. und dann in die 1. Normalitätsklasse (darunter Deutschland) hinein. Diese Migrationsdynamiken werden dann per *feedback* zu einem weiteren, sehr wichtigen Kriterium der Normalitätsklassen: Je stärker die *pull*-Kraft eines Landes, umso höher seine Normalitätsklasse – je stärker umgekehrt die *push*-Kraft, umso niedriger.

Am klarsten erscheinen also die oberste 1. und die unterste 5. Klasse definierbar: Nur in der 1. gibt es sowohl eine deutliche

»Mitte« wie auch einen halbwegs funktionierenden flexiblen Normalismus – und in der 5. gibt es gar keine »Mitte« und gar keine Normalität. Man kann die Einteilung der Länder in die 2. bis 4. Klasse zusätzlich zur Schiefe der Verteilung am besten mittels der normalistischen Kriterien Kontinuität/Diskontinuität und der Atomisierung zu begreifen versuchen. So sind die oberen Klassen zunächst einmal durch Kontinuität ihres Territoriums (Homogenität) gekennzeichnet: Man kann sich überall frei hinbewegen, es gibt keine Enklaven und Sonderterritorien, in die der »normale Bürger sich nicht hineintrauen kann« (Ideal der »freien Durchschüttelbarkeit aller Kügelchen«). Wo es sie dennoch gibt (wie in bestimmten »Banlieues«), wird das als alarmierendes Symptom von Denormalisierung und drohendem »Abstieg in die 2. Liga« dramatisiert. Diese 2. Klasse (zu der die westeuropäischen Mittelmeerländer und die meisten Länder der ehemals politisch gefassten »Zweiten Welt« in Osteuropa gehören) leidet bereits unter einer schieferen Verteilung und unter Armutsenklaven – in der symmetrisch dazu unteren 4. Klasse ist die Verteilung völlig schief und das Territorium mehrheitlich arm und slumdurchsetzt, während der Reichtum (und die Normalität der oberen Klassen) sich auf Enklaven beschränkt. In den mittleren »Schwellenländern« (3. Klasse) ist die »Aufstiegs«-Dynamik das Entscheidende: Die Mittelklasse wächst und das Territorium wird integriert, insbesondere durch die Schaffung einer modernen, das ganze Land erfassenden Infrastruktur von Straßen- und Binnenschifffahrtsnetzen und durch eine Baukonjunktur, die »normale Wohnungen« schafft. Ob die großen BRICS-Länder (Brasilien, Russland, Indien, China, Südafrika) noch zur 4. Klasse zählen oder bereits »Schwellenländer« sind, ist nicht eindeutig. Es zeigt sich hier (wie auch grundsätzlich), dass die Normalitätsklassen dynamisch aufgefasst werden wollen: Es geht oft um »Auf- und Abstiege«.

Ebenso wichtig wie die Homogenität des Territoriums ist gerade unter normalistischen Aspekten die Homogenität der Individuen, d. h. der Grad an »Atomisierung«. Die wichtigste »qualitative« Differenz in vornormalistischen Gesellschaften ist die kulturelle Polarisierung der Geschlechter. Deshalb setzt der Normalismus die formale Emanzipation der Frau voraus. Wo sie fehlt, fehlt eine Grundbedingung für den »Aufstieg« in die 3 oberen Normalitätsklassen.

Diese notwendig verkürzte und vereinfachte Skizze des Modells der Normalitätsklassen erweist sich insbesondere für eine Analyse der Krise von 2007 ff. als Krise einer tiefgreifenden Denormalisierung als notwendig. Zurecht wurde ja die Globalität dieser Krise und insbesondere die Schlüsselrolle der Schwellenländer (also vor allem der großen BRICS-Länder der 3. und/oder 4. Normalitätsklasse) in der Krise betont. Man kann die Aufwertung der G 20 als den Versuch der G 7 (1. Klasse) begreifen, alle Normalitätsklassen außer der 5. für ihre Normalisierungsstrategie zu gewinnen. Gerade in der Krise zeigte sich allerdings auch, dass dem Paradox der Normalitätsgrenze ein fast noch größeres Paradox der Normalitätsklassengrenze entspricht. Idealiter müsste der Globus ja als ein einziges, jetzt noch stark schiefes Normalfeld aufgefasst werden, das es zu normalisieren gälte. Also müssten die Normalitätsklassengrenzen, da theoretisch auf einem Kontinuum liegend, als provisorisch und durchlässig aufgefasst werden, so wie es die Symbolik der »Auf- und Abstiege zwischen den Ligen« suggeriert. Mehr noch: Das Kriterium der normalistischen Atomisierung würde, auf die ganze Welt angewendet, eigentlich eine »freie Durchschüttelbarkeit« aller Personen aller Länder, aller Sprachen und aller Hautfarben, also eine durchgängige individuelle Mobilität, implizieren. Tatsächlich aber werden die Normalitätsklassengrenzen (vor allem USA-Mexiko und EU-Afrika/Asien im Mittelmeer) mit furchterregenden und tatsächlich mörderischen militärischen Mitteln gegen »illegale Einwanderung« abgesichert. Diese – wie es heißt – »robusten« Normalitätsklassengrenzen stellen ein irritierendes protonormalistisches Element im flexiblen Normalismus dar. Die Systemfremdheit dieser Grenzregime im flexiblen Normalismus zeigt sich periodisch in den Überlegungen über die Entwicklung von »Punktesystemen« (»kanadisches Modell«) zur Steigerung der Durchlässigkeit im Rahmen einer Klaviatur zur flexiblen Filterung der Einwanderung. Solche Überlegungen erweisen sich aber als konjunkturabhängig – sie reagieren in Boomphasen auf die Knappheit von sogenannten Fachkräften und verstummen regelmäßig bei schlechter Konjunktur. ==Die Krise von 2007 ff. dürfte insgesamt die protonormalistische Position einer möglichst undurchlässigen Normalitätsklassengrenze zusätzlich stärken==, wie es symptomatisch bereits die panikartige Abwehr der Flüchtlinge aus Nordafrika im Zuge der dortigen revolutionären Bewegungen im Frühling und Sommer 2011 andeutete.

Umgekehrt provozierte die Krise innerhalb des freien Arbeitsmarkts der EU sehr paradoxe und sehr turbulente Bewegungen:

Dieser freie Arbeitsmarkt bildet die Basis für flexibel-normalistische Migrationsbewegungen und setzt daher eigentlich eine gleiche Normalitätsklasse (Kontinuitätsprinzip) voraus. Der den Euro-Ländern der mediterranen Peripherie seit der 5. Phase der Krise (ab 2010) aufgezwungene extreme Sparkurs bedeutete für diese Länder tendenziell eine Herabstufung aus der 1. bzw. 2. Normalitätsklasse um jeweils eine Klasse.[41] Gleichzeitig erreichte Deutschland seit der 4. Phase der Krise (ab 2009) ein »Normalisierungswunder«, das dort den Fachkräftemangel wieder verstärkte. Da das »Gefälle« zwischen den Normalitätsklassen sich also in der EU vergrößert hatte, setzte eine Fachkräfte-Migration aus der mediterranen Peripherie (besonders aus Spanien, Portugal und Griechenland) nach Deutschland ein, die die Denormalisierungen im Süden weiter verstärken wird.

4. Mediale Simulation globaler Normalisierung

Im letzten Abschnitt über die fünf globalen Normalitätsklassen wurde das Idealmodell einer globalen Normalisierung erwähnt. Die wesentliche Voraussetzung für die Herausbildung einer globalen Mittelklasse wäre der Aufstieg der BRICS-Länder in die 3. Normalitätsklasse von Schwellenländern, was aber deren interne Normalisierung, d. h. die interne Herausbildung symbolischer sozialer Quasi-Normalverteilungen, voraussetzen würde. Eine solche interne Normalisierung ist jedoch keineswegs als spontane Folge von Wirtschaftswachstums- und Export-Erfolgen zu erwarten. Die Krise von 2007 ff. dürfte in ihrem weiteren Verlauf die Bedingungen dafür zusätzlich eher verschlechtern.

---

[41] Wie immer hat Sarrazin dafür die klassische Formulierung gefunden: Er fasst die südlichen Euroländer zur »Südliga« zusammen (*Euro*, S. 387). In ambivalenter Toleranz empfiehlt er der Südliga, der man nicht den deutschen Stil aufzwingen könne und solle, die Separation von der Nordliga. Damit plädiert er (protonormalistisch) für eine möglichst stabile Grenze zwischen den (durch Auf- und Abstiege neu zu verteilenden) Normalitätsklassen als Lösung der Krise. Symptomatisch sind auch die vielen Querverweise zu *Deutschland* bei den Themen Migration und Demografie (etwa S. 388: »Langfristig entscheidet sowieso nicht die Ökonomie, sondern die Demografie«).

Entgegen dieser pessimistischen Prognose ist aber auf der kulturellen, und zwar vor allem medialen Ebene (Film, Fernsehen, Internet) eine Vorwegnahme globaler Normalisierung zu beobachten, wodurch insbesondere bei jungen Mediennutzern der unteren Normalitätsklassen eine Art von mentalem »Spagat« entsteht. Globale Kulturfabriken wie Hollywood und globale Fernsehsender wie CNN simulieren globale Normalität, indem sie Individuen aller Normalitätsklassen gleichermaßen in Geschichten, Berichte, Interaktionsspiele und vor allem Filme und popkulturelle Darbietungen einbeziehen. Dabei suggeriert vor allem die ständige simultane Präsenz der großen Hautfarben (Weiß, Gelb, Braun, Schwarz) eine bereits gelungene globale Normalisierung, eine bereits erreichte »freie Durchschüttelbarkeit« aller Personen des Globus. Noch wichtiger ist allerdings, dass in all diesen medialen Formaten der normale Lifestyle der oberen zwei Normalitätsklassen auch von den Personen der unteren übernommen wird, in der Kleidung wie in den Interieurs wie in der Rolle der emanzipierten Frau wie nicht zuletzt in der global-englischen Sprache. Polemisch hat Benjamin Barber diese Kultur als »McWorld« bezeichnet. Dazu gehören (nicht nur in der Reklame) die wichtigsten normalistischen Kollektivsymbole wie das Auto. Mehr als alles andere aber symbolisiert der Gebrauch von Computern und multifunktionalen Mobiltelefonen die Verwandlung ihrer Benutzer in gleichwertige normalistische »Kügelchen« im globalen Netz-Gestöber. Schließlich schwingt diese gesamte mediale Simulation globaler Normalität mit im Basso continuo sincopato des flexibel-normalistischen *fun-and-thrill*-Bands. Es bedarf keiner besonderen analytischen Schärfe, um in der latenten Spannung zwischen simuliertem globalem Normalismus und der realen Umwelt einer unteren Normalitätsklasse ein explosives Potential zu erkennen. Der »Spagat« wird zusätzlich dadurch vergrößert, dass die mediale Simulation bereits einen radikalen flexiblen Normalismus einschließt (einschließlich zum Beispiel der Emanzipation nicht nur der Frau und der Nicht-Weißen, sondern auch der sexuellen Minderheiten, der Behinderten und anderer »Normalabweicher«), während in den Mehrheitsmilieus der *user* großenteils nicht einmal der Protonormalismus angekommen ist. Dieser »Spagat« dürfte zu den auslösenden und anhaltend wirksamen Faktoren der revolutionären Bewegungen am südlichen Mittelmeer seit 2011 zu zählen sein.

5. Denormalisierungsangst vor der globalen Migration und die Funktion des Neorassismus

Wo Normalitätsgrenzen protonormalistisch »festgeklopft« und materiell dramatisiert werden, folgt unausweichlich eine Stigmatisierung der durch die Grenze ausgeschlossenen (exkludierten) Personen, die dadurch zu »Anormalen« um-fabriziert werden. Erst diese kulturelle »Fabrikation« macht sie zu sogenannten »Anderen« – nicht etwa eine vorgängige anthropologische Wesenhaftigkeit. Wenn man aus der Judenvernichtung durch die Nazis überhaupt etwas lernen kann, dann genau die Erkenntnis dieses »Fabrikations«-Mechanismus: Durch Markierung (Stern), Enteignung und Vertreibung aus dem Normalterritorium, Separierung hinter den abschreckenden Normalitätsgrenzen von Enklaven und Lagern sowie äußerste Verelendung waren sie schließlich »auf den ersten Blick« als »dunkle schmutzige Anormale« zu erkennen. Wenn der falsche Philosemitismus diese Fabrikation auf die »Westjuden« beschränken wollte und bei den »Ostjuden« eine gewisse vorgängige »Andersheit« für »unbestreitbar« hielt, dann liegt in dieser Unterscheidung genau die ewige Lektion für die Nachfahren: Auch diese scheinbare Andersheit der »Ostjuden« war bereits ein kulturelles Fabrikat der Geschichte, das der Fabrikation der Nazis entgegenkam, die wiederum in der Fabrikation von Leichen endete.

Wie es das Kollektivsymbol der Sportligen verständlich macht, entspricht dem »Aufstiegswillen« der unteren Normalitätsklassen eine »Abstiegsangst« der oberen. Diese Abstiegsangst erweist sich als besondere Spielart von Denormalisierungsangst. Wie bereits oft festgestellt wurde, geht es nicht um »Ausländerfeindlichkeit«, da die Angst sich nicht auf Ausländer der 1. Normalitätsklasse bezieht und in geringerem Maße auf Einwanderer aus der 2. Klasse (südliche und östliche europäische Peripherie) als auf solche der 3. bis 5. Obwohl die Türkei in der 4. und 5. Phase der Krise parallel zu den BRICS-Ländern wirtschaftlich florierte (vermutlich nur vorübergehend), muss das Land weiter zur 3. Normalitätsklasse gezählt werden. Bekanntlich werden Einwanderer türkischer Herkunft in Deutschland weitgehend als »fremd« wahrgenommen, wozu insbesondere die religiös-symbolische Kleidung eines Teils von ihnen beiträgt. Im Kern dieser symbolischen Wahrnehmung durch die normale Mehrheit geht es um die Symbolisierung einer unteren Normalitätsklasse. Dabei spielt der Islam eine meines Wissens niemals erwähnte, erst in der Perspektive des Normalismus erkennbare Sonderrolle als die einzige monotheistische Großreligion, die (vor den jüngsten Migrationen) praktisch auf die unteren Normalitätsklassen (3. bis 5. Klasse) beschränkt war. Für riesige Territorien dieser unteren Normalitätsklassen spielte und spielt eine der vielen islamischen Strömungen demnach die Rolle eines kulturellen Katalysators oder einer Energiequelle zur Bildung sozialer Kollektive (»Gemeinschaften«). Gerade auch viele Einwanderer finden in diesem symbolischen Medium eine Art Versicherung und »alte Heimat« inmitten der »Atomisierung« und des flexibel-normalistischen Gestöbers ihrer neuen Heimat. So dient der Islam – in den globalen Medien durch wenige stereotype Symbole wie Moscheen, besonders Minarette, Kopftücher und am Boden kniende Gebetsform repräsentiert, die dann zum Teil bei den Einwanderern wiedererkannt werden – einer symbolischen Stigmatisierung unterer Normalitätsklassen, durchaus vergleichbar der Stigmatisierung der »Ostjuden« mit ihren schwarzen Hüten, Kippas, Bärten und Kaftanen.

==Das globale System der Normalitätsklassen ruft Denormalisierungsangst als Abstiegsangst hervor, und diese Angst symbolisiert sich typischerweise als Angst vor »Ansteckung«.== Es scheint so zu sein, dass der normale Lebensstandard der 1. Klasse durch Berührung mit den symbolisch dunklen Armutsmassen der unteren Klassen »angesteckt« werden könnte. Diese Art Angst bezieht sich ganz wesentlich auf große Quantitäten (Massen), die nicht normalisierbar erscheinen und alle Normalverteilungen zu »überfluten« drohen. Bei dieser, auf Quantitäten bezogenen, Spielart von Denormalisierungsangst setzt das seit Galton bekannte Argument der differentiellen Geburtenrate, also der differentiellen Fertilität, an, das im Zentrum von *Deutschland schafft sich ab* steht und das dessen Erfolg vor allem erklären dürfte: Konkret verbindet sich in einer protonormalistischen Wahrnehmung der Deutschtürken die »Fremdheit« der Kleidung (Kopftuch) mit der Angst vor der »überflutenden« Fertilität einer niedrigen Normalitätsklasse. Auch hier prägt Sarrazin (bereits im berüchtigten *Lettre Internationale*-Interview vom September 2009, nochmals bestätigt im Bestseller auf S. 437) die prägnanteste Formulierung für den Zusammenhang: »Ich muss niemanden anerkennen, der vom Staat lebt, diesen Staat ablehnt, für die Ausbildung seiner Kinder nicht vernünftig sorgt und ständig neue kleine Kopftuchmädchen produziert«. Hier sind

Fertilität und »fremde« Kultur untrennbar eins: die wimmelnden Babys der unteren Normalitätsklasse kommen in unbewusst lustigem Surrealismus schon mit Kopftüchern auf die Welt.

Der rein kulturalistische Rassismus (Étienne Balibar) kann auch als »Neorassismus« bezeichnet werden. Das aktuell »schlagendste« Beispiel ist tatsächlich die sich euphemistisch so bezeichnende »Islamkritik«, die »den« Islam pauschal für eine prinzipiell nicht lernfähige, »verdummende« Religion und Kultur erklärt – ja für eine Kultur der Nicht-Lernfähigkeit schlechthin.

Die Angst vor »Ansteckung« besitzt jedoch noch einen anderen Aspekt, der sie zutiefst ambivalent macht: Die Dramatisierung der »Integrationsunwilligkeit« und »Integrationsunfähigkeit« vor allem türkischer Einwanderer legt die Frage nahe, ob eine Integration – die nur flexibel-normalistisch reziprok sein könnte – überhaupt gewünscht wird. Tatsächlich entstehen bei der Integration zwischen oberen und unteren Normalitätsklassen gänzlich neue kulturelle Dynamiken, die den Rahmen einer einseitigen Assimilation notwendigerweise sprengen. Diese neuen Dynamiken werden durch die Globalisierung verstärkt, die sämtliche Kulturen in neuartiger Intensität präsent hält. So entsprechen der medialen Integration eines Teils der gebildeten Jugend unterer Normalitätsklassen in die Kultur der oberen eine umgekehrte mediale Integration der Einwanderer in ihre Herkunftskulturen (der vielfach skandalisierte Konsum türkischer Medien in Deutschland). In der Richtung flexibler Integration liegen die Zwei- und Mehrsprachigkeit und die entsprechende Multikulturalität mit ihrem kaum absehbaren Innovationspotential, zusätzlich dynamisiert durch die globale Multimedialität und das Internet. Diese Dynamiken können protonormalistischen Persönlichkeiten viel größere Angst machen als die bloße Fertilität – dynamische Multikulturen der Zukunft können sich als hochgradig »ansteckend« erweisen. Die Ambivalenz der entsprechenden (protonormalistischen) »Islamkritik« liegt daher nicht zuletzt darin, dass sich »autochthone« Protonormalisten und islamische Fundamentalisten als Zwillingsbrüder erweisen könnten, die in einer Subjektivität des »Grenzschutzes« ihrer jeweiligen kulturalisierten Normalitätsklasse übereinkommen und sich deshalb gleichermaßen vor »Ansteckung« durch die andere Normalitätsklasse fürchten.

IX. Die Krise von 2007 ff. als Prozess multipler Denormalisierung

1. Keine normale Krise: Andauernde und wachsende Diskontinuitäten

Jede Krise muss als eine Folge von krisenhaften Ereignissen im Zeitverlauf, also als ein Prozess begriffen werden. Wie im Abschnitt IV.2. erläutert, lässt sich die prozessuale Kurve einer »normalen« Krise als ein typisches Segment der Kurve des Normalwachstums darstellen – und zwar als das Segment zwischen der Abflachung eines normalen Wachstumszyklus zum Nullwachstum (oder zum geringfügig negativen Wachstum) und dem Beginn des Aufschwungs zum nächsten Zyklus. Je näher beim Nullwachstum und je kürzer dieses Segment, umso »normaler« die Krise. Wie darüber hinaus in den bisherigen Ausführungen vielfach zu betonen war, liegt dem Kurvensegment einer normalen Krise das Strukturprinzip der Kontinuität der Kurve des Normalwachstums zugrunde: Dieses Segment garantiert, dass alles normal (kontinuierlich als »endlos wachsende Schlange«) weitergeht.

Wie ebenfalls bereits erwähnt, markiert ein Crash der Kurven des Normalwachstums wie im Herbst und Winter 2008/2009, also ein plötzliches stark negatives Wachstum, das die Kurve unter die »Talsohle« des letzten oder gar mehrerer Zyklen abstürzen lässt, eine scharfe Diskontinuität, also Denormalisierung und damit Normalisierungsbedarf. Man kann daher unter normalistischen Prämissen den Prozess einer größeren (mehr oder weniger anormalen) Krise auch grob mit den beiden Phasen Denormalisierung und Normalisierung kennzeichnen.

Spätestens seit dem (ebenso wie der Crash von 2008) vom Mainstream der normalistischen Prognostik nicht prognostizierten neuerlichen starken Einbruch der Wachstumskurven im Sommer 2011 ist klar, dass die ersten Normalisierungsbemühungen erfolglos waren, dass die denormalisierenden Tendenzen anhalten und es sich also um eine nicht-normale Krise handelt. Die Normalisierungsbemühungen zielten auf eine rasche Kontinuierung der Diskontinuitäten in den Kurven, wie sie am deutlichsten in der Bemühung um

»V-Formationen« zum Ausdruck kam. In solchen V-Formationen (wie sie 2010 vor allem von den meisten Aktienkursen, aber auch von den Konjunkturkurven einiger Länder wie China und Deutschland »hingelegt« wurden) wurde die Diskontinuität des Negativwachstums durch ein ebenso rasches und starkes Positivwachstum ausgeglichen und damit der Anschluss an die kontinuierliche Kurve des Normalwachstums scheinbar wieder hergestellt. Nur scheinbar, wie sich 2011 zeigte. Man muss also den Prozess der Denormalisierung und der Normalisierungsbemühungen differenzierter in Phasen (die sich überlappen können) einteilen. Typischerweise verbinden sich dabei die zeitlichen Phasen mit wechselnden geopolitischen (räumlichen) Dominanzen. Es ist wie bei einem Wasserkissen: Wenn eine herausstehende Beule eingedrückt wird, entsteht woanders eine neue Beule. So wanderte der jeweils »kritische Ort« der Krise (der jeweilige »Brennpunkt«) von den USA zu den anderen G 7 (1. Normalitätsklasse), dann zu den BRICS-Ländern (3. und 4. Klasse), dann in den Süden der Eurozone (2. Klasse). Diese »Wanderung« der Brennpunkte erschien einem Teil der Beobachter als Pluralität gänzlich verschiedener Krisen (»Finanzkrise«, »Konjunkturkrise«, »Schuldenkrise«, »Eurokrise«), während sie tatsächlich als wechselnde Symptomatik einer einzigen Gesamtkrise betrachtet werden muss. Einzelne dieser sowohl zeitlichen wie geografischen Phasen wurden von den Medien mit bestimmten leitenden Kollektivsymbolen ausgeflaggt (die daher mit notiert werden):

- 1. Phase Sommer 2007 bis Frühjahr 2009: Denormalisierung der Aktienkurse und des Kredits in der 1. Normalitätsklasse; Normalisierungsmaßnahmen: Rekapitalisierung des Kredits (»Bankenrettungen«) durch die bisher größte Expansion (»Explosion«) von Staatsschulden der Geschichte.

  Leitende Kollektivsymbole: Kollaps bzw. Kollapsgefahr (und/oder Krankheit) von Körpern und Gebäuden (besonders Bankentürmen) – Therapie: Schirme und Flutung mit Liquidität bzw. Spritzen – Beginn einer Autofahrt aus einer tiefen Talsohle bergauf und durch einen langen Tunnel.

- 2. Phase Winter 2008/2009: Denormalisierung des Wirtschaftswachstums global; Normalisierungsmaßnahmen durch weitere Staatsschulden.

  Leitende Kollektivsymbole: wie bei (1); Verstärkung von Gebäude- und Auto-Symbol durch »Realisierung«: Crash von Bau- und Autokonjunktur.

- 3. Phase 2009/2010: vorläufige Normalisierung der Aktienkurse in V-Formationen und des Kredits.
  Leitende Kollektivsymbole: Aufschwung, Autofahrt aufwärts mit Gasgeben, Licht am Ende des Tunnels; Warnung vor Drogensucht durch die Spritzen.
- 4. Phase 2010/2011: vorläufige Normalisierung des Wirtschaftswachstums in V-Formation in einer Minderzahl von Ländern (besonders China und Deutschland); andauernde Stagnation oder Negativwachstum mit Massenarbeitslosigkeit in einer Mehrzahl von Ländern – also starke Schere (»Spreizung«) der Steigungswinkel des Wachstums (wachsende Diskontinuität).
  Leitende Kollektivsymbole: (in den Ländern mit starkem Wachstum) Aufschwung usw. wie bei (3) – (in den Ländern mit Stagnation und andauernder Krise) Abwärtsspirale – sich öffnende Schere (im Verhältnis der normalisierten zu den denormalisierten Ländern).
- 5. Phase 2010/2011: Symptome von Folgelasten der Normalisierungsaktionen mittels der »Explosion« der Staatsschulden: spekulative Verwendung der »Kreditflut« durch Kapitalströme in die BRICS-Länder, Rohstoff- und Nahrungsmittelinflation, Spreizung der Zinsen von Staatsschulden und Risiken von Staatsbankrotten (Symbol Griechenland); neue Art von Normalisierungsbemühungen mittels Beschneidung der wohlfahrtsstaatlichen Umverteilung (Sparkurs mit Arbeitslosigkeit, »Modell Brüning«) in Ländern »geringer Wettbewerbsfähigkeit«.
  Leitende Kollektivsymbole: Bremsen der Autofahrt (dominant »Schuldenbremsen«), anhaltende »Nervosität« und neuer »Stress« (dagegen »Stresstests«), Talfahrt, Leitplanken, Spar-Pakete, wieder Schirme wie in (1), diesmal mit Hebeln; sich öffnende Scheren.
- 6. Phase ab Sommer 2011: globale Rückkehr der Krise durch erneute Denormalisierung der Aktienkurse und des Kredits, Zuspitzung der »Schuldenkrise« in den »wettbewerbsschwachen« Ländern mit Bildung von Notregierungen der »nationalen Einheit«.
  Leitende Kollektivsymbole: wieder wie in (1): diesmal Kollaps der Akropolis und des Turms von Pisa sowie der schiefen Bankia-Türme, drohendes Chaos, Autofahrt gleichzeitig mit Bremse und Gasgeben, politische Debatten um die Überschreitung roter Linien (äußerster Normalitätsgrenzen).

- 7. Phase ab Winter 2011/2012: zweite große Rekapitalisierung des Kreditwesens, flankiert mit verschärftem Sparkurs für Länder der europäischen Peripherie, und zweite vorläufige Normalisierung der Aktienkurse in V-Formation. Verschärfung der Diskontinuität zwischen 1. und 2. Normalitätsklasse.

Leitende Kollektivsymbole: Krieg gegen die Krise, starke Feuerkraft, Bazooka (Panzerfaust), Dicke Bertha, Befreiungsschläge, Brandmauer, neue Flutung mit Liquidität (Banken »saugen sich voll«, »tanken neu«), jetzt zum Teil kritisch als Tsunami bezeichnet, Fass ohne Boden, Droge, Patient am Tropf, Epidemie mit Ansteckungsgefahr. (Wie man sieht, steigt die interne Widersprüchlichkeit der Symbolik: Nun dient ein Tsunami gleichzeitig als Dicke Bertha und als Brandmauer.)

Gegen Ende 2012 hatten die rekapitalisierenden Maßnahmen der 7. Phase (vor allem der EZB und der Fed) die Verstärkung von Diskontinuitäten nicht verhindern können. Der »Abstieg« der Europeripherie drohte am Widerstand der Bevölkerungen zu scheitern. Deshalb sollten nun zeitliche Verlängerungen der Sparauflagen gewährt werden – was die mit der Zeitkontraktion verbundenen Risiken erhöhen müsste. Auch die kritischen Kopplungen zwischen Wirtschaft, Politik, Kultur und Massenpsyche konnten dadurch nicht mehr entschärft werden und drohten zu eskalieren. Dazu kamen Symptome eines neuerlichen globalen Konjunktureinbruchs, vor allem in der Autoindustrie. Würde das leitende Kollektivsymbol des Normalwachstums und der sozialen »Mitte« erneut real »gebremst«, so würde dieses Ereignis eine 8. Phase der Krise einleiten.

In der hier eingenommenen Perspektive des Normalismus haben wir es im wesentlichen mit einem Scheitern der Bemühungen um rasche Kontinuierung von Diskontinuitäten zu tun. Dafür ist die (aus der Anglophonie importierte) Metapher der »Spreizung« (»spread« – statt der alten »Schere«) ein klarer Indikator.

- Wenn Normalismus auf Verdatung und Statistik (und insbesondere auf datengestützte Prognostik) gegründet ist, dann bedeutet die wachsende und anhaltende Spreizung der Prognosen von normalistischen Experten nichts anderes als eine fundamentale Diskontinuität. In extremer Weise äußerte sich diese Diskontinuität, als das DIW sich im April 2009 weigerte, eine Prognose für 2010 abzugeben. Das Institut proklamierte damit sozusagen unmissverständlich die Diskontinuität zwischen Gegenwart und Zukunft (und also die Denormalisierung). Während das ein Ausnahmefall blieb, häuften sich die prognostischen Dissense über Wachstumsraten und Ausfalls- oder Bankrottrisiken, und auch die Dissense zwischen Ratingagenturen über die Bonität von Staaten. In einer so wichtigen Frage wie der nach der Überlebensfähigkeit mediterraner Länder innerhalb des Euro gingen die Prognosen der Experten diametral auseinander. (Hier mischte sich dann auch Sarrazin mit seinem zweiten Bestseller *Europa braucht den Euro nicht* ein, indem er sich klar auf die Seite der negativen Prognostik stellte.)

- Seit der 4. und 5. Phase der Krise (ab 2009/2010) entwickelte sich eine Schere des Wachstums und damit der Normalisierung zwischen wenigen Spitzenländern (Deutschland und BRICS), einer Mehrzahl stagnierender Länder (darunter USA, Japan, England und Frankreich) und einer Anzahl von Ländern mit drohender Depression (exemplarisch die »PIIGS«-Länder: Portugal, Italien, Irland, Griechenland, Spanien – aber auch Ungarn). Seit der 5. Phase verfolgten die global regulierenden Institutionen der 1. Klasse wie IWF und EU eine nach Normalitätsklassen gespaltene Normalisierungsstrategie: Ab jetzt wurde nur noch für die 1. Klasse die Strategie des Quasi-Nullzinses und der monetären »Flutung« fortgesetzt, während gleichzeitig den Ländern der 2. und 3. Klasse eine rigide Defizitstabilisierungspolitik (Modell Brüning) oktroyiert wurde, was den Anstieg der Zinsen auf Staatsschulden nicht beendete, die Konjunkturkrise mit Arbeitslosigkeit aber dramatisch verschärfte. Diese »Abwärtsspirale« ging in den »Abstieg« der PIIGS-Länder in eine niedrigere Normalitätsklasse über, der von den betroffenen Menschen als umso schlimmer empfunden wurde, als er wie aus heiterem Himmel aus jahrelanger Stimmung des »Aufstiegs in Klasse 1« erfolgte. Ein solcher »Abstieg« war etwas Neues in der Geschichte seit dem Zweiten Weltkrieg und eine Diskontinuität von außerordentlicher Dramatik, die die Staaten und Zivilgesellschaften der betreffenden Länder aus ihren jeweiligen Normalitäten riss.
- Die ökonomische Denormalisierung löste geradezu lehrbuchmäßig soziale Diskontinuitäten aus – in den PIIGS-Ländern, am spektakulärsten aber in den USA, wo ein großer Teil der *lower middle class* durch Arbeitslosigkeit geradezu über Nacht in die abgehängte *underclass* stürzte: symbolisch sichtbar als Zwangs-

emission aus ihrer überschuldeten normalen Wohnung in einen Container (*mobile home*). Von diesem Absturz wurden bis Ende 2011 18 Millionen Haushalte erfasst. Zusätzlich 6 Millionen junge Absolventen zwischen 25 und 35 Jahren verloren wegen Arbeitslosigkeit ihre eigenfinanzierten Wohnungen und mussten ins Elternhaus zurückkehren (nach *SPON* 14.11.2011). Erstmals überhaupt sank der Anteil von Führerscheinbesitzern in der neuen Generation (*SPON* 7.4.2012): Kündigt sich damit eine Kulturkrise des Autos an und/oder handelt es sich um einen »Umstieg« von materieller auf virtuelle Kommunikation mittels des Internet (kollektivsymbolisch von der Autobahn auf die Datenautobahn)? Erstmals seit dem Zweiten Weltkrieg sank auch die Geburtenrate.

— Das wichtigste Glied in der Kette der sozialen Diskontinuitäten ist weiterhin die Arbeitslosigkeit, weil sie ökonomische mit kulturellen Diskontinuitäten verbindet. Das Vertrauen in eine normale Zukunft kollabiert, und ein Gefühl der »Entwertung« trifft die »normale Persönlichkeit« an der Wurzel.

— Politisch entwickelte sich überall eine Tendenz zu (mehr oder weniger gemäßigten) Normalisierungsregierungen der »nationalen Einheit« (in Deutschland bis 2009 als de facto Große Notstands-Koalition). Die Denormalisierung beendete die normale Arbeitsteilung zwischen Rechts und Links in Regierung und Opposition und erzwang überall die Einbeziehung der Opposition in die Normalisierungsmaßnahmen (insbesondere Bankenschirme in Billionenhöhe). Für die vom »Abstieg« bedrohten PIIGS-Länder bedeutete das in der 6. Phase (Herbst 2011) die (unter Druck aus Brüssel) gebildeten Großen Koalitionen und (de jure oder de facto) Notstandsregierungen. Dabei kollabierte stellenweise der normale Konsens zwischen Staat, Medien und Zivilgesellschaft, so dass eine Diskontinuität zum normalen Parlamentarismus entstand: Überwältigenden parlamentarischen Mehrheiten für Ja standen überwältigende Umfragewerte für Nein in der Bevölkerung entgegen (so auch bei den »Euro-Rettungsschirmen« in Deutschland). Solche Dissense wuchsen in einem Teil der Occupy-Bewegungen zum Grad einer prinzipiellen Diskontinuität gegenüber der gesamten normalen politischen Klasse an: Man übernahm die Parole aus der argentinischen Krise von 2001/2002 (die inzwischen als eine Art Vorläufer erscheint): »que se vayan todos« (»alle normalen Politiker sollen gehen«).

– Diese Art Stimmung koppelte sich mit einer zunächst noch undeutlichen allgemein kulturellen Diskontinuität, die am ehesten mit einer Generationen-Spaltung einherzugehen schien: die mit dem Internet aufgewachsene Generation (die »digital natives«) gegen alle »Alten«. Durch die Krise war es gerade diese junge Generation, die bis zu 50 Prozent und mehr (Spanien, Griechenland) in Arbeitslosigkeit gestürzt wurde. Aus dieser Kopplung erklären sich sowohl viele diskursive Ereignisse, in denen die »digitale Dummheit der Alten« von den Jungen belacht wurde (»Zensursula«, »Guttenplag«, »Bundestrojaner«, »Vorratsdatenspeicherung«) wie auch der Senkrechtstart der Piraten-Partei in Deutschland.

Resümierend gilt es, vor allem zwei Merkmale festzuhalten, die die Einmaligkeit und Anormalität der Krise von 2007 ff. kennzeichnen:

– Die viele Billionen umfassenden Schulden von 2008/2009 stellen ein erst- und einmaliges Experiment dar, für das es keine Analogien in der bisherigen Geschichte gibt. Es ist eine »nicht normale Fahrt« des Globus ins Ungewisse.
– Während eine nachhaltige Normalisierung mit einer Tendenz zur Konvergenz der meisten Wachstumskurven in Richtung des Quasi-Normalwachstums einhergehen müsste, zeigt die Krise von 2007 ff. (bis 2012) die entgegengesetzte Tendenz einer sich öffnenden Schere zwischen den Wachstumsraten auf allen Ebenen. Während globale Normalisierung Quasi-Normalwachstum in allen Normalitätsklassen voraussetzen würde – und zwar in den unteren ein stärkeres (»Aufholprozess«) – hat die Krise zu einem »Chaos« der Wachstumsraten sowohl zwischen Normalitätsklassen wie innerhalb von Normalitätsklassen (symbolisch besonders spektakulär innerhalb der Eurozone) geführt. Die Eurozone, die vor der Krise als Normalisierungsapparat wirkte, durch den die Mittelmeerländer schrittweise in der 2. Klasse stabilisiert und dann an die 1. Klasse herangeführt werden sollten, wurde durch die Krise in 3 Klassen gespalten. Wir haben es insgesamt geradezu mit einer »Explosion« des globalen Systems der fünf Normalitätsklassen zu tun, wodurch überall Diskontinuitäten verstärkt oder neue geschaffen werden. Während globale Normalisierung (»Stabilisierung«) überwiegend »Aufstiege« aus unteren Normalitätsklassen voraussetzen würde und »Abstiege« die großen Ausnahmen (wie Argentinien 2000/2001) bleiben sollten, hat die Krise umgekehrt die »Abstiege« multipli-

ziert. Solche »Abstiege« oder auch bloß niedrige bzw. negative Wachstumsraten führen dann zusätzlich zur Denormalisierung der länderimmanenten Quasi-Normalverteilungen, was die Krise bis in den Alltag und die Psyche der Subjekte hinein ausdehnt und das symbolische »Chaos« endemisch werden lässt.

2. Denormalisierung als »große Kontraktion« der normalistischen Zeitrhythmen

Zu den mythischen Geschichtsmarken der Krise von 1929 ff. gehört das Diktum Brünings nach seinem Sturz, er sei »hundert Meter vor dem Ziel« gescheitert. Speziell bezog Brüning sich auf seinen Sparkurs, der mit einer Abwärtsspirale des Wachstums verbunden war – sein Diktum behauptete, er sei kurz vor einem neuen Aufschwung des Wachstums gestürzt worden, und Hitler habe dann diese Wachstumsfrüchte ernten können. Dieser Zusammenhang wurde in der 7. Phase der Krise von 2007 ff. erneut artikuliert: besonders in den europäischen Debatten über »Fiskalpakt« und/oder »Wachstumspakt«. Wie Brüning prognostizierten Politiker wie Monti das bereits in Reichweite befindliche Ende der Krise (*FAZ* 29.3.2012). Damit wurde der Krisenprozess als ein Prozess dargestellt, in dem es wesentlich um die Ressource Normalisierungszeit (Zeit für die Normalisierung) gehe.

Die gleiche Auffassung liegt der friedmanschen Theorie der Krise von 1929 ff. zugrunde: Nach dieser Theorie bestand das Wesen der Krise in einer monetären »Kontraktion«, der sozusagen zuviel Zeit zur Entwicklung zugestanden worden sei. Man hätte die große Denormalisierung einer (normalen) zyklischen Rezession zur (anormalen) Depression verhindern können, wenn man die monetäre Kontraktion rasch (in einem kurzen »Zeitfenster«) durch mutige monetäre »Flutung« (Niedrigzins und umfangreiche Rekapitalisierung der Banken durch die Notenbank) gestoppt hätte. Genau dieses Rezept wurde in der Krise von 2007 ff. angewandt, wodurch die Kurvenlandschaften der beiden großen Krisen sich von Beginn an verzweigt haben, obwohl viele einzelne Pattern der beiden Kurvenlandschaften sich dennoch analog entwickelten.[42] Dafür sind die

---

[42] Für die Strategie, das Gegenteil von 1929 zu tun, gibt es einen Beleg mit geradezu historischer Tiefendimension: Auf der Feier zu Friedmans 90. Ge-

Staatsschuldenkrisen ein Beispiel, die sich zudem besonders deutlich als Folgelasten der Ressource Normalisierungszeit erweisen: Anleihen funktionieren nach einem typisch normalistischen Zeitrhythmus, und zwar dem Zeitrhythmus des Kredits. Nach festen Zeitfenstern von Jahren bis zu Jahrzehnten wird der profitable Rückfluss des Kredits per Zins und Tilgung erwartet. Dabei geht es um Fristen von einem oder mehreren Jahrzehnten. Letztlich beruht das entsprechende »Vertrauen« also auf der prognostischen Komponente der normalistischen Kurvenlandschaft. Noch deutlicher formuliert: Das kapitalistische Element der Staatsschuld (als basales »Sicherheitsnetz« des Kapitals für geringere, aber verlässlichere Profitraten als die von Aktien) beruht auf dem Normalismus, ist abhängig von funktionierender »Normalität« (also verlässlichem Normalwachstum) und wird durch längere Denormalisierung fundamental erschüttert. Im Fall der Staatsanleihen werden Indexzahlen der Staatsdefizite (wie die Maastricht-Kriterien – also Normalitätsgrenzen) als Basis des »Vertrauens« gehandelt. Solche Normalitätsgrenzen können in flexibel-normalistischer Mentalität durchaus zeitweilig überschritten werden – solange die Kurvenlandschaften insgesamt normal erscheinen, kann mit künftiger Normalisierung gerechnet werden.

Diese normale Erwartung kann durch eine große Kontraktion wichtiger Kurven (wie derjenigen der Aktien- und Konjunkturkurven 1929 und 2008) gestört werden und dann eine Kettenreaktion von Kontraktionen zeitlicher Parameter auf anderen Feldern (zum Beispiel Staatsanleihen) auslösen. So kontrahierte sich die Normalisierungszeit für die Staatsschulden der europäischen PIIGS-Länder seit der 5. Phase der Krise von 2007 ff. (also seit 2010) schlagartig: Die Gläubiger waren nicht mehr bereit, die zeitlichen Ressourcen und Reserven – und sei es auch nur vorübergehend und ausnahmsweise – weiter auszudehnen.

burtstag am 8.11.2002 hielt sein Schüler Ben Bernanke, damals schon bei der Fed, aber noch nicht ihr Chef, die Festrede. Er schloss mit der Formel: »I would like to say to Milton and Anna: Regarding the Great Depression. You're right, we did it [d. h. wir Banker machten den Jahrhundertfehler]. We're very sorry. But thanks to you, we won't do it again.« Milton Friedman/Anna Schwartz, *The Great Contraction 1929–1933*, New Jersey 2008, S. 247.

Ein solcher Kontraktionsprozess geht aber über die monetäre Dimension weit hinaus und birgt ein »Ansteckungsrisiko« für viele Normalfelder, wobei überall eine Kontraktion der normalistischen Zeitrhythmen im Spiel ist. Besonders wichtig ist die Tendenz zur Kontraktion der normalistischen Spezialisierung. Wie in der luhmannschen Systemtheorie der wachsenden Ausdifferenzierung »autopoietischer«, also mehr oder weniger autonomer und autarker, Teilsysteme vorausgesetzt, schlägt eine Denormalisierung etwa auf dem Feld der Wirtschaft nicht automatisch durch auf andere Felder (etwa Soziales, Politik, Technik, Recht, Militär, Kultur, Mentalität bzw. Massenpsyche, Alltag). Es ist gerade die Spezialisierung, die die Mehrheit sektorieller Normalitäten vor »Ansteckung« durch Denormalisierungen in einzelnen Spezialfeldern schützt. Eine »große Kontraktion« der normalistischen Zeitrhythmen »entdifferenziert« (Luhmann) jedoch die Spezialisierungen, die man sich im Gegensatz zur »Vertikalität« der sozialen Klassen als »horizontal« vorstellen kann. Die »Mauern« zwischen den Spezialitäten werden porös. Während normalerweise eine ökonomische zeitliche Kontraktion durch politische und soziale zeitliche Expansion kompensiert werden könnte, verkürzt die wechselseitige symbolische »Ansteckung« (auch »Dominoeffekt«) nun auch die sozialen und politischen Zeitfenster, die zur Normalisierung zur Verfügung stehen. Dadurch wird etwa auch das normale politische Spektrum kontrahiert (schrumpfende »Mitte«), normale Wahlrhythmen werden gestört und verkürzt, Regierungen werden instabil und gestürzt, die normale Alternative zwischen »linker« und »rechter Mitte« leidet unter der Kontraktion beider »Mitten« in Großen Notstands-Koalitionen – bis hin zur »Unregierbarkeit« und zum symbolischen »Chaos«. Typisch für die Krise waren die unter extremem Zeitdruck stehenden Wochenendsitzungen von Politikern und Experten mit dem Ziel, in letzter Minute einen neuerlichen »schwarzen Montag« abzuwenden. Solche notständischen Sitzungen sind symptomatisch für eine Zeitkontraktion, die auch politische Rhythmen kontrahiert, was demokratische Verfahren aushebelt und also die Tendenz zu Notstandsregimen verstärkt.

Je mehr Spezialbereiche vom Ansteckungsprozess der Kontraktion erfasst werden, je mehr sie durch Entdifferenzierung miteinander verwachsen, umso mehr breitet sich eine allgemeine »Stimmung« sich schließender Zeitfenster und eine entsprechende Torschlusspanik aus. Die steigenden Selbstmordraten (seit 2010 besonders in Griechenland und Italien) als extremes Symptom eines wachsenden »Pessimismus« und anormal zunehmender Depressionskrankheiten erweisen sich als Subjektivierung des Prozesses der Kontraktion von Zeit. Es entsteht eine »Mentalität« kontrahierten Zeitgefühls und eines alles erfassenden Zeit-Stress. Nicht nur die Schulden im Wortsinne (Konsumraten und Hypothekenzinsen) erscheinen den atomisierten Normalmonaden als ständig wachsende »Berge« und »Wände«, die zu bewältigen keine Zeit mehr zur Verfügung steht – das Vertrauen in eine normale Zukunft kollabiert. Die Analyse des Normalismus erlaubt also die Feststellung, dass der allgegenwärtige »Stress« in der Krise aus der Zeitkontraktion entspringt.

Seit der 7. Phase der Krise (2011/2012) spitzte sich das Problem der Zeit-Kontraktion noch einmal dramatisch zu: Da die den »Abstiegs«-Ländern aufgezwungene Sparpolitik die Zinslast angesichts enger Zeitfenster »explodieren« ließ, schlugen nun einige Normalisierer in IMF und EU eine Verlängerung der Fristen vor (was andere als manifest widersprüchlich und kontraproduktiv ablehnten).

All diese Tendenzen favorisieren eine protonormalistische Reaktion, weil der Protonormalismus ja prinzipiell mit engeren, also stärker kontrahierten Normalspektren arbeitet, die er zudem durch massive, mauerartige Normalitätsgrenzen gegen die ausgedehnten Anormalspektren jeder Art absichert. Auch innerhalb des engen Normalspektrums tendiert er zu je zusätzlich abgesicherten Teilblöcken, innerhalb deren sich die Atome stabilisiert fühlen können. Den Extremfall bildet die militärische Subjektivität in einem »gleichgeschalteten« Teilblock (Prototyp *fascio*, also »auf Vordermann gebrachter« Männernotbund).

Eine zusätzliche wichtige und krisenverschärfende Konsequenz der zeitlichen Kontraktion ist die Kopplung der Krise mit in langer Dauer »schwelenden Krisenherden«. Der temporale Kontraktionsprozess der Krise wirkt wie ein Magnet auf solche latenten Krisenherde. In der Krise von 2007 ff. erwiesen sich als solche Kopplungen besonders die mit der Demografie (»Rentenproblem«, häufig gekoppelt mit dem Einwanderungsproblem; symptomatisch der Sarrazin-Hype) und die mit der Ökologie (exemplarisch die unerwartete und kurzfristig entschiedene »Energiewende« in Deutschland nach der AKW-Katastrophe von Fukushima 2011).

Zu solchen Kopplungsereignissen muss auch die Welle revolutionärer Massenbewegungen an der südlichen Mittelmeerküste seit Beginn 2011 gezählt werden. Während man die Länder der mediterranen Peripherie der EU (außer Italien) zur 2. Normalitätsklasse zählen muss, gehören die arabischen Mittelmeerländer eher noch zur 4. (Durchschnitt der 3. Welt) als bereits zur 3. (Schwellenländer). Den »Aufstiegsprozess« in die 3. Klasse hatte nur Libyen bereits erfolgreich geschafft, während es gerade die Krise war (verstärkte Nahrungsmittelinflation aufgrund der Rohstoffspekulation mit dem billigen »Flutungs«-Geld), die die anderen Länder zurückwarf in die 4. Anders als an der nördlichen Gegenküste war die Krise also zunächst nicht die direkte Ursache der Revolten, da – so zynisch das klingen mag – der geringe Lebensstandard der Bevölkerungsmehrheit und die Arbeits- und Perspektivlosigkeit der Jugend zur (pervers-kontrafaktischen) »Normalität« einer 4. Klasse gehörten. Es handelte sich vielmehr um eine indirekte Kopplung mit der Krise, und zwar über den in Abschnitt VIII.4. erörterten Anschluss der ausgebildeten und arbeitslosen Jugend an die mediale Simulation globaler – und zwar flexibler – Normalisierung mittels des Internet, der sozialen Netzwerke und entsprechender Medien (wie *Al Jazeera*). Die Jugend fühlte sich zurecht eingemauert in eine untere Normalitätsklasse und identifizierte ihre Diktatoren mit den Kerkermeistern, die sie darin festhielten. Der unspezifische Wunsch nach Freiheit richtete sich demnach in einer nicht unwichtigen Dimension konkret auf Teilhabe an der Normalität der 1. Klasse. Es gab dafür kein deutlicheres Symptom als die massenhaften Versuche arabischer Jugendlicher, über das Mittelmeer – das heißt: über die Normalitätsklassengrenze – nach Europa zu flüchten, sobald die ersten Freiheiten errungen waren. Diese Minderheiten waren also von Beginn an daran verzweifelt, zuhause mittels der neuen Freiheit den Aufstieg erreichen zu können. Für die große Mehrheit dagegen war und ist der Abstand – die Diskontinuität – zwischen der medial simulierten Normalität und der Realität einer unteren Normalitätsklasse eine keineswegs kurzfristig verpuffte kulturrevolutionäre Energie.

3. *Normalismus und Kapitalismus (mit einem Blick auf Marx)*

Insbesondere in der 1. Phase der Krise erlebte der Kapitalismusbegriff eine mediale Renaissance. In »apokalyptisch« überzogener Frühwarnungsrage stellte CNN sogar die knallige Frage: »THE END OF CAPITALISM?« Aber auch in weniger sensationsversessenen Medien galt die Krise als die Krise eines vage bleibenden »Kapitalismus«, der jedoch niemals das gesamte Feld der »Marktwirtschaft« (oder gar der »sozialen Marktwirtschaft«) abdeckte. Ganz im Gegenteil wurde ein »Kapitalismus« suggeriert, der ausschließlich im Finanzsektor ein eigenes, von der »Realwirtschaft«, wie es hieß, völlig abgekoppeltes, autonomes System errichtet hätte, das statt auf Marktmechanismen auf solchen der »Gier« (»greed«) beruhe. Gemeint war jenes Netzwerk aus Kreditexpansionen, Prognostik von Gewinnen und Kursen durch »Analysten«, Ratings durch Ratingagenturen, das wir als eine typisch normalistische Klaviatur kennengelernt haben. Diese ganze »Kapitalismuskritik« lief also im Kern auf den Vorwurf an die ökonomischen Normalisten hinaus, die »Blasenbildung« der Kurven des Normalwachstums unterschätzt und vor allem ihren zyklischen Wendepunkt zum Null- oder Negativwachstum nicht korrekt prognostiziert zu haben. Noch genauer lässt sich diese Kritik so fassen: Die Denormalisierung sei gar nicht aus dem (als stabil normal vorausgesetzten) ökonomischen System, sondern aus der falschen Prognostik der normalistischen Experten entsprungen.

Im vorliegenden Kontext wirft diese höchst fragwürdige Form von Krisendiagnostik grundsätzlich die ==Frage nach dem Verhältnis von Normalismus und Kapitalismus== auf. Ist Normalismus einfach nur eine integrale Komponente von Kapitalismus – so wie die Konkurrenz autonomer Wirtschaftseinheiten um Maximalprofite auf Märkten, wie die Kostenfaktoren, wie das Spiel von Angebot und Nachfrage oder wie das Kreditsystem und der Zins? Der gesamte normalistische Komplex der Massenverdatung und statistischen Transparenz, der statistikbasierten Regulierung und Umverteilung auf den zahlreichen Gebieten, von denen hier vor allem Demografie und Sex, Soziopolitik, Wissen (»Intelligenz«) und Bildung behandelt wurden, müsste dann aus der modernen (kapitalistischen) Ökonomie »ableitbar« sein. ==Es wird in Kürze – mit einem »Blick auf Marx« – grundsätzlich zu zeigen sein, dass eine solche »Ableitbarkeit« nicht vorliegt.== Unter historischen Aspekten hat Foucault beschrieben, wie die »Disziplinen«, die zu den wichtigsten Vorläufern der normalistischen Massenanalyse und Standardisierung sowie schließlich Verdatung gehören, weitgehend unabhängig voneinander in verschiedenen Sektoren entstanden sind. Zu nennen sind insbesondere das Militär und das Schulwesen (als Abzweigung des Kirchen- und Klosterwesens). Symbolisch sind schon im 18. Jahrhundert die »Normalgrößen« der preußischen Uniformen (als Vorläufer der Konfektionsgrößen) und die »Normalschulen« (Lehrerbildungsanstalten, in denen das Schulwissen standardisiert wurde) in Österreich und Frankreich. Auch Max Webers berühmte Calvinismusthese, nach der entscheidende Zentren des frühen Industriekapitalismus in calvinistischen Milieus emergierten, ist im Sinne einer »Kopplung« zwischen Religion (Prädestinationslehre), »Disziplin« (wie sie in Franklins von Weber immer wieder angeführtem Tagebuch ganz »foucaultistisch« zum Ausdruck kommt) und Ökonomie zu lesen – weder ist der Calvinismus aus dem Kapitalismus »ableitbar« noch selbstverständlich umgekehrt auch der Kapitalismus aus dem Calvinismus.

»Ableitbarkeit« muss aber streng von »Abhängigkeit« unterschieden werden: Das Pferd ist nicht vom Menschen »ableitbar«, wohl aber vollständig von ihm abhängig. Unter den großen Feldern der frühen Verdatung (Demografie, Militär, kapitalistische Ökonomie) war es die letzte, die am stärksten und schnellsten expandierte und dabei gleichzeitig mittels »formaler Subsumtion« (Marx) Kopplungen mit anderen Feldern herstellte. Insbesondere handelt es sich bei dem angeblichen Antagonismus von Markt und Staat in Wirklichkeit um wechselnde Typen von Kopplung.

Marx befand sich während seiner Arbeit am *Kapital* in London im Zentrum der Symbiose von Kapitalismus und Normalismus. Er erhielt seine Daten aus normalistischen Verdatungen (der Fabrikinspektoren und anderer) und zitierte Quételet. Das Begriffsfeld des »Normalen« (einschließlich früher Belege für das Substantiv »Normalität«) ist im *Kapital* omnipräsent. Genannt seien nur (als wenige Belege von vielen) der »Normalpreis« (*MEW Das Kapital* I, S. 122, 5678, 568; II, S. 342; III, S. 640) oder der »normale Arbeitslohn« (II, S. 479, 504; III, S. 189, 638, 640). »Normal« meint hier stets »durchschnittlich« im Sinne von Quételet, bezieht sich also auf Quasi-Normalverteilungen. Ebenso geht es um das Normalwachstum im Prozess des kapitalistischen Zyklus und der Akkumulation: »normaler Verlauf« (II, S. 411, 454, 505, 513), »normale Lebenszeit des fixen Kapitals« (II, S. 174), »normaler Verschleiß« (II, S. 175, 177). Bekanntlich besteht eine der wichtigsten Argumentationslinien in der stufenweisen »Ableitung« komplexer kapitalistischer Kategorien aus der einfachen Warenkategorie. Zu den komplexen gehören das Geld, der Kredit und der Zins allgemein und die Staatsschuld im besonderen – das

Währungssystem im besonderen und das Finanzkapital allgemein. Marx fasst diese komplexen Kategorien als »Fetische«, d. h. als »Illusionen« mit praktischer gesellschaftlicher Gültigkeit, deren »illusionärer« Charakter sich in den Krisen von selbst auf Sachwerte reduziere. Die mediale Redeweise von den »Blasen« und dem »phantastischen« Charakter des Finanzkapitals im Gegensatz zur allein soliden »Realwirtschaft« in der Krise von 2007 ff. ist in den marxschen Ausführungen über den Mechanismus der zyklischen kapitalistischen Krisen in allen Einzelheiten vorweggenommen. Nur auf den Normalitäts-Begriff hat Marx nicht reflektiert – er verwendet ihn ständig »naiv« – eine seltene Ausnahme bei ihm. Es ist, als sei er davor zurückgeschreckt, die Normalität zu den ableitbaren »Fetischen« zu schlagen.

Ein weiterer Grund liegt darin, dass Marx bekanntlich den »Normalarbeitstag« für die seinerzeit größte Errungenschaft der Arbeiterklasse in ihrem Kampf mit dem Kapital hielt. Ganz offensichtlich ging es dabei um eine »Normalität«, die bereits die klassenlose Gesellschaft antizipierte. Im Normalarbeitstag erwies sich eine relative soziokulturelle und politische Autonomie gegenüber dem Kapitalprozess, dem er (bis heute) widerspricht. Diese relative Eigenständigkeit, die auf ökonomistisch nicht ableitbaren kulturellen und letztlich die Konstitution des individuellen und des kollektiven Subjekts betreffenden Faktoren beruht, gilt aber für den Normalismus allgemein: Der »Wille zur Normalität« (s. u. Abschnitt X.2.) ist an den modernen »Willen zum Wachstum« historisch aufs engste gekoppelt, nicht aber einfach aus ihm ableitbar.

Die marxsche Krisentheorie würde demnach, um den Normalismus ergänzt, als die Prognose reformulierbar, dass sich in den zyklischen Krisen des »exponentiellen« Akkumulationsprozesses von Kapital jeweils relativ spezifische Prozesse der Denormalisierung ereignen und dabei verschärfen würden bis zum Verlust des »Urvertrauens« der Massen in die Normalisierbarkeit jeder Krise. Worauf dann eine schrittweise Herauslösung materieller Reproduktionszyklen aus dem Kapitalzyklus (»Expropriation der Expropriateure«) und ihre Verwandlung in transnormalistische Zyklen folgen würde – nach dem Modell des Normalarbeitstages.

Theoretisch grundsätzlicher gefasst, bestreitet die hier entwickelte Betonung des Normalismus keineswegs das von Marx erkannte enorme Gewicht der Ökonomie und konkret des Kapitalismus für die Geschichte der Moderne und auch nicht die Ableitbarkeit einzelner Normalfelder aus der Ökonomie. (Dass das durch Bill Clinton in den USA zur fundamentalen Erkenntnis gewordene »It's the economy, stupid« Marxismus pur ist, ist nur aus europäischer Distanz erkennbar.) Sie beruht lediglich auf der Annahme, dass nicht sämtliche Praktiken und Wissensbereiche ökonomisch ableitbar seien. Sie ist also alternativ sowohl zu allen monotonen Ableitungs-Determinismen (nicht bloß zum Ökonomismus, sondern ebenso zum Szientismus, Technizismus, einschließlich Medientechnizismus, Religionsdeterminismus und anderen Kulturalismen – kurz zu allen »X-Gesellschaften«) – als auch zu Systemtheorien, die bloß Ausdifferenzierung, aber keine eigenen Instrumente der Reintegration der Teilsysteme kennen (wie die von Niklas Luhmann). Statt dessen handelt es sich um ein (in präzisem Sinne pluralistisches) Kopplungsmodell: Die einzelnen Teilsysteme sind nicht in gleicher Weise autonom und verfügen je über ein (historisch variables) Ableitungspotential. Sie müssen historisch variabel gekoppelt werden, wozu es eigene Kopplungs-Klaviaturen braucht. Der Normalismus ist eine solche Kopplungs-Klaviatur in der Moderne, und zwar eine der wichtigsten.

4. Die Analogie mit der Krise von 1929 ff.: Normalität und Notstand, Normalisierungsdiktaturen, Rückkehr notständischer Tendenzen?

Auf dem Tiefpunkt der 1. Phase der Krise, im und nach dem Crash vom Herbst 2008 (mit dem Symbol des Kollapses der Lehman-Bank), häuften sich in Medien und Politik Analogien mit dem Crash vom Herbst 1929 und der nachfolgenden Depression bis zum Zweiten-Weltkriegs-Boom. Diese Analogie war sicherlich in vielen Fällen taktischer Natur, um der Öffentlichkeit die gigantischen, in die Billionen gehenden »Rettungspakete« für die Banken – letztinstanzlich aus Steuergeldern – schmackhaft zu machen. Eine tatsächliche Analogie zeichnete sich aber in der plötzlichen äußerst starken Kreditkontraktion ab (medial als »Austrocknen« des Bankenkredits und als »Misstrauen zwischen den Banken« beredet). Eine solche monetäre Kontraktion (Milton Friedman) hatte zwischen Schwarzem Freitag (1929) und New Deal (1933) tatsächlich einen »Dominoeffekt« von Bankenkollapsen ausgelöst und die Kontraktion dadurch (negativ) »exponentiell« verstärkt (Abwärtsspirale). Dadurch wiederum waren die Aktienkurse an einer Erholung gehindert und in ein langjähriges Dümpeln auf Bodenniveau gezwungen worden. Parallel dazu hatte das »Austrocknen der Liquidität« die Konjunktur und den Konsum kollabieren lassen, was zusätzliche Abwärtsspiralen ausgelöst hatte: Massenarbeitslosigkeit, Verelendung und symbolischen »Tod des Konsums«. Vermutlich entscheidend war die Parallelität zwischen den beiden Kurven der konjunkturellen Depression und der der Aktienkurse, wodurch die Investoren von Investitionen abgeschreckt wurden.

Bis heute gibt es keine allgemein akzeptierte Erklärung der großen Krise von 1929 ff. Am plausibelsten sind Modelle wie das von Paul Samuelson, die von einer Verkettung vieler unglücklicher Faktoren und Ereignisse, darunter auch finanz- und allgemeinpolitischer »Fehler«, ausgehen. Solche Verkettungen lassen sich im Kontext des Normalismus als Kopplungen zwischen verschiedenen Prozessen von Denormalisierung begreifen. In den meisten Geschichten der Krise spielen sogenannte »massenpsychologische« Faktoren wie »Vertrauensverlust«, »übertriebene Nervosität«, »Panik«, »extreme Risikoscheu«, »hysterische Inflationsangst« und »Sichklammern an Sachwerte, Gold und goldgedecktes Bargeld«, insgesamt also »Verunsicherung«, eine Rolle. Die Frage ist, warum eine solche Verunsicherung jahrelang anhielt und also chronisch wurde. Betrachtet man den Normalismus als die entscheidende gesamtkulturelle Klaviatur moderner Krisen, dann musste die Verunsicherung solange die Mentalität sowohl der Eliten wie der Massen bestimmen, wie die beiden Basiskurven – das Normalwachstum und die Normalverteilung – chronisch gestört und denormalisiert blieben. Daher insbesondere das alles entscheidende symbolische Gewicht der Börsenkurven, die wie ein »Thermometer« der Gesamt-Normalität funktionierten und die eine L-Formation mit langer tiefer Horizontale zeigten. Anders gesagt: Die normalisierende V-Formation blieb aus, so dass die Kontinuität des Normalwachstums auf lange Zeit unterbrochen war. Damit aber war das normalistische Urvertrauen kollabiert, dass das kollektive wie das individuelle Leben in der Moderne sich in kontinuierlichen, endlos wachsenden Schlangen bewegt, dass also auf jeden Abschwung ganz sicher nach spätestens zwei bis drei Jahren ein ebenso starker Aufschwung folgen wird, der in ein weiteres Wachstum übergeht usw. Mit der negativen Wachstumskurve der Aktien korrespondierte die »exponentielle« Steilung der Arbeitslosenkurve, die symbolisch ebenfalls negativ war. Eine solch lange Diskontinuität im Normalwachstum musste schließlich grundsätzliche Zweifel an seiner Wiederkehr nähren und Denormalisierungsangst vor einer völlig unbekannten Zukunft nach einem möglichen »Ende der Normalität« auslösen. Mit der Kurve des Normalwachstums zerbrach auch die der Normalverteilung: Nicht bloß führte die Massenarbeitslosigkeit zu einer extrem schiefen Verteilung mit auslaufender Mitte und wachsendem Sockel, sondern gleichzeitig zu dramatischen Diskontinuitäten zwischen Spitze und Mitte sowie zwischen Mitte und Sockel.

Die eigentliche Relevanz der Analogie liegt also nicht bloß im Ökonomischen, sondern in der Dynamik einer generellen, viele Bereiche, darunter Politik und Kultur, und schließlich den Alltag und die Psyche, erfassenden, kaskadenförmigen Denormalisierung. Die wichtigste Kombination zwischen ökonomischer und kultureller, insbesondere subjektiver Verelendung stellte die Arbeitslosigkeit dar, die die »normalen Persönlichkeiten« (insbesondere der Angestellten und kleinen Selbständigen) in ihrer »Ehre« traf und dramatisch steigende Selbstmordraten auslöste. Goebbels spielte (zusätzlich zur antisemitischen Hetze) insbesondere diese Selbstmorde demagogisch aus und stärkte dadurch die Wut protonormalistischer Persönlichkeiten und die Radikalisierung dieser Mentalität hinein in den durchgedrehten Protonormalismus des Faschismus.

Die soziale Denormalisierung zog also die politische nach sich: Auch die politische Mitte schrumpfte und die Extreme wuchsen. Die Gesamtheit aller Denormalisierungen und ihre zunehmende Verknotung verbreitete bei Eliten wie Massen ein Bewusstsein des chronischen Notstands. Der Notstand (Ausnahmezustand) muss nach der Lehre von Carl Schmitt sowohl als der fundamentale Gegensatz wie als die Bedingung von politischer Normalität in modernen Massengesellschaften (unabhängig von ihrer mehr repräsentativ-demokratischen oder mehr autoritären Verfassung) begriffen werden. Dieses Paradox spiegelt sich in seiner berühmten Definition, dass der eigentliche Souverän jeweils der tatsächliche Herr über den Ausnahmezustand (Notstand) sei. Es sei dieser Souverän, der allererst eine Normalität begründen könne. In dieser Doktrin kehrt das Paradox der Normalitätsgrenze als historisches Fundamentalprinzip wieder. Denn Ausnahmezustand heißt implizit Ermächtigung der militärischen Apparate – der Extremfall des Notstands ist also der Kriegszustand (als äußerer Krieg oder als

Bürgerkrieg), weshalb ein »normaler Krieg« ein Widerspruch in sich ist.

Die Krise von 1929 ff. begann mit partiellen Notständen, die dann in vielen Ländern, darunter Deutschland, in den permanenten Ausnahmezustand (die Diktatur auf Dauer) mündeten. Das Regime Brüning war der Modellfall der ersten Phase: Ohne parlamentarische Mehrheit und gestützt auf die diktatorische Macht des Reichspräsidenten im Ausnahmezustand (Artikel 48 der Weimarer Verfassung), regierte Brüning mittels »Notverordnungen« des Präsidenten. Sie betrafen Finanzen, Staatshaushalt und Wirtschaft und hatten dramatische soziale und politische Dominoeffekte. Dabei bestand das strategische Ziel der Notstandsmaßnahmen in der Abwendung des Staatsbankrotts durch Verringerung der Staatsschulden. Damit ist das Regime Brüning der Modellfall einer »Normalisierungsdiktatur« unter auf Zeit suspendierten, aber prinzipiell weiter gültigen, repräsentativ-parlamentarischen Bedingungen: Sie ist gekennzeichnet durch ihre Funktion umfassender Normalisierung und damit im Prinzip zeitlich auf den Zustand der Denormalisierung beschränkt. Eine solche Normalisierungsdiktatur ist identisch mit einem »technokratischen« Ermächtigungsregime: »Technokratie« bedeutet dabei konkret Normalisierungskompetenz und diktatorische Normalisierungsermächtigung. Im Unterschied dazu geht die zeitlich und sektoriell unbegrenzte Diktatur vom Typ des Faschismus über ihre Normalisierungsfunktion hinaus und legitimiert sich als Begründer einer idealen totalitären »ewigen Ordnung«, die im Fall des Faschismus konkret den totalen Eroberungskrieg bedeutete. Muss also auch zwischen begrenzter Normalisierungsdiktatur und unbegrenzter Diktatur unterschieden werden, so hat gerade die nicht-normale große Krise von 1929 ff. gezeigt, dass die begrenzte Normalisierungsdiktatur in dem Grade zur Entgrenzung tendiert, in dem die Normalisierung scheitert.

Man kann nun sagen, dass das Modell Brüning (latent also die technokratische Normalisierungsdiktatur) den Ländern der mediterranen Peripherie (2. und 3. Normalitätsklasse) von der 5. Phase der Krise von 2007 ff. an (seit 2010) aufgezwungen wurde. Es heißt im Volksmund »Kaputtsparen« (monetäre Kontraktion, Massenarbeitslosigkeit und »Tod des Konsums«). Wie der Fall Brüning zeigt, ist es auf Dauer schwer mit parlamentarischer Demokratie vereinbar, was sich in der Krise von 2007 ff. im Begriff einer (fehlenden) »demokratischen Durchsetzungsfähigkeit« (Martin Blessing) der Notstandsmaßnahmen wiederholte. Im folgenden Abschnitt wird am exemplarischen Fall Griechenland konkret ausgeführt, bis zu welchem Grade sich in der Krise von 2007 ff. die Tendenzen der politischen Denormalisierung von 1929 ff. wiederholen.

5. Wenn die Denormalisierung den Alltag erfasst: »Krisenlabor« Griechenland

Nicht bloß in der Eurozone, sondern in Europa insgesamt ist Griechenland (bis 2012) das Land, in dem sich die Krise am dramatischsten entwickelt hat. Das Wort vom »Krisenlabor« entstand in der griechischen Opposition gegen die »Brüning-Politik« und hat prognostischen Charakter: Es begreift die Entwicklung in Griechenland überwiegend als krisentypisch und symptomatisch, nicht als isolierbare Ausnahme, die spezifischen Ursachen (Klientelismus, Korruption, ineffiziente Staatsbürokratie) geschuldet sei. Diese spezifischen Ursachen werden von niemandem bestritten – dass das Vertrauen auf ihre schrittweise Normalisierung in längeren Zeiträumen aber in der 5. Phase der Krise (2010) von heute auf morgen vollständig kollabierte, wird in dieser Sicht dominant auf die globale Krise des Normalwachstums und die daraus folgende Kontraktion der Zeitrhythmen (besonders bei den Staatsschulden) zurückgeführt. Da die Unterbrechung des Normalwachstums und die Kontraktion auch in anderen Ländern wirke, sei zu erwarten, dass auch andere Länder – in Europa vor allem solche der südlichen und östlichen Peripherie – mit zeitlicher Verzögerung von den »griechischen« Problemen eingeholt würden, was sich bis 2012 mindestens in Spanien, Portugal, Ungarn und Rumänien bereits deutlich abzeichne. Insofern sei die griechische »Tragödie« nicht als Unikat, sondern (wieder einmal) als »klassisch« für eine bestimmte Normalisierungsstrategie zu betrachten.

Die einzelnen Akte dieser Tragödie sind bekannt: Der Versuch, die Staatsschuld gewaltsam in kurzer Zeit zu senken, ohne das nationale und internationale Bankensystem durch Unterbrechung der Zins- und Tilgungszahlungen zusätzlich zu schwächen, erfordert – da das Militär unantastbar ist – eine radikale Beschneidung des kompensierenden (also normalisierenden) Sozialstaats: Minimierung und teilweise Streichung der sozialen Netze bei Arbeitslosigkeit, Minimierung von Löhnen und Renten, Minimierung und teilweise Streichung der medizinischen Versorgung, Minimierung der staatlichen Finanzierung des Bildungswesens. Die Folge ist der »Tod des Konsums« wie 1929 ff., was bereits im Juli 2012 die (offizielle) Arbeitslosigkeit über den Prozentsatz von 1931 in Deutschland hinaus erhöhte (25,1 gegenüber 23,9 Prozent; USA 1933: 24,9). Um eine Unterbrechung der Zinszahlungen um jeden Preis zu vermeiden, versuchte man verschiedene Taktiken einer »weichen Umschuldung«: »freiwilliger« Verzicht der internationalen Banken auf einen Teil des Nominalwerts ihrer Kredite (was ihnen angesichts des gefallenen Marktwerts real Gewinne bescherte), gekoppelt mit zwangsweisem Verzicht der griechischen Sozialkassen, was diese an den Rand des Kollapses brachte und z. B. die Krise des Gesundheitssystems verschärfte. Symbolisch konnte diese Taktik auf internationaler Ebene als flexibel-normalistisch gelten – sie erwies sich aber sehr bald als unwirksam, weil wegen der weiterlaufenden Zinszahlungen die Staatsschuld in kurzen Zeitrhythmen fast die alte Höhe wieder erreichte (auch nach dem sogenannten »Schuldenschnitt« 2012 wuchs die Staatsschuld allein durch die Zinsbelastung stündlich wieder um 10 Millionen Euro an (*FAZ* 18.8.2012). Trotz aller symbolischen Flexibilität konnte also nicht einmal das Ziel der Verringerung der Staatsschuld erreicht werden. Dagegen wurde (wie bei Brüning) durch den Sozialschnitt die soziale Quasi-Normalverteilung geradezu zerschmettert. Zwischen reichen Eliten plus oberer Mittelklasse und dem Rest der Bevölkerung klaffte aufgrund der plötzlichen Verelendung der unteren Mittelklasse nun eine tiefe Kluft (Diskontinuität), unter der sich ein breiter, mehrheitlicher Armuts-Sockel massierte.

Auf der mediopolitischen Ebene wurde diese Entwicklung auch in Griechenland als normalistische Geschichte entlang von symbolischen Daten erzählt. Auch dabei spielte zunächst die Datentransparenz eine führende symbolische Rolle: Zuerst wurde die griechische Souveränität über die normalistische Datenproduktion kassiert und von EU und IWF übernommen. Die Enthüllungen über massive Datenmanipulationen bereiteten den Boden für die folgenden internationalen Interventionen der EU-»Taskforce« unter Reichenbach und der »Troika« (EU-EZB-IWF). Die Enthüllung der Datenmanipulation wurde international-medial als Todsünde gegen die normalistische Transparenz dramatisiert. Es folgte die Herabstufung durch die Ratingagenturen auf »Ramsch« (Stufe CCC). All das wurde in Griechenland als die »Schande« einer Abstufung zu einem »Drittweltland« wahrgenommen. Sie bereitete die reale Herabstufung von der 2. zur 3. Normalitätsklasse vor. Diese Herabstufung erfolgte durch die Serie mehrerer Sparpakete à la Brüning (in Griechenland als »mnimónia«, »Memoranden«, also Konsenspapiere zwischen Athener Regierungen und Troika, bezeichnet). International- und national-medial stellte sich die Abwärtsspirale dieser Herabstufung um eine ganze Normalitätsklasse als katastrophisch sinkende normalistische Kurvenlandschaft dar: So stieg die Arbeitslosigkeit seit 2008 (7,2 Prozent) in rascher Eskalation auf 25,1 Prozent im Juli 2012, wobei die Rate für die bis zu 24 Jahre alte Jugend 55 Prozent und die der Frauen 28,1 Prozent erreichte.

Der Begriff des »Krisenlabors« erweist sich nun vor allem darin, dass die Abwärtsspirale (wie 1929 ff.) aufgrund des Kollapses der sozialen Normalverteilung den Alltag der Bevölkerungsmehrheit vollständig denormalisierte. Exemplarisch zeigte sich die Entdifferenzierung (Luhmann) der speziellen Normalfelder und die gegenseitige »Ansteckung« von Ökonomie, Sozialem, Politik und Massenpsyche. Gerade auch die Normalfelder Demografie/Sex/Familie und Bildung (aus Kapitel VII.) wurden erfasst. Während die Jugendarbeitslosigkeit sich in wachsender Auswanderung der am besten Ausgebildeten in die 1. Normalitätsklasse und vor allem nach Deutschland manifestierte (was die Denormalisierung des Landes verschärfte), führte die Verelendung der älteren Generation aufgrund der brutalen Rentenkürzungen zu vielen »anormalen« Ereignissen im Alltag, die die normalistische Datenlandschaft sozusagen realistisch »kommentierten«: Leerstände kleiner Geschäfte in ganzen Stadtteilen, von exmittierten obdachlosen Alten belegte Trottoirs, proliferierende Drogenszenen, Schlangen vor kostenlosen Gemüseverteilungen, Klagen der Klinikärzte über Massensterben alter Krebs- und Diabetespatienten aufgrund der Unfähigkeit der vom Bankrott bedrohten Kassen, weiterhin regelmäßig teure Medikamente zu bezahlen. Die symbolische Spitze des Eisbergs waren spektakulär inszenierte Suizide verarmter und isolierter Rentner: Am 3.4.2012 erschießt sich der 77-jährige Rentner Dimitris Christoulas auf dem Syntagmaplatz, nachdem er eine Botschaft an einen Baum geheftet hatte, in der er schrieb, er wolle seiner Tochter nicht zur Last fallen und nicht in Mülltonnen stöbern, hätte sich aber gegebenenfalls einem Aufstand der Jugend angeschlossen. Offensichtlich spielte er auf die Selbstverbrennung von Mohamed Bouazizi an, die die tunesische Revolution von 2011 ausgelöst hatte. Knapp zwei Monate danach springt der 60-jährige Antonis Perris mit seiner dementen 90-jährigen Mutter, deren medizinische Versorgung er nicht mehr bezahlen kann, da die Apotheken nur noch gegen bar liefern, in den Tod (25.5.2012), ein weiterer Rentner springt aus dem 4. Stock, als ein Beamter ihm den Räumungsbefehl überbringen will (20.6.2012), ein anderer Mann springt vor den Augen von Touristen vom Felsen der Akropolis (29.6.2012). Eine plötzlich über die langjährig durchschnittliche Suizidrate steigende (»anomische«) Rate (Verdopplung in Griechenland) ist bekanntlich für Émile Durkheim eines der deutlichsten Symptome fundamentaler Denormalisierung einer Gesellschaft. Gemeinsam ist all diesen Ereignissen die Erfahrung eines brutalen Schnitts, psychoanalytisch einer »Kastration«, das heißt einer Diskontinuität des Ausschlusses aus der Normalität, welcher die große Diskontinuität der Normalitätsklassen zugrunde liegt: Die soziale (kollektive) Denormalisierung verknotet sich mit der psychischen (individuellen). Darin erweist sich die normalistische Klaviatur als die große Übersetzungsmaschine zwischen »objektiven« Datenlagen und »subjektiver« Stimmung: Die Subjekte schließen die medialen Kurvenstürze mit den imaginären Kurvenstürzen auf ihrem persönlichen »inneren Bildschirm« kurz.

Traditionell liegt die Suizidrate in Griechenland niedrig, was sich nach Durkheims Theorie aus der Stabilität dreier Gemeinschaften erklärt: der Familie, der Nachbarschaft (*geitoniá*) und der Nation. Tatsächlich funktioniert in der Denormalisierung die Familie noch am ehesten als letztes »soziales Netz«. Aber auch in Griechenland hat sich das traditionelle mediterrane Savoir-vivre mit der globalen Tendenz zur flexibel-normalistischen Atomisierung verbunden. Die (imaginäre) Gemeinschaft der Nation dagegen befindet sich aufgrund der Denormalisierung in einer extremen Zerreißkrise. Darin erweist sich die kulturelle, die Ökonomie überformende, Dimension einer Normalitätsklasse. Dieser Aspekt des Normalismus erlaubt die Beobachtung eines in Griechenland weitgehend tabuierten Faktors: der symbolischen »Demütigung« der Nation durch den »Erbfeind« Türkei. Die griechische Identifizierung mit dem Euro beruhte nicht zuletzt auf dem »Aufstieg« in die 2. Normalitätsklasse, während die Türkei »außen vor« in der 3. Klasse bleiben musste. Griechenlands Abstieg in die 3. Klasse wird daher vor allem als »Schande« gegenüber der Türkei wahrgenommen, die sogar (bis 2012), wie andere Länder, von der eigenen Währung profitieren und Hoffnungen auf einen Aufstieg in die 2. Klasse nähren konnte. Symptomatischerweise wird gegen den Abstieg in die 3. Klasse niemals als »Türkisierung«, sondern stets als »Albanisierung«, »Bulgarisierung« oder direkt als »Drittweltisierung« polemisiert.

Diese Herabstufung in eine untere Normalitätsklasse musste daher nicht bloß das Gefühl der Demütigung gegenüber der Türkei erhöhen, sondern geradezu automatisch den Rassismus gegen Einwanderung aus allen unteren Normalitätsklassen auf die Spitze treiben: Der Anblick von braunen und schwarzen Hautfarben verkörpert unmissverständlich die »Ansteckung« und den »Sog des Abstiegs«, was einen Faktor des Phänomens der Neonazipartei Chrysi Avgi und ihrer zur gewaltsamen »Säuberung« verelendeter Stadtbezirke von »Fremden« angetretenen paramilitärischen *fasci* (»tágmata ephódou«, wörtlich »Sturm-Abteilungen«) bildet. Dabei spielt eine weitere Kopplung eine verschlimmernde Rolle: Griechenland ist seit geraumer Zeit das »günstigste« Grenzland der EU für informelle Einwanderung aus den 3. bis 5. Normalitätsklassen und muss also stellvertretend für die großen Attraktionsländer der 1. Klasse (Deutschland, Frankreich, England) die Massen informeller Einwanderer »verkraften«. Die Wiederauferstehung des *fascio*, des paramilitärischen Männernotbunds, ist die extremste Erscheinung einer protonormalistischen Reaktion gegen den flexiblen Normalismus. Dass sie trotz der Ausbreitung der flexiblen Persönlichkeit in den Nachkriegsgenerationen überhaupt möglich ist, zeigt die Tiefe der Denormalisierung in der Krise von 2007 ff.

Wie sich die statistische Denormalisierung im Alltag konkretisiert, zeigen exemplarisch die symptomatischen Felder Wohnung, Auto und Gesundheit. Die Neuzulassung von Autos sank in den Jahren 2007–2011 um 65,1 Prozent. Wenn man das Auto als Realsymbol einer normalen Mitte begreift, symbolisiert dieser Crash wie wenige andere die Denormalisierung und darüber hinaus den Absturz in eine niedrigere Normalitätsklasse. Viele Kliniken und Apotheken geben (besonders teure) Medikamente nur noch gegen bar aus, wodurch ebenfalls ein großer Teil der Mitte von der normalen medizinischen Versorgung ausgeschlossen wird. Das gleiche gilt für die Exmittierungen aus Mietwohnungen, die nicht mehr bezahlbar sind, und die erzwungene Rückkehr von Jugendlichen zu den Eltern (»Generation Bumerang«).

Die Ansteckung der Politik verlief erwartbar nach Szenarien von 1929 ff.: Dem Kollaps der sozialen Quasi-Normalverteilung folgte der Kollaps des normalen Konsenses zwischen Regierung, Medien und Bevölkerung. Als im Herbst 2011 das zweite Memorandum die beiden großen normalen Parteien der rechten (Nea Demokratia) und linken Mitte (Pasok) ins »Chaos« stürzte und der seit 2009 regierende Jorjos Papandreou ein Referendum ankündigte, wurde diese Notmaßnahme de facto von der Kern-EU (Deutschland und Frankreich) verboten, da der Ausgang nicht sicher schien. Daraufhin erzwang die Kern-EU eine de facto unter der Souveränität von »Brüssel« agierende, technokratische Notstandsregierung der nationalen Einheit (Papademos) zwischen beiden Mitte-Parteien, konnte aber die Neuwahlen vom 6. Mai 2012 trotz aller Bemühungen nicht verhindern. Diese Neuwahlen erbrachten nicht nur ein Parlament mit der typisch »anormalen« U-Form (Extreme groß, Mitte klein), sondern bedeuteten den definitiven Kollaps der politischen Quasi-Normalverteilung in Griechenland: Die linke Mitte wurde dezimiert, wurde zum bloßen Mehrheitsbeschaffer für die rechte Mitte, symbolisch dadurch zu deren Bestandteil, rückte also symbolisch auf die rechte Seite hinüber. Damit war das normale politische Verfahren zur Normalisierung einer kleinen (normalen) politischen Krise, also der bloße Wechsel von der linken zur rechten Mitte oder umgekehrt (»change«) verunmöglicht. Auch die daraufhin wiederholten Wahlen vom 17. Juni 2012 brachten zwar die knappe Wiederwahl einer EU-treuen Notstandsregierung der nationalen Einheit, gleichzeitig aber den definitiven Kollaps des politischen Normalspektrums, weil an der Stelle einer normalen linken Mitte eine als anormal (»radikal«) kodierte Partei (Syriza) emergierte, die die Herabstufung in eine niedrigere Normalitätsklasse verweigert.

Wie der Fall Griechenland exemplarisch zeigt, finden sich demnach die Bevölkerungen der deklassierten Länder mit einer als stabil intendierten heruntergestuften Situation keineswegs ab. Jeder Versuch des Widerstands gegen die Herabstufung erscheint allerdings zunächst wie die Quadratur eines Zirkels: Zum einen ist da die normalistische Umwelt in Gestalt einer 1. Normalitätsklasse, exemplarisch von der deutschen Regierung repräsentiert, die mit allen ihren Machtmitteln, inklusive mit dem »Druck der Märkte«, Griechenlands »neue Normalität« als die einer 3. Normalitätsklasse (also mit minimierten Sozialleistungen) definiert und diese Definition anscheinend auch praktisch erzwingen kann. Zum anderen kann aber auch eine transnormalistische Politik Fakten schaffen, wobei die Entstehung neuer transnormalistischer – und zwar weder religiöser noch nationalistischer – Vergemeinschaftungen die wichtigste Tendenz darstellt (dazu das letzte Kapitel X.3.). In Griechenland war dafür die Besetzung des zentralen Athener Syntagmaplatzes im Jahre 2011 exemplarisch (*sýntagma* = Verfassung). Während sich auf dem oberen Teil des Platzes vor allem Protestdemonstrationen artikulierten, wurden auf dem unteren Teil Formen direkter Basis- und Volldemokratie sowie Formen der Selbstorganisation (einschließlich Krisenhilfe) entwickelt. Die Krisenhilfe breitete sich nach der polizeilichen Räumung des Platzes auf viele Nachbarschaften und auf das ganze Land aus. Es sind diese Netze für Krisenhilfe und Selbstorganisation, die von Syriza im Parlament vertreten werden, obwohl die Basisnetze großen Wert darauf legen, von Syriza vollständig unabhängig zu sein.

6. Welches »new normal«? Oder: Ist der flexible Normalismus noch zu retten?

Beim ersten Tiefpunkt der Krise im Jahre 2008 wurden meistens drei mögliche Szenarien ihres Verlaufs prognostiziert:[43] ein optimistisches (schnelle Normalisierung wie nach dem Crash von 1987) – ein pessimistisches (lange Depression mit Abwärtsspirale wie 1929 ff.) – und ein mittleres (gebremste Depression wie Japan 1990 ff.). Mitte 2012, zuweilen mindestens als eine Art Halbzeit oder als noch weiter fortgeschritten auf dem Weg zur definitiven Normalisierung betrachtet,[44] gilt am ehesten das mittlere Szenario

---

[43] So im Leitartikel von *Capital* Nr. 14/2008 (23.10.), S. 21–28.
[44] Typisch die Befragung führender Davos-Teilnehmer während mehrerer Tage im Januar 2012 durch Richard Quest von CNN unter dem Stichwort »The Curve«. Quest legte den Befragten eine konvexe parabelartige Kurve vor, die den Prozess der Krise abbilden sollte (mit dem Scheitelpunkt als »Halbzeit«). Auf dieser Kurve sollte der Punkt angegeben werden, den die Krise Anfang 2012 erreicht habe. Die Antworten streuten enorm breit zwischen Punkten vor, im Umkreis von und nach der »Halbzeit«. Das ganze Ritual ist ein gutes Beispiel für die Wirksamkeit der normalistischen Kurvenlandschaft.

als Leitmodell. Wegen des seit 1929 enorm vergrößerten Spielfelds, insbesondere durch die Einbeziehung der BRICS-Länder, war die Krise von 2007 ff. allerdings von Anfang an durch sehr viel mehr und sehr viel größere Diskontinuitäten gekennzeichnet, so dass besonders eine rein ökonomistische Prognostik überfordert war. Die hier vorgeschlagene Beschreibung als Prozess multipler Denormalisierung erlaubt sowohl eine Berücksichtigung diskontinuierlicher Kurvenverläufe (etwa zwischen Deutschland und China einer-, den übrigen G 7 und BRICS anderseits) wie auch die von Kopplungen zwischen ökonomischen und politisch-kulturellen Kurven.

Dass die Große Krise seit 2007 in wichtigen Aspekten als multiple Denormalisierung begriffen werden kann, erweist sich deutlich am Symptom der Normalitätsgrenzen. Es lässt sich sagen, dass der Prozess der Krise sich entlang symptomatischer Konflikte um Normalitätsgrenzen entwickelte und weiter entwickelt. Die enorme Rolle, die quantitative Schwellenwerte wie die Maastricht-Kriterien (die 3-Prozent-Grenze vom BIP für die Neuverschuldung und die 60-Prozent-Grenze für die Gesamtschuld), aber auch die Schwellen von 6 Prozent Zinsen auf zehnjährige Anleihen als Alarmsignal bei Staatsschulden sowie natürlich die Rating-Grade der Agenturen spielen, gründen sämtlich im Status solcher Zahlen als Normalitätsgrenzen. Die Geschichte der Krise ist unter diesem Aspekt also eine Geschichte von Kämpfen um Normalitätsgrenzen, wobei sich je länger je mehr die Polarität von flexiblem Normalismus und striktem Protonormalismus als entscheidende Alternative herausstellte. Wenn man die Explosion der Staatsschulden als wichtigste Normalisierungsmaßname in der 1. und 2. und wieder in der 7. Phase der Krise auch primär in wirtschaftspolitischer Hinsicht begreifen muss (Konzeption sowohl monetaristischer Liquiditätsflutung wie keynesianistischer Stimulationen), so erscheint sie unter normalistischen Aspekten vorwiegend als flexibel-normalistisch. Bereits zuvor war die sogenannte Aufweichung der Maastricht-Kriterien für eine flexibel-normalistische Mentalität völlig unproblematisch gewesen. Insofern impliziert die Forderung nach stabilen Normalitätsgrenzen immer eine grundsätzliche Ablehnung des flexiblen Normalismus und ein Plädoyer für eine protonormalistische Restauration, auch wenn das den Kontrahenten nicht deutlich bewusst ist. Entsprechend sind die panikartigen Forderungen nach »Schuldenbremsen« und »goldenen Regeln«, möglichst in den Verfassungen, sowie ihre teilweise panikartigen Implementierungen seit der 5. und 6. Phase der Krise Symptom für einen flexiblen Normalismus in der Defensive. Im »Fiskalpakt« 2011/12 erhielt diese protonormalistische Tendenz den Rang eines EU-Verfassungsprinzips (das allerdings kaum Ewigkeit erlangen dürfte). Nicht nur »populistische« Medienöffentlichkeiten, sondern auch wachsende Teile der Eliten und Experten sehen demnach offensichtlich seit dem Scheitern der vorläufigen Normalisierungen die größere Denormalisierungsgefahr nun nicht mehr in den vermutlichen Konsequenzen protonormalistisch »harter« Normalitätsgrenzen, sondern in den Risiken eines »Ausuferns« der Flexibilisierung solcher Grenzen. Dabei würde eine tatsächliche Absage an den flexiblen Normalismus auch einen Verzicht auf das Konzept dynamischer Stabilität überhaupt implizieren.

Obwohl Dauer und Resultate der Krise nach den ersten fünf Jahren ganz ungewiss sind, ergeben sich 2012 bereits einige wichtige Einsichten:

Erstens (die schwerstwiegende Krisenfolge) das Scheitern der globalen Normalisierung. Die Krise hat das bereits zuvor höchst prekäre und fragile System der fünf Normalitätsklassen bis zum Kollaps erschüttert. Während auf der einen Seite viele Länder der 2. und 3. Normalitätsklasse »absteigen müssen« (Fall Griechenland) und sich sogar in der 1. Klasse »Abstiegsangst« breit macht, scheinen sich die BRICS-Länder seit der 4. Phase der Krise in einem dynamischen Prozess schnellen »Aufstiegs« in die 3. und sogar 2. Klasse zu befinden. Dieser Prozess wird entweder endogen (durch eine Revolte der Massen von Billiglöhnern) oder exogen (durch Schrumpfung der Märkte der oberen Normalitätsklassen und Protektionismus) gestoppt werden und dann eine weitere Verschärfung der Krise auslösen.

Als Konsequenz daraus ist zweitens bereits jetzt deutlich, dass die Hoffnung auf ein globales »new normal« im Sinne konvergierender stabiler Kurven des Normalwachstums in den drei oberen Normalitätsklassen vermutlich abgeschrieben werden muss: Es wird nicht ein, sondern mehrere deutlich verschiedene »new normals« geben, und zwar auch innerhalb jeder Normalitätsklasse. Normale achtjährige Wachstumszyklen mit normalisierten Zinsen von um die 5 Prozent und gesunkenen Arbeitslosenraten von ebenfalls um die 5 Prozent werden selten werden und auf einzelne Gebiete beschränkt bleiben. Die in der Krise durch Abstiege ausgelöste Dynamik wird sich kaum beruhigen lassen. Der »Wettlauf um

Normalisierung« wird sich auf unabsehbare Zeit, also vermutlich bis zur »Fahrt gegen die Wand« großer ökologischer und demografischer Wachstumsgrenzen, fortsetzen.

Drittens die Behauptung und sogar Verstärkung der nationalen Souveränität der großen Länder (G 7 und BRICS), was einen Konkurrenzkampf zwischen ihnen um globale und/oder großregionale Hegemonien, in der Krise konkret einen Wettlauf um die schnellste und stabilste Normalisierung, impliziert. Die These von einem wahrhaft supranationalen »Empire« ist durch die Krise falsifiziert worden – vielmehr erweisen sich die supranationalen Institutionen nur gegenüber unteren Normalitätsklassen als potentielle Instrumente einer Normalisierungsdiktatur, in den oberen dagegen als Konkurrenzfelder. Während die USA ihre Monopolstellung als Supermacht trotz aller Niedergangsprognosen behaupten, muss man vermutlich vom (mindestens vorübergehenden) Aufstieg Deutschlands zur globalen Macht Nr. 2 sprechen. (China besitzt noch keine stabile, auch militärische, globale Präsenz.) Deutlich ist jedenfalls Deutschlands Position Nr. 2 innerhalb der G 7, und damit die »Überholung« Japans. Diese Position Deutschlands geht mit dem Ausbau seiner Hegemonie in Europa im Lauf der Krise einher: Deutschland erwies sich aufgrund seiner Kapital- und besonders Exportstärke bis 2012 als »Europameister in Krisennormalisierung« und »hängte« dabei Frankreich, England und Italien »weit ab«, was erhebliches Konfliktpotential impliziert. Je weiter die Krise voranschritt, umso stärker proliferierten Kopplungsereignisse zwischen Ökonomie auf der einen und Politik, Kultur und Mentalität auf der anderen Seite. Politisch erwies sich der Aufstieg Deutschlands wie erwartbar als Katalysator von Nationalismus der »abgehängten« Nationen und kulturell insbesondere als Renaissance nationaler mythischer Geschichten. Deutschlands Vorpreschen bei der Normalisierung der Krise verlieh der deutschen »Normalität« (Kollektivsymbol »Insel der Seligen«) einen ambivalenten Charakter, weil sie nun als »dritter Versuch« erschien – mit der Erinnerung an die zwei früheren extrem anormalen »Versuche«. Dieser potentielle Antagonismus kristallisierte sich in der eskalierenden »Euro-Krise« seit 2010, die Deutschland durch eine Spaltung zwischen Nord und Süd nach Normalitätsklassen zu bewältigen suchte und die mehrfach »antideutsche« Koalitionen provozierte, wobei die nur oberflächlich zugeschütteten Gräben der Geschichte über Nacht wieder tief aufklafften.

Viertens die Zunahme von Folgelasten der normalistischen »Atomisierung« und Konkurrenz. Während die großen AGs wanken, verstärkt sich der Druck auf die kleinen individuellen »Ich-AGs«. Normalistische »Kügelchen«, die tatsächlich aus allen, sogar residualen sozialen Bindungen (wie Familien, Nachbarschaften oder Clubs) gelöst sind, drohen gänzlich abzustürzen, falls ihnen die sozialen Netze gekappt werden – ein Anstieg der Depressionen und im Extrem der Suizide sind die deutlichste Konsequenz. Die erheblich steigende Denormalisierungsangst der isolierten »normalen Persönlichkeiten« sucht vor allem Versicherung in »stabilen Gemeinschaften« wie missionarischen oder monopolheischenden Religionen (wie fundamentalistischer Islam und entsprechendes Christentum) sowie Nationalismus und Neorassismus (besonders in Gestalt der militanten »Islamkritik«). Deutlich sichtbar ist bereits eine wechselseitige Eskalation zwischen islamischem Fundamentalismus (als »Religion unterer Normalitätsklassen«) und pauschaler »Islamkritik«.

Fünftens die Zuspitzung der Polarität zwischen flexiblem Normalismus und Protonormalismus durch die Krise. Die allgemeine Verunsicherung in der Krise scheint sowohl flexibel-normalistische als auch protonormalistische Persönlichkeiten, die »hart im Nehmen« sind, zu erfordern. Wie zu zeigen war, erscheint eine Synthese zwischen diesen Polen allerdings unmöglich – vielmehr ist mit einem »Tauziehen« zwischen ihnen zu rechnen. Je mehr flexible Normalisierungsversuche scheitern (exemplarisch die »Rekapitalisierungen« von Banken und Staaten durch Staatsschulden), umso stärker die protonormalistischen Gegentendenzen zu »harten Schnitten«, »Null-Lösungen« und »Schocktherapien« (Naomi Klein). Der brüske Wechsel von extrem-flexibilistischen Rekapitalisierungen mittels exorbitanter Schulden in der 1. und 2. Phase der Krise zu rigiden Sparpaketen (Modell Brüning) seit der 5. Phase löste wachsende Verunsicherung aus. Normalismustheoretisch lässt sich prognostizieren, dass ein Hin und Her zwischen flexiblen und protonormalistischen Strategien erstens operational nicht haltbar ist und zweitens den flexiblen Typ von Persönlichkeit im übertragenen und wörtlichen Sinn in den Burnout treiben sowie den rigiden Typ der protonormalistischen Persönlichkeit (Sarrazin-Typ) in panische Aggressivität versetzen muss. Dass es keinen Kompromiss und keinen dritten Weg zu geben scheint, erhöht die Denormalisierungsangst stellenweise zur Denormalisierungspanik. Dabei koppelt sich besonders in Deutschland der fast säkulare Mythos der großen Inflation an und verleiht der aktuellen Denormalisierungsangst eine fast schon apokalyptische Farbe. Dieser Mythos der »springenden Zahl«, wie er von Elias Canetti in *Masse und Macht* beschrieben wurde, kann im Rahmen des Normalismus eben als »Explosion« der flexiblen Normalitätsgrenze gedeutet werden. Typisch dafür war in der 1. und 2. Phase der Krise der gigantische Sprung um drei Zehnerpotenzen von 10 hoch 9 (Milliarden) nach 10 hoch 12 (Billionen; amerikanisch bereits *trillions*) bei den »Paketen« der Staatsschulden. Das war in der Tat ein ungeheures Ereignis, in den Medien durch ausbuchstabierte Zahlenungeheuer mit 12 oder mehr Nullen dramatisiert.

Sechstens wird sich der Gegensatz zwischen flexibler und protonormalistischer Subjektivität vermutlich mit einem Generationenkonflikt koppeln: Ein entscheidender Faktor wird die kulturelle Subjektivität (und nicht die bloße ökonomische Lage) der von der Krise hervorgebrachten jungen Generation sein. Trotz der Emergenz von *fasci* bei einer Minderheit ist diese Subjektivität dominant flexibel-normalistisch, wozu die »Digitalisierung« der Subjekte gehört. Als polare Alternative zum *fascio* hat die Krisengeneration eine neue, originelle Form von Vergemeinschaftung entwickelt: den »Schwarm im Netz«. Um kurzfristige Ereigniskerne (kulturelle Events und Moden, aber auch politische Ereignisse bis hin zu Revolten) bilden sich »Schwärme« mit hoher affektiver Intensität und hoher Motivation zum Engagement, allerdings auch mit hoher Volatilität und schnellem Zerfall. Die entsprechende Mentalität kann jedoch gerade in der kurztaktigen Wanderung von Schwarm zu Schwarm eine Art paradoxe, flexible Stabilität gewinnen. Wie lange sie bei Überschreitung des Jugendalters und unter Krisenbedingungen dauern kann, ist allerdings fraglich. Jedenfalls stellt der flexible Normalismus insgesamt ein umfassendes kulturelles Netzwerk aus gesellschaftlichen Funktionen und »Mentalitäten« dar, die nicht einfach »abgeschafft« und durch protonormalistische Disziplin ersetzt werden können. Da die durch die Krise verschärfte normalistische Polarität einer Synthese nicht zugänglich ist – im Autosymbol formuliert: da eine Fahrt mit Gas- und Bremspedal gleichzeitig nicht »nachhaltig« werden kann – ist mit Eskalationen und also weiteren Denormalisierungen zu rechnen.

Siebtens der mögliche Umschlag der medialen Normalisierungsapparate in solche der Denormalisierung. Die regelmäßige

Kontinuität der medialen Rhythmen und Rituale (jeden Abend Tagesschau mit den gleichen Sprechern und gleichen Experten, jeden Sonntag Jauch mit den gleichen Gesichtern usw.) leistet selber einen kaum zu überschätzenden Beitrag zur Normalisierung. Diese Kontinuität stabilisiert den Eindruck, dass die gesamte Kurvenlandschaft noch immer bzw. schon wieder normal wäre. Diese Wirkung kann allerdings umschlagen, wenn das ständig angekündigte Ende der Krise ausbleibt,[45] und die Kontinuität der Expertentrostworte inflationiert – insbesondere bei wachsendem Spagat zwischen Medienbild und Alltag wie in Griechenland. Schließlich könnte der »Konsens« zwischen den Entscheidern der Normalisierung, den Medien und den schweigenden Mehrheiten zerbrechen, was die Denormalisierung sämtlicher Bereiche beschleunigen würde.

Achtens also folgt schließlich daraus die anhaltende Tendenz zu partiellen oder umfassenden Notstandsregimen. Solche Regime würden eine protonormalistische Taktik des »Kriegs gegen die Krise« fördern, also die Tendenz, den Armutssockel, der durch den Kollaps der sozialen Quasi-Normalverteilung entsteht, repressiv zu »bekriegen«.

Blick auf Sarrazin (7), oder: Ein Manifest für die Rückkehr zum Protonormalismus

Während die originale *Bell Curve* von Herrnstein und Murray (von Sarrazin zehnmal fundamental positiv zitiert) die Themen alleinerziehende Mütter, Korruption durch Welfare, Schulversagen, Kriminalität, Fertilität sozusagen atem- und gnadenlos eins nach dem anderen auf den niedrigen IQ der Armen und insbesondere der schwarzen »Rasse« niederbricht, gibt es in der deutschen *Bell Curve* zwischendurch Abschnitte des »Aufatmens«, was hier als »Kippschaltung« bezeichnet wurde. Zu dieser Kippschaltung zählt auch der Wechsel des Focus zwischen »deutscher« Unterschicht und »Türken/Muslimen« als dem deutschen Analogon zu den Schwarzen in den USA. Dennoch geht es um die gleichen Themen wie im Original: alleinerziehende Mütter, Korruption durch Welfare

---

[45] Für die Geschichte sei ein Titel im Finanzteil der *FAZ* vom 21.9.2012 festgehalten, der kurz und bündig lautet: »Das Ende der Krise«.

(Hartz IV), Schulversagen, Kriminalität inklusive Terrorismus, und immer wieder Fertilität.

Die Kippschaltung und der Focuswechsel erwecken zuweilen den Eindruck eines mäandrischen Eklektizismus, was den (zutreffenden) Einwand des Rassismus für die Medien des Mainstreams (also die normalen Medien) als »überzogen« erscheinen lässt. Tatsächlich erlaubt der hier dargestellte Gesichtspunkt des Normalismus, den relativen Ort von Sarrazins Rassismus genauer zu bestimmen. Denn zunächst haben wir es geradezu mit einem Manifest für die Rückkehr zum Protonormalismus zu tun, das die durchgehende Basis für die Kopplung mit verschieden »harten« Rassismen und für entsprechende Kippschaltungen bildet. Die stets wiederkehrende Gegenposition ist die flexibel-normalistische, die oft – wie medienüblich – mit einer angeblichen »Achtundsechziger«-Position (*Deutschland*, S. 9) oder mit einer »Gutmenschen«-Naivität (S. 10, 274, 275, 289, 307) identifiziert wird. Stets wiederholt sich der folgende Dreischritt: Diagnose einer Denormalisierung (statistikgestützt) und dramatischer Denormalisierungsalarm (per Prognostik) – Ablehnung flexibler Normalisierungskonzepte – Rückzug auf protonormalistische »Radikalkuren«. Dieser Dreischritt kam auch in den Vorabdrucken und Talkshows »rüber«, so dass er die heftige Sympathie des latenten protonormalistischen Bevölkerungsteils bis zu den Nichtlesern unter den Käufern wecken konnte. Genauer noch konstatiert der Denormalisierungsalarm eine wachsende Diskontinuität (abgehängte Armutsklasse, Leistungsdefizit, Verdummung, Islamisierung) – erblickt in flexiblen Kontinuierungsversuchen eine Verschlimmerung (Vergeudung, Korrumpierung, Ansteckung der Normalen durch die Dummen, Verstärkung der Islamisierung) – und plädiert für repressive Fixierung der Diskontinuität (Separierung, Disziplinierung, Dressur, Einwanderungsstopp). Sarrazins daraus folgendes konkretes Notprogramm zielt mittelfristig vor allem auf die Stabilisierung der Normalitätsklassengrenze im Mittelmeer und leitet daraus die eugenischen Maßnahmen ab (S. 378 ff.): Refertilisierung »autochthoner« und »intelligenter« junger Frauen durch eine ganze »Batterie« von Stimuli, darunter spezielle Kurzstudiengänge für junge Mütter (S. 379), Höhe der Rente in Abhängigkeit von der Kinderzahl (S. 382), eine Prämie von 50000 Euro für jedes vor dem Alter von 30 Jahren geborene Kind (S. 389) u.v.a. – umgekehrt Defertilisierung der muslimischen »Migranten« durch finanzielle Sanktionen, Entzug von Hartz IV sowie Heirats- und Zuzugsstopp: »Die einzige sinnvolle Handlungsperspektive kann daher nur sein, weitere Zuwanderung aus dem Nahen und Mittleren Osten sowie aus Afrika weitgehend zu unterbinden« (S. 372), natürlich Fernhalten der Türkei aus der EU. Zusammen mit einer breitfrontalen »Islamkritik« soll auf diese Weise ein »autochthon deutsches« Normalspektrum, abgesichert durch robuste Normalitätsgrenzen gegen »Arme«, »Dumme« und »Fremde«, etabliert werden. Die durch solche Dramatisierung der Normalitätsgrenzen und Stigmatisierung der Exkludierten vermutlich wachsende Aggressivität auf beiden Seiten der Grenze dürfte einkalkuliert sein – vertieft sie die Diskontinuität doch zusätzlich.

X. Perspektiven jenseits des Normalismus?

1. *Der Doppelsinn von »Nachhaltigkeit«*

Die Forderung nach »nachhaltigem Wachstum«, also nach einer Regularisierung des Wachstums durch den Imperativ der »Nachhaltigkeit«, hat sich seit dem berühmten Manifest *Grenzen des Wachstums* des Club of Rome von 1972 sowohl in der UNO wie im globalen kulturellen, politischen und medialen Mainstream durchgesetzt. Das wirft hier die Frage auf, wie sich ein solches Wachstum zum normalen verhält bzw. ob es überhaupt mit ihm vereinbar sein kann. Betrachtet man »Nachhaltigkeit« in einer begriffs- und kulturgeschichtlichen Perspektive, so findet sich der Begriff erstmals im Kontext der Staats- und Domänenforsten der Aufklärungszeit im 18. Jahrhundert, die mit der jahrhundertealten Praxis des unkontrollierten Abholzens Schluss machten und das Prinzip der identischen Reproduktion einführten: für jeden geschlagenen Baum einen Sprößling als Ersatz.[46] Normalistisch entspräche dem also die Einmündung einer negativen Wachstumskurve ins stabile Nullwachstum. Gleichwohl waren Markt, Nachfrage und Profit nur gebremst, nicht ausgeschaltet, und der Imperativ »optimaler Erträge« beeinflusste vor allem die Struktur des Forsts, d. h. die Auswahl der Baumsorten und die spezifische Pflege des Waldes. Der »Normalwald« des 19. Jahrhunderts erweist sich dabei als ambivalentes Symptom, bezeichnet »normal« doch eine protonormalistische Normalisierung im Sinne von Standardisierung und Industrienorm, so wie es seinerzeit auch textile »Normalgrößen« und »Normale« (geeichte Größen) für Bierkrüge usw. gab. Damit verband sich dann eben auch eine Vorstellung von Normalisierung im Sinne von Reinigung, Säuberung, Beseitigung alles »Wilden« am Wald, alles »Urwaldhaften«, an Dickicht und

---

[46] Vgl. hierzu Ulrich Grober, *Die Entdeckung der Nachhaltigkeit. Kulturgeschichte eines Begriffs*, München 2010.

Dschungel Erinnernden. Normalisierung schloß auch die Beseitigung alles »Krankhaften« ein, die »Ausmerzung« aller »Schädlinge«. Sarah Jansen hat in ihrem Standardwerk die Archäologie jener protonormalistischen Fantasie einer restlosen Vernichtung aller »Schädlinge« dargestellt, die von der Forsttheorie auf den »Menschenpark« übergriff: Zyklon B wurde zuerst gegen Waldschädlinge eingesetzt.[47]

Heute zeigt das Problem der bedrohten tropischen Regenwälder zur Genüge, dass auch die Holzwirtschaft sich der entfesselten Dynamik der Ökonomie nicht hat entziehen können. Das verleiht den sicherlich gut gemeinten Proklamationen der UNO für »Nachhaltigkeit« (»sustainability«) ihre tiefe Ambivalenz. »Nachhaltigkeit« ist im ökonomischen Mainstream zum leeren Schlagwort geworden, und schon werben Hedge Fonds für »nachhaltige Renditen«. »Nachhaltiges Wachstum« ist zu einem Synonym für »Normalwachstum« geworden, das eben immer auch mindestens »normales« monetäres Wachstum, nach Möglichkeit aber mehr einschließt. Die Produktion von Ethanol-Kraftstoff aus Mais ist das vielleicht offenkundigste Beispiel dieses Zusammenhangs.

Damit sind aber eben auch die Intentionen des Club of Rome ad absurdum geführt. Dessen Warnung vor Denormalisierung durch schrumpfende Rohstoffreserven zielte nicht einfach auf Substitution negativer Wachstumskurven durch jeweils neue positive, also auf ein »new normal«, sondern auf die Notwendigkeit eines radikalen Nachdenkens über fundamentale Alternativen.

Der Begriff der »Nachhaltigkeit« meint also zwei gänzlich verschiedene Konzepte: Das erste wäre ein »new normal«, genauer eine neue Weise, auch unter Bedingungen schwindender natürlicher Rohstoffe das Normalwachstum, und darunter besonders das Normalwachstum der monetären Renditen und Profite, fortzusetzen. Das Resultat wäre die Fortsetzung der »endlos steigenden Schlangenkurve«. Und auch wenn einzelne Fälle von Rohstofferschöpfung, zum Beispiel des Erdöls und des Erdgases, definitive negative Wachstumskurven dieser Rohstoffe darstellen, würden dann funktional äquivalente neue Wachstumskurven von Substituten (aus erneuerbaren und daher prinzipiell endlos wachstumsfähigen Energien) auf die alten Kurven sozusagen aufgepfropft. Das

---

[47] Sarah Jansen, *»Schädlinge«. Geschichte eines wissenschaftlichen und polemischen Konstrukts*, Frankfurt/Main u. New York 2001.

Ideal dieses »new normal« wäre die Kernfusion. Die gegenwärtige Krise hat diese Tendenz erheblich gestärkt, am bisher spektakulärsten durch die deutsche Entscheidung zum befristeten Ausstieg aus der Atomenergie aus Anlass der Katastrophe von Fukushima 2011. Diese Entscheidung war jedoch offensichtlich doppelt motiviert: Es ging eben nicht allein um Risikovermeidung, sondern auch um einen Konkurrenzvorteil beim energiepolitischen *new normal*.

Das zweite Konzept von »Nachhaltigkeit« zielt hingegen auf ein – unter Bedingungen des ökonomisch Alternativlosen undenkbares – Nullwachstum. Das wäre jene »Normalität«, die bereits Auguste Comte als endlos reproduktionsfähige Endsituation der modernen Wachstumsdynamik erstrebte. Insofern lässt sich sagen, dass bereits Comtes Ziel »Nachhaltigkeit« war.

Wir haben solche Alternativen in einer zunächst ganz allgemeinen Form als »Transnormalismus« bezeichnet. Dies gilt es nun zu präzisieren. Gemeint sind Reproduktionszyklen, die vom Imperativ des monetären Normalwachstums »abgenabelt« sind. Dazu gehören auch Reproduktionszyklen unter Nullwachstum. Wenn wie bei Comte das Normalwachstum nicht als endlos wachsende Schlange, sondern als eine einzige große, in stabiles Nullwachstum mündende Kurve begriffen wird, so ist das bereits transnormalistisch und insofern »utopisch«. Genau dieser utopische Charakter ist der Einwand gegen solche Konzepte aus pragmatisch-normalistischer Perspektive. Es ist in der Tat nur schwer vorzustellen, dass die moderne Wachstumsdynamik auf Nullwachstum abgebremst werden könnte. Wie könnten nun aber solche »transnormalistischen« Konzepte aussehen, die nicht auf Modelle des 19. Jahrhunderts mitsamt ihren problematischen Implikationen zurückgreifen? Um sie präzisieren zu können, gilt es ein letztes Mal die Geschichtstheorie des Normalismus in den Blick zu nehmen.

2. »Wille zum Wachstum«, »Wille zur Normalität«
 und »black box«: Zur Geschichtstheorie des Normalismus

Zu Beginn wurde die Frage, ob Normalismus das »Wesen« einer Gesellschaft bezeichnet, verneint. Die Gründe dafür wurden im Laufe des Buches geliefert. Der erste und entscheidende liegt in der Tatsache, dass der Normalismus jene Massen, für die er Klaviaturen der Orientierung, der Regulierung und der Umverteilung bereitstellt, nicht selbst produzieren kann. Es sind vielmehr der Industrialismus und sein technisches Wissen, die – gekoppelt mit dem Kapitalismus – die Massen moderner Dinge und moderner Menschen (in ihrer Doppelgestalt als Arbeiter und Konsumenten) produzieren. Es ist der Kapitalismus, der die Massen an Kapital produziert, ohne dessen ständige Akkumulation die industrialistische Massenproduktion entweder stillgestellt würde oder auf einen alternativen »Motor«, wie die Sozialismen ihn für sich reklamieren, verwiesen wäre. Die Elemente des Normalwachstums müssen dem Normalismus also erst einmal aus nicht-normalistischen Quellen geliefert werden.

Ein zweiter Grund für die beschränkte Verfügungsmacht des Normalismus folgt ebenfalls aus seiner »angekoppelten« Position. Es ist gerade der Kapitalismus, der ihm seinen Stoff liefert, strukturell jedoch der normalistischen Transparenz und Regulierung widerstrebt. Findet ein exponentielles Wachstum statt, so sind die Logiken des Kapitalismus und jene der Normalisierung gegenläufig. Wo diese auf Regelungen und somit Beschränkung dringt, fordert jener weiterhin Überschuss.

Solche Phasen sind seit dem 18. Jahrhundert etwas welthistorisch Neues. Die ebenfalls ganz neue Voraussetzung für ein solches, sich in eine unbegrenzte Zukunft hinein »entwerfendes« Wachstum war die systematische Bündelung von Wachstumsprozessen auf jeweils eine einzige »Linie«: des enzyklopädischen Wissens (Szientismus), der technischen Macht (Industrialismus), der monetären Akkumulation (Kapitalismus). Jede dieser Linien ist das Resultat einer gerichteten Konkurrenz von Individuen einschließlich kollektiver Individuen (wie Firmen oder Staaten). Umgekehrt zwingt die Linie die Individuen in eine einzige Konkurrenz. Das Bündel aller Linien mündet in jene des »Fortschritts« ein – ein Mythos, wie sich längst herumgesprochen hat. Doch dieser Mythos hat die Subjekte seit dem 18. Jahrhundert »nachhaltig« geprägt. In ihnen – und zwar sowohl in den individuellen wie den kollektiven Subjekten – ist seitdem ein elementarer, fundamentaler und fundamentalistischer »Wille zum Wachstum« aktiv, in dem der gesamte Fächer okzidentaler Werte wurzelt. Imperativ ist »Entwicklung« auf allen Gebieten: Wissen (»Aufklärung«), »Persönlichkeit«, (immanente) »Teleologie«, »Bereicherung«, »Kreativität«, »Motivation« – auf eine Formel gebracht »Wille zur Macht« (Nietzsche).

Erst durch die Verdatung und die statistische Bearbeitung werden dann die »Linien« zu »Kurven« – zu Wachstumskurven.

Von diesen Wachstumskurven weisen jedoch viele der wichtigsten eine »exponentielle« Aufwärtsbiegung auf und stellen damit eine auf die Dauer katastrophische Bedrohung dar. Der Normalismus stellt nun, wie bereits zu Beginn dieses Buches formuliert (Abschnitt II.5.), eine notwendige Bremse und zugleich einen Choke für den Motor der modernen Wachstumsdynamik dar. Die Stärke des Normalismus beruht also auf dem Umstand, dass der »Wille zum Wachstum« ausweglos manisch und selbstmörderisch wäre, wenn er nicht als ständigen siamesischen Zwilling auch einen »Willen zur Normalität« besäße. Es ist dieser »Wille zur Normalität«, der überhaupt erst den »Willen zum Wachstum« auf epochale Dauer stellen konnte und weiter stellt.

In eine mythologische Metapher gekleidet, ist der Normalismus »orphisch«: »Eurydike« (die massen- und wachstum-generierenden Kräfte einer »Spontaneität« und eines »élan vital«) kann vom normalistischen »Orpheus« nur so lange wiederbelebt bleiben, als dieser seinen »Willen zu wissen« zügelt und sich nicht zu wissensdurstig umdreht. Diesem Orpheus der industrialisierten Moderne muss der Blick nach vorn (auf die Kurvenlandschaft mit ihren Signalen) genügen, um den richtigen Weg des Fortschritts zur Sonne zur Freiheit zu regulieren: Er ist daher seit Comte und Galton philosophisch Positivist.

»Wille zum Wachstum« und »Wille zur Normalität« sind dabei aneinander gekoppelt. Gerät der eine in die Krise, so antwortet der andere. Diese strukturelle Kopplung findet ihren beredten Ausdruck in der Denormalisierungsangst: Die Bevölkerungsexplosion muss die Menschheit zerstören? Das wird sich normalisieren. Die monetäre Turbo-Akkumulation wird zu einer Superblase führen, deren Platzen die Menschheit zerstören muss? Das wird rechtzeitig normalisiert werden. Aus der Denormalisierungsangst ergibt sich das Paar Verunsicherung/Denormalisierung – Versicherung/Normalisierung.

Auf erkenntnistheoretischer Ebene führt das Angewiesensein des Normalismus auf unabhängig von ihm produzierte Substanzen zu einem Wissenstyp, der sich auf »Daten-Oberflächen« beschränkt. Ihre prototypische Darstellungsform ist die Kurve. Oberfläche meint hier die Reduktion von Komplexität auf Statistik. Die ungleich komplexeren Prozesse der Produktionsweisen erscheinen einzig in ihrer abstrahierten Schwundstufe und stellen daher eine »black box« des normalistischen Wissens dar.

Die große Krise von 2007 ff. hat, wie zu Beginn dieses Buches erwähnt, einzelne Beobachter zu der These veranlasst, die Normalität lasse sich nicht länger halten. Das würde auf die Forderung hinauslaufen, die siamesischen Zwillinge »Wille zum Wachstum« und »Wille zur Normalität« zu trennen. Es ist aber deutlich geworden, dass eine solche Trennung für beide tödlich wäre: Mit der Normalität verlöre das Wachstum seine Bremse und seinen Choke und würde der Dynamik seiner positiven und negativen exponentiellen Tendenzen ausgeliefert. Eine solche radikale Deregulierung würde zudem »normale Persönlichkeiten« betreffen, in deren Subjektivität der doppelte Wille zum Wachstum und zur Normalität fundamental verankert ist. Sie würde deren Denormalisierungsangst zur Denormalisierungspanik verstärken, wobei diese Panik durch den Antagonismus zwischen protonormalistischer und flexibel-normalistischer Subjektivität potenziert würde. Sicher lässt sich also prognostizieren, dass die Fortsetzung des mehrdimensionalen Wachstums ohne die Versicherung des Normalismus nicht denkbar ist. Wie gezeigt, stellt die Krise die Wachstumskultur allerdings vor dramatische Aussichten und Alternativen: entweder am Ausgang der Krise ganz neue »Wachstumsmotoren« erfinden – oder einen »flexiblen Normalismus der sinkenden Kurven«.

Umgekehrt ist auch die Forderung nach »Nachhaltigkeit« doppeldeutig: Entweder meint sie »nachhaltiges Wachstum« und zielt dann auf ein zeitlich unbegrenztes Weiterleben der Zwillinge »Wille zum Wachstum« und »Wille zur Normalität« – oder aber transnormalistische Nachhaltigkeit, und wagt dann die Trennung des Zwillingspaars.

Wie aber könnten solche »transnormalistischen« Alternativen aussehen?

3. Über transnormalistische Alternativen

Der weitere Verlauf der Krise kann in eine Situation solch anhaltender Denormalisierung führen, dass »transnormalistische« Alternativen (wie sie etwa bereits von Minderheiten wie den Occupy-Bewegungen gefordert werden) zumindest für einen erheblichen Teil der

Bevölkerung aus der Ferne der phantastischen Utopie in die Nähe der »konkreten Utopie« rücken könnten. Programme von »Nachhaltigkeit ohne Wachstum« stellen solche Alternativen dar. Weitere konkrete Formen künftiger transnormalistischer Krisenlösungen können evidenter Weise nicht antizipiert werden. Vielleicht kann aber ein begrifflicher Neologismus hier weiterhelfen. Ich schlage vor, das Novum als »Polyeurhythmie« zu bezeichnen. Dabei bezieht sich das Element des »Rhythmus« auf (individuelle wie kollektive) basale Reproduktionszyklen, insbesondere auch solche unter Nullwachstum. Das »eu« (gut) impliziert die »Nachhaltigkeit«,[48] während das »poly« (viel) signalisiert, dass es nicht um die Stillstellung der modernen Dynamik und den zum Scheitern verurteilten Versuch einer Restauration vornormalistischer, traditionalistischer und normativistischer Ordnungsmodelle gehen kann, wie sie von den Fundamentalismen und Nationalismen erstrebt werden, sondern um die Entwicklung mehrdimensional-dynamischer, »homöorhetischer« (Walter Bühl), Reproduktionszyklen.

Transnormalistische Prozesse stellen sich einerseits als »Zielgeraden« der großen logistischen Kurve des Normalismus an ihrem Ende dar. Niemand bezweifelt etwa, dass das Bevölkerungswachstum der Erde in nicht allzu ferner Zeit eine solche »Zielgerade« darstellt und transnormalistische Alternativen erfordert. Von vielen ökologischen Reproduktionszyklen gilt bekanntlich das gleiche. Solche Lösungen würden dann aber anderseits die Kombination mit neuartigen, nicht an das Profitwachstum gekoppelten Wachstumszyklen erfordern. Um das Beispiel der Demografie zu wählen: Um einer kriegerischen Konkurrenz nationaler wie internationaler Normalitätsklassen um ihren Anteil am »Weltkuchen« (»Clash of Civilizations«) auszuweichen, müssten Kopplungen mit innovativen »multikulturellen« Zyklen erfunden werden. Das wäre zugleich eine transnormalistische Alternative. Ihr Gegenstück zeigt sich im protonormalistischen Modell Sarrazins. Es setzt auf den Versuch, mit Maßnahmen eugenischer Refertilisierung den »autochthondeutschen« Anteil an der nationalen und internationalen Population wenn nicht erhöhen, so mindestens halten zu können.

---

[48] Eine bloße »Eurhythmie« (ohne »poly«) dient also zur Kennzeichnung modernekritischer Ordnungsutopien, die unter dem Aspekt des Normalismus zum Protonormalismus tendieren (Fall Comte). Dazu wäre auch die »Eurhythmie« im anthroposophischen Sinne zu zählen.

Bei diesen wie auch etwa den ökologischen Problemen zeichnet sich ab, dass es nicht um einen schlagartigen kompletten Systemwechsel, sondern um ein Modell schrittweiser Herauslösung einzelner Zyklen aus dem »Willen zum Wachstum« mitsamt seinen ökonomischen und politischen Konsequenzen geht. Ökonomisch betrachtet sind alle Zyklen materieller Produktion an den »Willen zum monetären Wachstum« (Kapitalismus und Profitprinzip) gekoppelt. Es erscheint daher strukturell unmöglich, die Kurve des monetären Normalwachstums in eine polyeurhythmische »Zielgerade« von Nullwachstum abzuflachen, ja nicht einmal erreichbar, diese Kurve »nachhaltig« an ihrer Tendenz zum exponentiellen »Abheben« zu hindern. Das zeigt sich gerade in der Krise und wird es wohl weiter tun: Sofort nach der ersten provisorischen Normalisierung der Aktienkurse im Frühjahr 2009 begann eine neue exponentielle »Kursrakete«, die 2011 zum zweiten Crash führte, woraufhin ein »Euro-Rettungsschirm« mit Billionen-»Hebeln« konstruiert wurde, der nichts anderes darstellt als die dringende Einladung zu einer noch steileren »Kursrakete«, die dann auch tatsächlich im Winter 2011/2012 begann und den Crash vom Sommer 2011 in ganz kurzer Zeit »ausbügelte«. Es wird offenkundig, dass Normalismus und Kapitalismus so eng verlötet sind, dass nur ein langandauernder Kollaps des zweiten transnormalistische Alternativen in realistische Nähe bringen könnte.

Hinzu kommt ein politisches Problem: Ganz abgesehen von der Bremsung des kapitalistischen Wachstumsmotors, die nur durch staatliche Maßnahmen denkbar erscheint, scheint auch die Neukonstitution einzelner ökologischer Wachstumszyklen als ersten Schritt deren Verstaatlichung zu fordern. Verstaatlichung bedeutete bisher jedoch im Westen lediglich vorübergehende Subvention insolventer Firmen vor deren Reprivatisierung, also bloße Normalisierung von Profiten, in der Sowjetunion bürokratische Misswirtschaft und in China seit geraumer Zeit Staatskapitalismus. Zu erfinden wären also polyeurhythmische Formen der Vergesellschaftung, wobei außer der Masse der Produzenten (Arbeiter, Angestellte und Ingenieure) auch die der Konsumenten (großenteils in Personalunion) die Basis einer kontinuierlichen, transparenten, direkten Wirtschaftsdemokratie mithilfe elektronischer Medien bilden müssten.

Inwiefern wären nun aber solche Alternativen transnormalistisch? Sie wären befreit nicht nur vom Willen zum Normalwachstum, sondern gleichzeitig auch vom Willen zur Normalverteilung. Das bedeutet jedoch keinesfalls eine Absage an Verdatung und Statistik, eher im Gegenteil. Transnormalismus würde vielmehr eine radikale Transparenz der Daten ermöglichen, weil das Hindernis der konkurrenzgeschuldeten kapitalistischen Vertraulichkeit wegfiele. Das Internet und der universale persönliche Zugang zu ihm würde auch die normalistische Selektion und Siebung der Daten, »Themen« und Meinungen durch einen volldemokratischen Prozess kollektiver Expertisen ersetzen. Dadurch sollte das »Übersehen« (bzw. manipulative Verbergen) wichtiger Daten und Themen weitestmöglich vermeidbar werden. Wie man sieht, gibt es in dieser Richtung bereits jetzt zahlreiche Tendenzen, mit Wikileaks als der spektakulärsten Initiative und dem Erfolg der Piratenpartei als ihrem bemerkenswerten Ausdruck an der Wahlurne.

Der wichtigste und gleichzeitig schwierigste Schritt in einem solchen etappenweisen Prozess ist natürlich das »Herunterfahren« und schließliche »Abschalten« des ökonomischen Wachstumsmotors, der sich über systemische Konkurrenz und Zwang zum Maximalprofit am Laufen hält. Sollten neue Versuche in dieser Richtung nicht wie früher in bürokratischer Stagnation enden, müsste ein funktional äquivalenter Motor entwickelt werden, der nun aber nicht länger dem endlosen Telos exponentiellen monetären Wachstums folgen würde, sondern einer multidimensionalen Dynamik gesellschaftlicher Optimierung ohne monetären Profitzwang. Dieser neue »Motor« müsste imstande sein, die gesellschaftliche und technische Erfindungslust zu intensivieren und das gerade auch durch konsequente Datentransparenz. Er wäre jedoch unumgänglich auf eine dynamische Planung angewiesen – obwohl dieses Wort bekanntlich das größte Schreckgespenst des Kapitalismus ist und automatisch am laufenden Band Radio-Eriwan- und DDR-Witze provoziert. Dennoch ist es ja durchaus nicht unplausibel anzunehmen, dass jene elektronischen Informations- und Kommunikationsmedien, die im Rahmen von Kapitalismus und Normalismus fähig sind, billionenweise Daten des gesamten Globus nach äußerst komplizierten normalistischen Profit- und Risikokalkül-Algorithmen in Sekundenschnelle zu prozessieren, nicht auch fähig sein sollten, die Wünsche von Milliarden Menschen mit den dafür erforderlichen Produktions- und Distributionsapparaten zu vermitteln.

Ein schrittweiser Prozess der Lösung aus dem normalistischen Rahmen ist nicht als ein katastrophischer Bildersturm vorzustellen.

Vielmehr könnten etappenweise einzelne normalistische Verfahren herausgelöst und umdifferenziert bzw. umfunktioniert werden. Auch der Normalismus liefert wiederverwendbare Elemente zu seiner Überwindung. Die Verfahren der Verdatung wurden bereits erwähnt. Aber auch die historischen Inklusionen des flexiblen Normalismus, insbesondere die der Frauen und Minoritäten, wären zu bewahren und allererst auf Dauer zu stellen. Schließlich gibt es auch scheinbar protonormalistische Regulierungen, die in Wahrheit eurhythmische Erfindungen sind, wie die feste maximale Normalarbeitszeit oder normale Tages- und Nacht- oder Wochenrhythmen. Sie werden vom flexiblen Normalismus nach dessen Logik dereguliert – mit gesundheitlichen Schäden, die immer das sicherste Symptom von Dysrhythmen sind. Transnormalistische Konzepte können sich also aus einzelnen Elementen hauptsächlich des flexiblen Normalismus, teilweise aber auch des Protonormalismus, frei »bedienen« und sie in ihre neue, konsistente Strategie integrieren.

Es war ein großer Irrtum der politischen Dialektik zu glauben, dass ein alternativer Gesellschaftstyp als konkrete Totalität aus der Negation des alten »abgeleitet« werden könne. Das gilt auch für Aporien in der Symbiose von Kapitalismus und Normalismus. Höchstens eröffnet die Krise zuweilen Problemhorizonte, in denen transnormalistische Alternativen sich deutlicher abzeichnen. Ein Beispiel wäre die Forderung nach einem »neuen Marshallplan« für die PIIGS-Länder der Euro-Peripherie. Es muss nicht im einzelnen begründet werden, warum die Situation des originalen Marshallplans mit der aktuellen sehr wenig analog ist, so dass in jedem Fall ein völlig neues Konzept entwickelt werden müsste. Dabei lassen sich immerhin deutlich normalistische von transnormalistischen Rahmenbedingungen unterscheiden: Das normalistische Konzept würde auf neuerliche hohe Wachstumsraten des BIP und verwandter Indexzahlen (V-Formation) durch stark erhöhte »Wettbewerbsfähigkeit« zielen. Die wiederum würde die Akzeptanz der Herabstufung in die 3. Normalitätsklasse (also die sehr starke Beschneidung der Masseneinkommen und der sozialen Netze) auf Dauer implizieren. Eine Verweigerung dieser Akzeptanz durch die Bevölkerungsmehrheiten könnte eine transnormalistische Version des neuen Marshallplans erzwingen. Auch ein solcher »großer Plan B« kann hier nicht bis ins Detail verfolgt werden. Grundbedingungen für einen entsprechenden Fonds ergeben sich aber aus einschlägigen

Abschnitten dieser Studie: Schuldenerlass für Kleinverdiener und Sozialkassen, dominanter Non-Profit-Sektor des Fonds, uneingeschränkte Transparenz aller Projekte und Ausschluss von Banken und Investoren, die nur unter »Vertraulichkeit« zur Teilnahme bereit wären – Minimierung der Zinsdifferenz und zinslose Darlehen für alle kommunitären Projekte – Privilegierung solcher kommunitärer Projekte, vor allem im Gesundheits-, Bildungs-, Agrar-, Tourismus- und Ökologiebereich. Priorität für solche Projekte, durch die nachhaltige soziale Netze geschaffen würden, statt für Projekte mit hohem Wachstum von Umsatz und Profiten, wie sie 2012 bereits exemplarisch durch das Projekt »Euro-Vegas« in der Nähe von Madrid und die Formel-1-Bahn im griechischen Patras geplant sind. Die Schaffung nachhaltiger sozialer Netze für die gesamte Bevölkerung, also unabhängig von Wachstumsraten, *trickle-down* und Normalverteilung, müsste mit möglichst breiter demokratischer Selbstverwaltung, gestützt auf die Möglichkeiten des Internet, gekoppelt werden. Hierbei könnten die bereits bestehenden Selbsthilfe-Netze eine Pionierrolle übernehmen, ebenso wie alle multilingualen und multikulturellen Nord-Süd-Netze. Je größer dabei die Transparenz, umso größer wäre vermutlich auch die Bereitschaft privater Spenden zur Stabilisierung des Fonds. Entdifferenzierungen zwischen Ökonomie und Kultur wären zu begrüßen – zwischen wissenschaftlicher Krisenforschung, Kulturtourismus und Popmusik: Polyeurhythmie auch im Wortsinne.

Man wird sagen, selbst eine solch grobe Richtungsindikation sei zugleich zu unkonkret wie auch bereits zu konkret. Es geht jedoch zunächst darum, transnormalistische Denkmöglichkeiten zu enttabuieren. Wie sich zeigt, können sie, gerade wo sie sein Scheitern reflektieren, teilweise an den Normalismus anknüpfen. Das ist nicht zuletzt eine der Lehren einer Analyse des Normalismus: Er liefert die Elemente seiner produktiven Umgestaltung gleich mit.

Dank

Ich danke Ursula Link-Heer, Bernd Stiegler und Alexander Schmitz für ihre sorgfältige und kritische Lektüre des Manuskripts samt wertvollen Anregungen, Monika Heer und David Link für die technische Realisierung der Abbildungen. Danken möchte ich auch Konstanz University Press und insbesondere Bernd Stiegler für ihr verlegerisches Engagement.

Hattingen/Ruhr im November 2012, Jürgen Link